CW01497341

Auschwitz en héritage ?

D'un bon usage de la mémoire

Génocide pour mémoire.
Des racines du désastre aux questions
d'aujourd'hui, éditions du Félin, 1989.

L'Idéologie du rejet.
Enquête sur le « Monument Henry »,
ou archéologie du fantasme antisémite
dans la France de la fin du XIXᵉ siècle,
Manya, 1993

Histoire de la Shoah,
PUF, collection Que Sais-je ?,
1996 ; 2ᵉ édition, 1997.

Du fond de l'abîme.
Journal du ghetto de Varsovie de Hillel Seidman,
édition critique (en collaboration
avec Micheline et Nathan Weinstock),
Plon, collection Terre humaine, 1998 ;
réédition Presses Pocket, 2002.

L'Aubrac. Guide historique et littéraire,
éditions Michel Houdiard, 1998.

Une Histoire intellectuelle et politique
du sionisme. 1860-1940, Fayard, 2002.

Georges Bensoussan

Auschwitz en héritage ?

D'un bon usage de la mémoire

Nouvelle édition
revue et largement augmentée

MILLE ET UNE NUITS

Première édition :
Mille et une nuits, Les Petits Libres, 1998.

© Mille et une nuits,
département de la Librairie Arthème Fayard,
octobre 2003.
ISBN : 2-84205-736-8

Sommaire

Préambule 11

I   Les pièges de la mémoire 23

Une mémoire difficile...................................23

La mémoire retravaillée des assassins...........37

Les pièges de la mémoire..............................45

Une amnésie française ? 60

La « religion civile » de la Shoah aux États-Unis : une mémoire domestiquée........85

II.   Enseigner quoi ? 110

III.   Un enseignement politique et civique 154

IV.   Un questionnement politique 167

V.   Une nouvelle « vision des vaincus » ?..........204

Conclure ?...259

Brève histoire de la destruction
des Juifs d'Europe..265

Les principaux lieux du
génocide juif en Pologne (carte)........................301

Bilan du génocide (carte) 302

Repères bibliographiques 305

À la mémoire d'Aristides de Sousa Mendes[1],
de Paul Grüninger[2] et d'Alice Ferrières[3]

Avant-propos

L'ouvrage qu'on va lire ne traite pas de l'histoire de la Shoah mais des questions politiques que cette histoire soulève, à commencer par celle de son enseignement aux générations présentes et à venir. Parce que toute réflexion sur ce sujet est inséparable d'une connaissance précise des faits, nous renvoyons le lecteur qui le souhaite à cette « Brève histoire de la destruction des Juifs d'Europe » qui figure en fin de volume.

Préambule

« Et déjà on sent venir l'oubli. La
guerre va se coller à d'autres guerres
dans le passé. La guerre n'est plus rien
que deux dates que les enfants récite-
ront. Il ne reste plus rien de la guerre
que ce qu'il en faut pour le certificat
d'études ou le bachot. Oubliera-t-on
aussi l'incroyable dans l'atroce ? Oui,
comme le reste. Comment faire pour
qu'on n'oublie pas ? »

Léon Werth,
« Déposition » (22 août 1944)

Notre monde privilégie l'instant au détriment de
la durée. La revendication de mémoire s'enracine
dans ce constat : nous n'existons que dans le temps,
lui seul nous permet de nous situer par rapport à un
amont et à un aval, par rapport à nos ascendants et
nos descendants. Le temps renvoie au collectif
comme l'instant ramène à l'individu. Or, une existence enfermée dans sa seule dimension individuelle ne peut pas s'élaborer ; hors la dimension
collective de la mémoire et de l'Histoire, elle ne peut
guère se structurer. Sans filiation établie, l'angoisse

et la folie nous menacent, et notre modernité est d'autant plus anxiogène qu'elle ne s'inscrit pas dans la durée, qu'elle cantonne chacun à l'instant présent et à lui-même, qu'elle méconnaît ses appartenances collectives. C'est pourquoi la revendication de mémoire se fait si forte : elle permet à chacun de se situer à nouveau dans la filiation du temps.

L'ère des commémorations traduit l'inquiétude d'un monde privé de sens. On sait combien jouent dans cette peur diffuse du présent la perte des repères identitaires et l'exacerbation des nationalismes tribaux. Comme on sait aussi que participe de cette crainte une confusion historique qui fait se télescoper des événements de nature différente, qui les met à plat en introduisant entre eux une relation d'égalité ou d'équivalence.

Cette quête de sens contribue à banaliser un peu plus la spécificité de chaque événement. En l'occurrence, ce qui fait du meurtre de masse du peuple juif une césure de l'Histoire. En même temps que l'unicité de cette tragédie est de mieux en mieux mise au jour, les comparaisons banalisantes en noient paradoxalement la singularité sous le lamento éploré des malheurs du monde. Dans vingt, trente ou cinquante ans, le génocide juif autour duquel s'axe, pour partie, le culte mémoriel sera devenu un « événement », et non ce fait central que l'on reconnaît aujourd'hui.

On parle beaucoup de « tumulte mémoriel » et de « cacophonie des commémorations ». Ce serait là, nous dit-on, une « situation rigoureusement

inverse à celle du "tabou"[4] ». Mais si ce « tumulte »
n'était que l'autre visage du tabou : parler sans fin
pour ne pas dire l'essentiel ? Au sens où l'on com-
mémore parfois pour ne pas rappeler, au sens également où certains souvenirs font barrage à la
mémoire. Ce « tumulte mémoriel » a partie liée à la
naissance d'une « religion civile »[5], une expression
qui vaut dès lors que le passé historique fait lien en
donnant naissance à un rituel commémoratif à la
fonction identitaire affirmée. Il s'oppose, en appa-
rence, à l'obsession de l'oubli qui habite tant de
contemporains. Pourtant, la logorrhée n'exclut pas
l'amnésie, de la même façon que la commémoration
peut devenir demain une parole morte.

L'investissement mémoriel opère un transfert du
religieux au profane. Parce que nous sommes péné-
trés du sentiment de notre précarité, voire de notre
absence d'avenir, le « culte de la mémoire » apparaît
comme la garantie de notre identité. Mais cette
« religion civile » dit aussi la honte d'appartenir à la
même espèce que les assassins et la crainte de figurer
parmi ces victimes potentielles réifiées et « traitées »
comme on dit qu'on « traite » industriellement l'ordure. Ce chagrin infini induit la quête infinie d'une
reconnaissance qu'aucune réponse, pourtant, ne
viendra apaiser.

***

La place occupée aujourd'hui par l'enseignement
du génocide juif (Shoah) dans les manuels scolaires,

comme dans les instructions officielles du ministère
de l'Éducation nationale, est plus importante et réflé-
chie qu'il y a vingt-cinq ans. Tout se passe comme
si, cristallisant les problèmes de citoyenneté et d'exclusion à l'âge des États-nations, la « question juive »
était devenue le paradigme de l'Histoire européenne,
comme si le sort fait à la minorité juive était emblématique de la culture et de l'Histoire du continent
tout entier. Jusqu'au début du XXᵉ siècle, en effet, la
minorité juive est demeurée l'élément le plus faible
de la société, celui dont l'exclusion interroge l'Histoire occidentale. Or, le présent ne peut se bâtir que
sur une histoire connue et assumée tant le non-dit, à
la longue, mine tous les édifices politiques.

« Les solutions totalitaires, écrivait Hannah
Arendt, peuvent fort bien survivre à la chute des
régimes totalitaires sous la forme de tentations
fortes qui surgiront chaque fois qu'il semblera
impossible de soulager la misère politique, sociale
et économique d'une manière qui soit digne de
l'homme. » La culture européenne est porteuse des
libertés de la modernité politique (les Lumières),
mais elle est aussi porteuse de ces anti-Lumières
dont l'écheveau idéologique se noue tout au long
du XIXᵉ siècle. Le monde concentrationnaire et le
génocide signent l'échec partiel des Lumières : la
raison et l'éducation, qui sont au cœur de leur
démarche, n'ont pu faire barrage à l'entreprise
d'anéantissement que l'on sait.

Au cours des vingt-cinq dernières années, la
Shoah est devenue pour la mémoire collective

d'Occident cet événement central qui n'en finit pas de questionner les soubassements de notre modernité politique. Comme si cette catastrophe nous avait *entamés* pour toujours, nous obligeant à penser *autrement* le passé (notre archéologie), et le présent. L'enseignement du génocide des Juifs conduit à penser ce désastre ni comme un « accident » de l'histoire, ni comme une parenthèse sans racines. S'il interroge la pratique et le discours de l'antisémitisme, il questionne plus encore la mise en place d'une bureaucratie d'État sans laquelle le crime de masse n'aurait pu être commis. L'idéologie seule ne fait pas le crime d'État, la technologie et la bureaucratie y concourent également. Parce que ce désastre oblige à repenser les catégories politiques traditionnelles, nombre d'intellectuels sont peu ou prou tentés d'en relativiser la portée. En affirmant, par exemple, comme une vérité révolutionnaire, que toutes les victimes se valent (qui prétend le contraire ?), elles s'interdisent, en même temps, de comprendre que c'est la *nature* du crime qui fait le désastre et non la seule *arithmétique* des pertes humaines.

Un mort vaut un mort, un crime un crime, nous dit la « pensée arithmétique »[6]. Ce comparatisme relativiste répond à l'« obsession juive » d'un monde occidental qui voit les Juifs physiquement en trop en 1940, et mémoriellement « envahissants » au seuil du XXIe siècle. Des Juifs auxquels on fait de plus en plus grief de prêcher la singularité de la Shoah comme on prêche l'élection... Il est vrai que la catastrophe juive du XXᵉ siècle échappe à l'entendement ordinaire. Il faut une longue patience, antinomique d'un temps qui ne connaît que l'instant, pour tenter d'appréhender ce qui s'est passé là. La mémoire juive sature aujourd'hui de nombreux intellectuels qui posent comme équivalents les massacres du siècle dès lors qu'un sang chasse l'autre… Et qui n'en finissent plus de gloser sur l'« orgueil d'Israël » et sa « solitude pérenne ». Mais cette solitude, souvent avérée, en particulier aujourd'hui, tient aussi à ce que ce sort-là ne fut réservé qu'à lui seul. Et la pensée qui ne raisonne qu'en termes d'arithmétique perçoit mal derrière les colonnes des chiffres de morts l'anéantissement d'un univers juif qui était fait de langues et de cultures différentes.

***

Qu'est-ce qu'une politique de la mémoire dès lors que la mémoire est sélective et qu'elle est constitutive de l'oubli ? Que loin de compléter l'Histoire, elle lui fait souvent barrage ? Qu'évoquée parfois comme le viatique civique de notre temps, elle est particulière quand l'Histoire, elle, rejoint l'universel. Dès le début des années cinquante, en étudiant l'organigramme allemand de la destruction, l'historien américain Raul Hilberg comprend que le peuple juif devait participer à sa propre fin par le biais des Conseils juifs (*Judenräte*[7]). Il en parle à son directeur de thèse le professeur Franz Neumann, l'auteur de *Béhémot*, lequel l'écoute attenti-vement, le lit, lui donne raison, mais lui conseille pourtant : « C'est trop gros à avaler, coupez ! » [8]

Comment marier notre souci d'histoire, c'est-à-dire la volonté de retrouver et d'inscrire le nom des assassins dans notre mémoire pour méditer leurs crimes et en enseigner l'histoire... et certaine tradition juive qui voit dans tout malheur la répéti-tion des malheurs passés ? Qui peine à voir dans la Shoah une césure de l'histoire juive et, plus large-ment, de l'histoire humaine ? Le désastre historique génère une angoisse profonde et de douteuses « explications » pseudo-religieuses axées autour de l'idée d'une « catastrophe-châtiment ». Raul Hilberg, encore, rapporte cette conférence où l'orateur, citant le nom d'Adolf Eichmann, ajoute comme souvent dans la tradition juive : « Puisse son nom être effacé »... Cette anecdote illustre à elle seule la dif-ficulté rencontrée à concilier une approche ancienne, toute imprégnée encore du tissu religieux de l'histoire communautaire, et le souci moderne d'historiciser l'événement et de l'enseigner.

On l'a souvent dit, la mémoire participe de l'en-chantement quand l'Histoire se voudrait, elle, plus prosaïque et désenchantée. Le chemin qui mène de la mémoire à l'Histoire résume le processus de sécularisation propre à la modernité politique. Notre arme n'est donc pas la mémoire qui construit, déconstruit, oublie ou enjolive, mais l'Histoire seule, en particulier dans ces temps difficiles où nous menacent à la fois le risque d'une relativisation

de la Shoah, y compris parmi les élites intellectuelles, et une désolation citoyenne dont les signes
se multiplient. Si les charniers faisaient figure de
barbarie ancienne, ils anticipent aujourd'hui nos
craintes secrètes. C'est pourquoi la politique de la
mémoire doit se muer en travail de l'Histoire, voire
en impératif citoyen. Car invoquer la « mémoire »
ne constitue pas une digue civique, et le souvenir, à
lui seul, ne protège de rien : on n'éduque pas
contre Auschwitz.

La République s'effrite quand cesse le combat
contre ses ennemis, car comme le rappelle justement Pierre Nora[9], la République c'est la guerre. La
pédagogie est alors appelée au secours d'une tradition défaillante qui ne parvient plus à faire sens
pour les nouvelles générations. L'invocation pieuse
à la mémoire de l'école républicaine et aux « hus-
sards noirs » chers à Charles Péguy a quelque chose
du discours suranné des élites vieillissantes déplorant les « valeurs qui se perdent ». Les trémolos
républicains ne sont pas seulement peu efficaces,
ils ont aussi un arrière-goût d'échec politique. Alors
que la pédagogie est sommée d'« éduquer contre
Auschwitz », des paradoxes inquiétants demeurent :
jamais l'enseignement de la Shoah et des crimes
nazis n'a été aussi bien mené qu'aujourd'hui. Et
pourtant, jamais comme aujourd'hui, en France,
une droite extrême, plus populiste que fasciste, n'a
rassemblé autant de voix comme on l'a vu lors des
élections présidentielles du mois d'avril 2002.
Jamais, dans les écoles, n'a-t-on aussi bien parlé

qu'aujourd'hui du délire raciste, et jamais n'y a-t-on autant mis en garde contre ce poison intellectuel qu'est l'antisémitisme. Et pourtant, jamais autant qu'aujourd'hui une partie de la jeunesse d'origine maghrébine n'a aussi ouvertement versé dans l'antisémitisme[10]. Connus de tous les enseignants de terrain, après des années de silence frileux, ces faits commencent seulement à être évoqués en public[11] et reconnus par le ministère de l'Éducation nationale[12].

***

L'éducation a pour première fonction de décrypter le cheminement politique qui généra la tragédie. Mais pour décrire le XXᵉ siècle, le discours pédagogique a continué de placer côte à côte le progrès technique et la barbarie sans comprendre qu'il n'y a pas l'un *et* l'autre, mais l'un *dans* l'autre. C'est pourquoi l'enseignement de la Shoah doit être centré sur une question seule : le monde totalitaire et la Shoah furent-ils un « dérapage » de notre siècle ou l'emblème même de notre temps ? Une parenthèse ou un quasi-modèle ? Peut-on enseigner cette histoire sans interroger les structures politiques de notre modernité ? Sans comprendre que la démocratie dont nous nous réclamons intègre et exclut à la fois. Sans repérer dans notre histoire occidentale ce que Michel Foucault appelait jadis le bio-pouvoir, ou comment, partout, le *peuple* politique est devenu une *popu-*

lation que l'on gère et que l'on contrôle au nom du bien public.

La généalogie du mot Shoah est en soi une leçon d'Histoire. Comment est-on passé du mot *hourban*[13] à celui d'holocauste, et du terme clinique de génocide au vocable hébreu *Shoah*[14] ? Comment la réalité du sort spécifique fait aux Juifs, perçue et dite par tant de témoins concentrationnaires non juifs en 1945-1946, est passée à la trappe au cours des vingt à vingt-cinq années qui suivirent ? Pour réapparaître dans les années soixante-dix, au point de devenir aujourd'hui un thème central de la recherche sur la Seconde Guerre mondiale : plus d'ouvrages ont été publiés sur ce sujet entre 1985 et 1995 qu'au cours des quarante années précédentes...

Aujourd'hui, pourtant, la Shoah est autant commémorée qu'elle insupporte. Parce qu'elle reste une part d'indicible et de honte dans la mémoire de l'Europe, et qu'elle demeure l'éclairage le plus cru sur ce qui fut une longue accoutumance au meurtre des Juifs. Son enseignement interroge ce « cours des choses » qui, laissé à lui-même, comme l'écrivait Walter Benjamin, conduit toujours à la catastrophe. Il est source d'une réflexion politique sur notre temps au sens du mot de Jaurès : « Sur l'autel des ancêtres, conservons la flamme et non la cendre. »

Notes du préambule

1. Consul du Portugal à Bordeaux en juin 1940, Aristides de Sousa Mendes accorde en quelques jours trente mille visas pour son pays aux fugitifs fuyant devant l'avance allemande. Rappelé sur-le-champ à Lisbonne, il est destitué, sa carrière est brisée. Bientôt sans ressources, et dépendant des seules œuvres caritatives, l'ancien consul meurt dans la misère en 1954. Il a été réhabilité par le gouvernement portugais en 1987.

2. Commandant de police du canton de Saint-Gall en Suisse, Paul Grüninger est dégradé en avril 1939, condamné pénalement et mis au ban de la société helvétique pour avoir largement, et illégalement, facilité l'entrée en Suisse de plus de 3 600 réfugiés juifs autrichiens en 1938 et 1939. Mort dans le dénuement en 1972, il n'a été réhabilité par le gouvernement suisse qu'en 1995.

3. Protestante d'origine cévenole, et jeune professeur de mathématiques au collège de Murat (Cantal), Alice Ferrières, après avoir décidé seule en 1941 de nouer contact avec les autorités rabbiniques, prend en charge des personnes internées, puis œuvre au sauvetage de réfugiés et d'enfants juifs placés dans des fermes des environs ou admis comme pensionnaires à l'internat du collège. Aidée par de nombreuses complicités, Alice Ferrières réussit à sauver plus de cinquante personnes.

4. *In* Éric Conan et Henri Rousso, *Un passé qui ne passe pas*, Fayard, 1995 (p. 29).

5. Cette « religion civile » dépasse toutefois largement le cadre juif : qu'on pense à l'entreprise coordonnée par Pierre Nora entre 1984 et 1992, *Les Lieux de mémoire*, 7 volumes publiés chez Gallimard (réédition Gallimard, collection Quarto, 3 volumes, 1997).

6. Tel est le sens des mots de Stéphane Courtois dans son introduction au *Livre noir du communisme* (ouvrage collectif,

sous la direction de Stéphane Courtois, éditions Robert Laffont, 1997).

7. Les « Conseils juifs », en allemand *Judenräte*, ont été mis en place par les Allemands dès octobre 1939 dans les communautés juives de la Pologne vaincue et occupée. Sous la pression allemande, ces Conseils vont devenir à leur corps défendant une courroie de transmission de la politique de persécution.

8. *In La Politique de la mémoire*, Gallimard, 1996.

9. De la République à la Nation, *in Les Lieux de mémoire,* Gallimard, collection Quarto, tome I, 1997 (p. 561).

10. Lors des stages organisés par le ministère de l'Éducation nationale au titre de la formation permanente (MAFPEN), dès 1993, nombre d'enseignants, en petits groupes, disaient l'extrême difficulté qu'ils rencontraient à enseigner l'histoire de la Shoah dans des classes à forte composante d'élèves d'origine maghrébine.

11. En particulier après la publication de l'ouvrage coordonné par Emmanuel Brenner, *Les Territoires perdus de la République. Antisémitisme, racisme et sexisme en milieu scolaire*, éditions Mille et une nuits, 2002.

12. *Cf.* la conférence de presse consacrée à ce sujet tenue par les ministres Luc Ferry et Xavier Darcos le 27 février 2003.

13. Catastrophe. On a longtemps désigné sous ce terme la destruction du Deuxième Temple de Jérusalem en l'an 70 après J.-C. Par extension, le mot *hourban* a fini par désigner d'autres épisodes catastrophiques de l'histoire juive. C'est ainsi que, dans les milieux survivants du monde yiddish, on désignait dans l'immédiat après-guerre la catastrophe qui venait de détruire le cœur du judaïsme mondial.

14. Tempête, orage, catastrophe, cataclysme…

I

Les pièges de la mémoire

Une mémoire difficile

Du côté du monde juif, la Seconde Guerre mondiale est le lieu d'une mémoire invivable, incontournable et difficile à transmettre : personne ne s'est battu pour sauver des Juifs, aucun camp ne fut délivré sur ordre, tous le furent par hasard parce qu'ils étaient situés sur le chemin de l'avancée des troupes. Mémoire invivable des rescapés : qu'on pense au suicide de Jean Améry[1] en 1978, de Primo Levi en 1987, de Bruno Bettelheim en 1990. Cette mémoire difficile renvoie à la honte du souvenir (comment oublier qu'on a été réduit à cette impuissance-là ?), et à celle, indélébile, de l'humiliation : « Quiconque a succombé à la torture ne peut plus se sentir chez lui dans le monde. La honte de la destruction est ineffaçable. »[2] Mais cette mémoire renvoie aussi à la culpabilité du survivant, et à la honte d'appartenir à la même espèce que l'assassin. À l'instar de Primo Levi qui « se sent coupable d'être homme car les hommes avaient édifié Auschwitz »,

et pour lequel «il existe une autre honte, plus vaste,
la honte du monde.»[3] À l'instar de Karl Jaspers qui
écrivait : «Que je vive après que de telles choses se
sont passées pèse sur moi comme une culpabilité
inexpiable.»[4] Parce que nous sommes des témoins
de l'horreur, Auschwitz nous empêche de grandir
innocemment. Et dans une société depuis longtemps largement sécularisée, a été brisée la
croyance dans le pouvoir rédempteur d'une telle
souffrance. Laquelle, on le sait, ne rédime rien.

Comme toute mémoire collective, la mémoire
juive travaille l'Histoire et cherche à conjurer l'angoisse née de la volonté d'une destruction radicale.
Elle a besoin de héros : en Israël, le jour de la commémoration de la Catastrophe s'intitule *Yom ha
Shoah ve haGvoura*[5]. Sur la tombe d'un héros du
ghetto de Varsovie, Klepfisz, figure une sculpture
montrant un homme bombant le torse, fusil dans
une main et grenade dans l'autre, cartouchière au
ceinturon, etc., alors que la réalité historique du
ghetto nous dit des êtres de la nuit, noirauds, sales,
hébétés de fatigue et pauvrement armés.

La mémoire des témoins est également modu-
lable, à commencer par ceux qui vont répétant
qu'ils n'auraient su qu'en 1945. C'est formellement
vrai. Pourtant, en 1942 déjà, les indices sont nombreux. Dès le 16 mars 1942, par exemple, Victor
Klemperer, un Juif sans droit, relégué à Dresde, et
qui ne doit de survivre qu'au fait qu'il est «conjoint
d'Aryenne», note dans son *Journal* : «Ces jours-ci,
j'ai entendu parler d'Auschwitz (ou quelque chose

comme ça) comme le KZ[6] le plus terrible, près de Königshütte en Haute-Silésie. Travail dans les mines, mort au bout de peu de jours. »[7] Enfants et vieillards déportés pour le travail, vraiment ? Etty Hillesum, Juive hollandaise enfermée à Westerbork, note dans son *Journal* à la date du 3 juillet 1942 : « Ce qui est en jeu, c'est notre perte et notre extermination, aucune illusion à se faire là dessus. "On" veut notre extermination totale, il faut accepter cette vérité. »[8] Et Marcel Mauss de déclarer en juin 1942, à Germaine Tillion venue le visiter, en lui montrant l'étoile jaune cousue sur le vêtement : « Est-ce que vous devinez ce que tout cela signifie ? Moi, je peux vous le dire aujourd'hui : cela signifie l'ex-ter-mi-na-tion. »[9] On savait alors beaucoup, ou du moins subodorait-on dès lors qu'on acceptait d'entendre ces signaux.

Ce refus de la mémoire explique pour partie la volonté de diaboliser les assassins après la guerre. En faisant d'eux des monstres, in-humains et plus encore a-humains, la mémoire oubliée crée une distance plus grande encore entre eux et nous, qui nous rend l'oubli (et la vie) encore possibles. D'être de la même espèce que les assassins, comme le ressentent dans leur chair Primo Levi et Karl Jaspers, empêche de dormir. Oublieux de l'unité du genre humain, nous recréons, à notre corps défendant, les clivages qu'opéraient les assassins eux-mêmes en prétendant distinguer au sein de l'espèce... Cacher la dimension *humaine* du mal, c'est occulter une part essentielle de la mémoire à transmettre. Diaboliser les assassins les déculpabilise et enterre une fois encore les victimes. Or, les assassins sont partie intégrante de l'espèce humaine, ils sont d'autant plus coupables qu'au sein de l'humanité tous n'acceptèrent pas le crime. Les monstres sont dédouanés par leur monstruosité même, mais sont-ils coupables d'être des monstres ?

La journaliste hongroise Gitta Sereny [10] demande à l'épouse de l'ancien commandant de Treblinka, Franz Stangl, ce qu'aurait fait son mari si elle l'avait sommé de choisir entre elle ou la direction du camp en 1942 ? « Oui, pour finir, c'est moi qu'il aurait choisie… », répond Mme Stangl. Quelques heures plus tard, de retour à son hôtel, Gitta Sereny y reçoit un pli urgent expédié par son interlocutrice. Celle-ci revient sur ses affirmations : son mari, écrit-elle *in fine*, aurait choisi le camp… Et Gitta Sereny de conclure : « La vérité est une chose terrible, trop terrible quelquefois pour que nous puissions vivre avec elle. » [11]

Le souci a été vif, obsédant, crucial même de la part des victimes de consigner, de témoigner, et de transmettre. En zone d'occupation italienne, à Grenoble, le 27 avril 1943, Itzhak Schneersohn fonde le Centre de documentation juive. Au cœur du ghetto de Lodz, Schloyme Frank note dans son *Journal*, afin qu'il en reste une trace écrite, l'horreur au quotidien tandis que dans le ghetto de Varsovie, Hillel Seidman fait de même, à l'instar de dizaines d'autres chroniqueurs tels Haïm Kaplan, Abraham Lewin, et surtout Emmanuel Ringelblum, responsable de l'*Oneg Shabbath*[12]. Dans l'horreur même de la révolte du ghetto, Ringelblum consigne les récits des derniers jours. Enfermés dans des bidons de lait, ces textes sont enterrés puis retrouvés, pour partie seulement, en 1946 et en 1950. Cette volonté de mémoire permet à nombre de victimes de survivre encore. Elles savent le désespoir que serait l'oubli définitif des traces de la violence infligée. L'effacement des preuves est l'obsession des assassins[13], comme l'oubli est le souci obsédant des mourants. Le souci de survivre demeure parfois, nous dit-on, à seule fin de témoigner, et c'est cet effort de mémoire qui permet à Varlam Chalamov[14], après vingt-cinq ans de goulag, de restituer au monde ce que furent les camps de la Kolyma dans l'extrême-est sibérien. Le besoin de transmettre est lié au souci de comprendre : la préservation de la mémoire nous apparaît bientôt comme un devoir civique[15].

La mémoire collective n'est-elle qu'un discours public sur le passé? Si la mémoire est d'abord le siège d'une trace mnésique, elle ne saurait être qu'individuelle. Mais de même qu'il n'y a pas d'individu en soi mais toujours pris dans le rapport aux autres, il n'y a pas de mémoire solitaire : la mémoire est toujours commune et partagée. Parce qu'il est difficile d'envisager un souvenir isolé (et abstrait), ce qu'il y a de plus intime et de plus douloureux (donc de moins partageable) dans la mémoire de la déportation, est si fragile. « Les souvenirs qu'il nous est le plus difficile d'évoquer, écrivait Maurice Halbwachs dans *La Mémoire collective*, sont ceux qui ne concernent que nous, qui constituent notre bien le plus exclusif, comme s'ils ne pouvaient échapper aux autres qu'à la condition de nous échapper aussi à nous-mêmes. » [16] C'est ce dont témoignait déjà, jeune « ancien combattant », l'historien Jules Isaac, dans un article publié en 1919. S'adressant aux civils croisés sur les Champs-Élysées, il les mettait en garde : « Vous croyez nous connaître, bonnes gens ? Détrompez-vous, vous ne nous connaissez plus, vous ne nous connaîtrez plus jamais. Aussi profond est l'abîme qui sépare les morts des vivants, aussi profond celui qui nous sépare de vous. Nous sommes marqués d'un signe secret qui vous échappe. Nous sommes des revenants… » [17]

C'est un quasi-lieu commun que de ressasser que la mémoire est trompeuse, qu'elle balance entre nécessité de survivre et vérité historique. Qu'elle n'obéit nullement au souci historien, mais réfère d'abord à la préservation du sujet et du groupe. L'image que nous nous faisons du passé n'est pas le passé, ni même ce qu'il en reste, mais seulement une trace changeante de jour en jour, une reconstruction qui pourtant n'est pas le fruit du hasard puisqu'elle relie entre eux des îlots de mémoire surnageant dans l'oubli général.

Comme la pensée automatique, la mémoire a pour premier dessein de se rassurer. « Moi, quand

je les écoute, raconte une jeune rescapée du génocide du Rwanda (1994), cultivatrice dans la région
de Musenyi, j'entends que les gens ne se souvien-
nent pas pareillement du génocide avec le temps.
Par exemple, une avoisinante raconte comment sa
maman est morte à l'église ; puis, deux ans plus
tard, elle explique que sa maman est morte dans le
marais. Pour moi, il n'y a pas mensonge. La fille
avait une raison acceptable de vouloir d'abord la
mort de sa maman à l'église. Peut-être parce qu'elle
l'avait abandonnée en pleine course dans le marais
et s'en trouvait gênée. Peut-être parce que ça la sou-
lageait d'une trop pénible tristesse, de se convaincre
que sa maman avait moins souffert ainsi, d'un seul
coup mortel le premier jour. Ensuite, le temps a pro-
posé un peu de tranquillité à cette fille, afin de se
rappeler la vérité, et elle l'a acceptée. » [18]

L'image du survivant hanté par la culpabilité
revient dans tous les récits de génocide. Cette jeune
Rwandaise ajoute : « Il y a aussi des gens qui modi-
fient sans cesse les détails d'une journée fatale
parce qu'ils pensent que, ce jour-là, leur vie a cueilli
la chance d'une autre vie qui méritait autant. » [19]
Pourtant, cette mémoire oublieuse demeure une
nécessité pour celui qui a traversé les épreuves,
pour ses descendants, pour tous les autres aussi,
témoins muets d'une humanité entamée par le déni
d'humanité. D'autant que le négationnisme est
constitutif du génocide, il en est même une caractéristique essentielle. Depuis toujours, les tueurs et
leurs acolytes déploient d'intenses efforts afin de

nier le crime. Depuis 1920, le pouvoir turc pratique un négationnisme officiel. Effacer les traces des victimes fut aussi la préoccupation constante des tueurs hutus, raconte une jeune rescapée du Rwanda : « (Ils) voulaient tellement nous éliminer qu'ils avaient la manie de brûler nos albums de photos pendant les pillages, de sorte que les morts n'aient même plus l'opportunité d'avoir existé (…). Ils travaillaient à notre disparition et à la disparition des marques de leur travail si je puis dire. »[20] Il ne s'agit pas seulement de faire disparaître les corps, mais aussi le souvenir des vivants qu'ils furent. En cela aussi le génocide se distingue de la bouffée massacreuse, il relève d'un autre registre, il est d'essence quasi métaphysique quand il prétend modifier le visage du monde. Les rescapés d'un génocide sont hantés par la « mémoire », et l'expression « devoir de mémoire », chez elles récurrente, finit même par lasser leurs contemporains. Mais ces revenants savent que le génocide, comme le totalitarisme, livre une guerre permanente à la mémoire qui nous constitue comme sujet, que l'un comme l'autre s'attaquent aux traces physiques de leurs victimes afin que jamais ne s'écrive le récit de leur disparition.

Certes, l'historien qui prétendrait s'appuyer sur les seuls dires de la mémoire s'aventure en terrain mouvant. Les croyances qui nous animent sont en effet plus solides que les faits les mieux établis, et c'est vers nos croyances que nous nous tournons pour demeurer fidèles à des habitudes de pensée[21]

L'Histoire repère les lignes de rupture, alors que les contemporains voient d'abord les continuités, les ressemblances et les filiations. Comme la mémoire qui pour assurer la survie de l'individu minimise les ruptures. Parce que vivre est notre souci premier, nous nous devons d'ignorer les césures qui sont source d'angoisse. Fréquemment adressé aux témoins, le reproche de ne pas avoir su percevoir, en leur temps, tel tournant historique apparaît particulièrement vain. Car, par définition, nous sommes incapables de saisir, quand ils se produisent, les décrochements alors que l'historien, lui, a pour première fonction de ne voir qu'eux.

On sait aussi combien le présent parasite l'entendement du passé. Le cas des « nouveaux historiens » en Israël illustre ce travers qui voit de jeunes universitaires projeter la force militaire *actuelle* de leur pays sur la situation qui prévalait en 1948. De là la multiplication de contresens, aggravée encore par une absence d'empathie qui empêche d'entendre le passé. Comme elle empêche, aussi, d'entendre le présent. Dans une autre aire géographique, mais participant d'une même logique intellectuelle, on citera la mobilisation contre les « lois Debré » (du nom du ministre de l'Intérieur des années 1995-1997, Jean-Louis Debré) relatives au séjour des étrangers en France. Quelques intellectuels assimilèrent ces lois aux Statuts des Juifs promulgués par le gouvernement de Vichy en 1940 et 1941, et au cours de manifestations, certains s'exhibèrent en portant au revers de leur veste l'étoile jaune. Grotesque sur le plan historique, cette assimilation participe, avec les meilleures intentions du monde, à une relativisation de l'horreur. S'il faut chercher un précédent historique aux « lois Debré », ce n'est pas dans les Statuts des Juifs qu'il faut le trouver, mais dans le décret-loi pris le 2 mai 1938 par le gouvernement Daladier (de Front populaire), et dont l'article 6 obligeait toute personne hébergeant un étranger « à en faire la déclaration au commissariat de police ou à défaut à la mairie ». Émanant d'authentiques républicains, voire de la fine fleur du radicalisme du temps, ce texte est aujourd'hui oublié au profit du repoussoir commode qu'est le régime de Vichy. Ainsi entendue, la « mémoire collective » tend à nous conforter dans nos croyances et nos illusions.

Parce que l'extrême violence a anéanti nos repères, nous voulons croire, en dépit de la vérité historique, que les victimes ne se sont pas battues. On voudrait volontiers penser, par exemple, qu'en France rien de sérieux n'aurait été entrepris avant la guerre dans le domaine de la lutte contre l'antisémitisme. Or, l'affrontement qui dans les années trente mit aux prises la LICA (Ligue internationale contre l'antisémitisme, fondée par Bernard Lecache, elle est l'ancêtre de la LICRA actuelle) et l'extrême droite, nous apprend que le travail militant fut des plus actifs, que l'autodéfense musclée même fut mise en pratique longtemps avant la guerre. Ainsi nous faudra-t-il conclure que cette mobilisation ne put empêcher la défaite finale, ni l'internement ni les déportations. Parce qu'elle nous angoisse, cette réalité nous pousse à déformer le passé. Il en va de même au sujet de la communauté juive d'Allemagne dont on pense fréquemment qu'elle n'offrit pas une grande résistance à la montée de l'hitlérisme. Or, l'historien israélien Simon Epstein[22] a montré sur quelle illusion reposait ce type d'analyse, quelles erreurs il charriait, et à quelles fins. Si les Juifs allemands, nous apprend-il, se sont battus, y compris physiquement, s'ils ont tant manœuvré, écrit, parlé et pétitionné sans relâche, ils l'auraient donc fait en vain. Cette vanité-là nous donne le vertige parce qu'elle nous dit qu'en politique, face à l'irrationnel violent de l'antisémitisme populacier, aucune campagne d'opinion ni de raison ne semble d'utilité. Que rien d'autre qu'une force brute, mécaniquement supérieure à celle de l'adversaire, ne peut venir à bout de celui qui souhaite votre mort. Les appels à la raison et à la tolérance sont un vain mot contre la peste. C'est cette réalité tragique qui nous fait déformer le passé pour imaginer des Juifs allemands apathiques. Ce qui est vrai de ces derniers l'est tout autant de la social-démocratie allemande sous le régime de Weimar, qui, loin d'être sans réaction, s'est massivement mobilisée entre 1930 et janvier 1933. En vain.

Les reconstructions historiques sont également légion dans l'histoire de la Shoah. Dans le cas si spécifique et controversé des Conseils juifs (*Judenräte*) mis en place par les Allemands en Europe orientale, il convient de ne pas s'arrêter seulement à leur fin tragique, ni au résultat de leur action. Il faut aussi prendre en compte les intentions comme les comportements de tous les protagonistes. S'en tenir au seul aboutissement de l'institution des Conseils juifs revient à détourner le projecteur de l'assassin pour le braquer sur ses victimes transformées en accusées. Il revient aussi à oublier qu'il n'y eut pas *une* politique de *Judenräte* mais plusieurs, ce qui interdit tout jugement massifiant. L'histoire rétrospective met en lumière les limites de l'intelligence. Qu'auraient pu faire les Juifs s'ils avaient accepté l'information au point d'en faire une *connaissance*, s'interroge-t-on ? En Europe orientale, là même où aujourd'hui pleuvent d'abondance les jugements sur la « collaboration » des uns et la « passivité » des autres, dans quel lieu sûr les Juifs auraient-ils pu se cacher ? Au sein de quelle population, le plus souvent hostile ? Comment auraient-ils résisté sans armes et en ne disposant d'aucun appui local ? Où auraient-ils fui quand le front russe était éloigné de plus de mille kilomètres, que l'Europe était verrouillée, que les alentours immédiats étaient infestés de « chasseurs de Juifs » récompensés à la tête ?, etc.

En transformant l'histoire de la Shoah en leçon de morale, on oublie combien la pensée eugéniste, qui triompha dans une partie du monde occidental avant la Seconde Guerre mondiale, marqua un jalon capital dans le cheminement vers le crime de masse. Le mot qui sert à désigner ce courant de pensée (1883, Galton) est d'ailleurs contemporain du substantif « antisémitisme » (1879, Marr). En 1924, une bibliographie sur l'eugénisme ne recensait pas moins de 7 500 titres d'ouvrages et d'articles. Aux environs de 1930, les associations d'eugénisme étaient légion, depuis la Société allemande d'hygiène raciale (1905), la britannique Eugenic Education Society (1907), la Société eugénique de France (1912), jusqu'à l'American Eugenics Society (1923), et d'autres encore, en particulier en Scandinavie et en URSS. Disqualifié après la guerre, la mémoire de l'eugénisme sombre alors dans l'oubli. Des revues changent leur dénomination. Ainsi, l'*Eugenics Quaterly* devient-elle en 1969 le *Journal of Social Biology*, et la Société américaine d'eugénisme se nomme désormais Société pour l'étude de la biologie sociale.

Dans les études historiennes[23], et *a fortiori*, dans les manuels scolaires, l'eugénisme des années 1880-1945 est peu pris en compte. Dans *La Destruction des Juifs d'Europe*, sur plus de mille pages que compte l'édition française de son livre[24], Raul Hilberg n'en consacre qu'une et demie au « programme T4 ». Avant même le déclenchement dudit programme, en 1937, la stérilisation des métis, au nom de la loi eugéniste de 1933, constitue également un maillon oublié dans la chaîne qui conduisit au génocide, et qui illustre le processus par lequel le bio-pouvoir s'insinue dans les rouages d'un État moderne pour finir par en prendre le contrôle. Ernst Haeckel, l'un des plus grands noms de la biologie

allemande de la fin du XIXe siècle et du début du
XXe siècle, est un autre oublié de cette histoire intellectuelle. Or, dès 1868, Haeckel fut l'un des premiers scientifiques à proposer une classification
hiérarchisée des races humaines. « Vulgarisateur
universel du darwinisme »[25], sa figure est aujour-
d'hui étrangement occultée alors que l'attention se
focalise toujours sur celle de Joseph Arthur de Gobi-
neau. L'eugénisme négatif triomphant dans l'Europe
des années 1900-1920 est ainsi laissé de côté, on lui
préfère des vues certes fondées, mais insuffisantes
et parfois manichéennes, sur le racisme, l'antisémitisme, le nationalisme et le pangermanisme. On
transforme, ce faisant, la nécessaire réflexion politique sur le rôle du biologique dans la *gestion des
populations* modernes en une réprobation morale
concentrée sur la seule Allemagne. C'est oublier au
passage que ce qui aboutit à cette civilisation
bureaucratisée où la mort elle-même est devenue
marchandise, constitue le mode de pensée du
monde occidental tout entier. Ce n'est pas seulement l'eugénisme qui figure comme l'un des grands
oubliés de la « mémoire collective », c'est aussi
l'idée d'une application immédiate du darwinisme
à la politique. Un darwinisme qui s'était imposé
avant 1945 parce qu'il correspondait à une vision
du monde, celle d'une guerre de tous contre tous et
qui, comme toute pratique, avait besoin d'une légitimation scientifique.

Déclinée sur tous les tons du « Plus jamais ça ! »,
la « leçon pour l'humanité » que l'on tirerait, dit-on,
d'une catastrophe historique constitue une illusion
récurrente. « J'ai lu qu'après chaque génocide,
explique un rescapé tutsi de 1994, les historiens
expliquent que ce sera le dernier. Parce que plus
personne ne pourra plus accepter une pareille infamie. Voilà une blague étonnante. » [26] Nous conti-
nuons pourtant à vivre sur cette « blague
étonnante », et nous construisons, en son nom
même, de vastes mémoriaux censés prévenir les
générations futures contre la guerre et l'intolérance.
Sans prétendre disséquer ici les raisons de la fréné-
sie du passé qui s'est emparée du monde occidental
(on inaugure présentement un musée par jour en
Europe), on peut se demander si l'hypermnésie en
matière d'histoire de la Shoah a protégé la France
de la montée de l'extrême droite (passée en vingt
ans de moins de 1 % des voix à près de 17 %), et des
violences antisémites, verbales et physiques, venues
principalement de milieux d'origine maghrébine.

La mémoire retravaillée des assassins

La mémoire des assassins est travaillée plus que
d'autres encore. Elle dénature l'Histoire pour les
raisons que l'on devine. Il y avait des yeux et des
oreilles autour des lieux du massacre : mais de quoi
se souvenaient-ils trente ou quarante ans après les
faits ? Comment une mémoire collective retravaille-

t-elle l'histoire pour présenter, *in fine*, une version
lénifiante du passé? Au-delà de ces questions, le
long silence qu'a fait l'Autriche sur la Shoah nous
renvoie à la mémoire difficile des victimes et, pour
cette raison même, retravaillée[27]. L'historien néerlandais Louis de Jong écrivait dans les années
soixante-dix : « Dès qu'il a saisi les faits, notre esprit
s'empresse de les rejeter comme choses absolument
étrangères et monstrueusement détestables ». C'est en
ce sens qu'opère également la mémoire collective.

Le monde concentrationnaire ne fut jamais
coupé du monde ordinaire. Ainsi, le camp de Mauthausen, analysé par Gordon Horwitz[28], est
construit à proximité de la ville et de la gare. En
1938, quelques semaines après l'Anschluss, la nouvelle de sa création provoque l'enthousiasme d'une
partie de la population locale. De 1938 à 1945, plus
de 1 800 victimes sont brûlées dans le crématoire
civil de la ville voisine de Steyr. La géographie et
plus précisément la topographie de l'assassinat de
masse jouent un rôle clé dans les phénomènes de
mémoire collective. Elles permettent de comprendre que le génocide des Juifs comme le « programme T4 » ont fait corps avec le tissu urbain et
rural de l'Europe, et qu'il y eut complicité au moins
par le silence et la passivité. Ainsi, le *Times* de
Londres évoque-t-il la création du camp de Mauthausen dès le 30 mars 1938, et l'existence de ce
camp est si peu secrète d'ailleurs qu'il figure dans
l'annuaire du téléphone : il suffit d'appeler le 145...
Quatre kilomètres seulement séparent la gare du

camp de concentration, et tandis que les détenus progressent en convois, à pied, les violences pleuvent sur eux au vu et au su de tous. Les témoins sont donc nombreux, à commencer par cette paysanne des environs, prénommée Éléonore, qui porte plainte en 1941 : « Je demande qu'on s'arrange pour arrêter des actes aussi inhumains, ou alors qu'on le fasse là où personne ne pourra le voir. »[29]

La firme Slupetzki, de Linz, fournit à Mauthausen le gaz Zyklon B, et un personnel civil, recruté dans les environs, travaille au château d'Hartheim où se déroule, jusqu'en 1941, le « programme T4 ». Le 2 février 1945, près de 500 officiers soviétiques, survivants d'un groupe de 5 000 prisonniers, s'évadent de Mauthausen. Douze seulement vont su vivre, les autres sont assassinés lors d'une gigantesque chasse à l'homme à laquelle participe, comme à un jeu de massacre, une partie de la population (trois évadés seulement sont cachés dans deux familles). Le 8 avril 1945, un convoi de Juifs hongrois arrive à Mauthausen : la *Volkssturm* locale les massacre partiellement sur la route avant l'arrivée au camp. La veille, le chef de la milice déclarait à ses troupes : « Ces chiens et ces cochons méritent d'être battus à mort tous ensemble. Si demain l'un de vous se conduit comme un lâche, je le tuerai moi-même. »

Tels sont les faits.

Après la guerre, pourtant, les jeunes assassins des officiers soviétiques, qui avaient reconnu les meurtres, étaient acquittés au prétexte qu'ils avaient

« agi sous la contrainte ». Après la guerre encore, nombre de témoins déclarent ne plus se souvenir de rien au sujet de Mauthausen, de Gusen et d'autres lieux satellites de ce « complexe concentrationnaire ». À Melk, situé à quatre-vingts kilomètres de Mauthausen, et où était installée une annexe du camp principal, la plupart des témoins disent ne pas même avoir su l'existence du camp, alors que quatre colonnes de détenus passaient quotidiennement dans le village pour se rendre de la gare au camp (il leur fallait prendre le train de marchandises pour gagner leur bagne). L'attitude la plus courante est résumée dans cette déclaration d'Erika S. faite à Gordon Horwitz en avril 1984 : « Je suis contente quand je n'en entends rien et quand je n'en vois rien. En ce qui me concerne, ils ne sont pas internés. C'est comme ça. Ça ne m'intéresse pas du tout. » [30]

L'Autriche s'est reconstruit un passé sur mesure qui fait d'elle la première victime du nazisme. Elle a retravaillé sa mémoire sur le mode niveleur et banalisant du « tout le monde a souffert de la guerre » [31] : et d'invoquer les victimes et les dégâts des bombardements alliés de 1943-1945. Si « tout le monde a souffert », de « quel droit » les Juifs pourraient-ils invoquer, plus que d'autres, leur souffrance passée ? Comme les autres, nous dit-on, ils ont eu en Europe leur « part de malheur »... Ainsi la mémoire collective autrichienne fait-elle l'impasse sur les réalités du génocide. Lors des « marches de la mort » du printemps 1945, une partie de la population a participé au massacre. Devant les violences et les assassinats perpétrés de sang froid par les gardiens, de nombreux témoins déclareront que « pour ces cochons-là ce n'est pas une perte ». « On entendra raisonner comme ça jusqu'aux derniers jours », raconte un contemporain.

Lorsqu'en 1949 il est question de conserver en l'état les lieux concentrationnaires, la population s'indigne et invoque, outre le « prestige blessé de l'Autriche », un souci d'économie en période de pénurie. C'est pourquoi un projet immobilier prévoit, dès le mois d'août 1949, la construction de deux mille maisons sur l'emplacement du camp d'Ebensee près de Mauthausen. En juin 1952, une commission de l'Association des anciens détenus du site constate des cas suspects d'exhumation sur l'emplacement des lieux de mort : « Comme nous pûmes immédiatement le constater, les os de nos camarades gisaient là par centaines. Dans les fosses ouvertes et abandonnées gisaient des morceaux de crânes, des côtes, des os de doigts et des vertèbres, dans un désordre plus qu'irrespectueux. » Un rapport de la communauté juive autrichienne mentionne en février 1946 : « Quand un Juif autrichien revient, il est pour ainsi dire presque obligé de s'excuser et de dire : "Pardonnez-moi d'être vivant" ; il a les plus grandes difficultés à recouvrer ce qui lui appartient, même une petite part (...). Aujourd'hui, les Juifs de retour d'un KZ regardent depuis la rue, ou par la fenêtre, leurs anciens appartements où des nazis, ou bien leurs familles, se sont installés.

Pour obtenir quelque chose, ils doivent engager une véritable guerre de paperasse, et les requêtes s'empilent dans les bureaux. » [32]

Alors que la population autrichienne ne comptait que pour 8 % au sein du grand Reich, elle a fourni un tiers des participants à la machinerie du meurtre de masse. On estime que près de la moitié des victimes juives ont été assassinées par des Autrichiens. Sur 13 000 Autrichiens condamnés par des tribunaux locaux pour crimes commis sous le nazisme, 40 % l'ont été pour des actes visant spécifiquement les Juifs. Faut-il rappeler, enfin, les noms de Eichmann, Brunner [33], Kaltenbrunner (chef de la Gestapo à la suite de Heydrich), de Globocknick (chef de l'« opération Reinhardt » [34]), ou de Stangl (commandant de Treblinka), etc., tous autrichiens d'origine ?

Le temps eut pour effet d'atténuer le sentiment de culpabilité. L'information fut lentement enterrée. Aujourd'hui, l'indifférence prévaut, en particulier près de l'emplacement des anciens camps. Ainsi à Redl-Zipf (bagne annexe de Mauthausen destiné à la construction des fusées V2), le propriétaire d'une brasserie s'élève contre le projet d'édifier un mémorial : cela pourrait causer, dit-il, un grand dommage à l'image de sa bière. On laisse faire le temps. Les traces du camp abandonné s'effacent progressivement du paysage comme de la mémoire. Or, la mémoire collective s'inscrit d'abord dans l'espace [35], et pour qu'une mémoire politique survive, il faut qu'en subsistent les traces matérielles. Parce que la mémoire est sociale, elle s'investit dans des lieux qui sont seuls à même de faire émerger du naufrage de l'oubli des souvenirs reconstruits. Parce que la mémoire est liée au groupe, celui-ci n'existe que par le lieu partagé. Ôtez le lieu, ce qui fait lien disparaît, et avec lui le souvenir. Le groupe est inséparable de l'espace comme l'avait montré jadis Maurice Halbwachs, de la même façon que le sujet est indissociable du groupe : « Recueillons-nous maintenant, fermons les yeux, remontons le cours du temps aussi loin qu'il nous est possible (…). Jamais nous ne sortons de l'espace. » [36]

Autour des anciens camps de Mauthausen, d'Ebensee, de Gusen, d'Hartheim, le mutisme prévaut. « L'effacement de la mémoire, écrivait jadis Theodor W. Adorno, est bien plutôt le fait d'une conscience qui n'est que trop éveillée que le résultat de sa faiblesse face à la force supérieure des processus inconscients. » Pour les assassins, comme pour les muets qui les ont entourés, la distanciation fut nécessaire pour pouvoir vivre et mourir en paix. Ils ont plaidé l'argument selon lequel le temps écoulé n'était pas suffisant pour juger sereinement comme si la durée seule faisait, voire remplaçait, l'effort historien. Au moment d'aborder le temps de la Seconde Guerre mondiale, la chronique d'une petite ville autrichienne tombe dans le mutisme. Et l'auteur de l'ouvrage d'expliquer en 1973 : « La distance est encore trop courte (…). Il serait trop difficile de décrire toutes ces choses telles qu'elles se sont vraiment passées. Le danger est trop grand de rouvrir toutes grandes de vieilles blessures. » [37] Ils éludent les réalités en enrobant le passé dans le sentimentalisme (les albums de photos-souvenirs), la généralisation et le dolorisme (la guerre, dit-on sans risque d'erreur, est une souffrance abominable *pour tous*). Le passé est progressivement rendu « acceptable ». Ainsi Kurt Waldheim [38] déclarait-il en avril 1986 lors de la campagne électorale : « Nous ne faisions que notre devoir d'honnêtes soldats. Nous n'étions pas des criminels, mais d'honnêtes hommes qui affrontions un terrible destin. »

Comme la mémoire individuelle, la mémoire collective s'inscrit davantage dans les lieux que dans le temps, car les lieux seuls permettent au temps de se structurer et de faire récit, eux seuls rendent possible la construction et la transmission d'une mémoire collective. Détruire les vestiges, c'est donc contribuer à falsifier une mémoire qui paraît difficile à assumer, comme si face à ce « terrible destin » dont parlait Waldheim, chacun demeurait sans autonomie ni capacité de résistance d'aucune sorte. C'est pourtant un Allemand qui déclarait dès 1946 devant les étudiants d'Heidelberg : « Mais celui qui est resté passif sait qu'il s'est rendu moralement coupable chaque fois qu'il a manqué à l'appel, faute d'avoir saisi n'importe quelle occasion d'agir pour protéger ceux qui se trouvaient menacés, pour diminuer l'injustice, pour résister. Même lorsqu'on se soumettait par impuissance, il restait toujours du jeu permettant une activité, certes non exempte de danger, mais que la prudence pouvait pourtant rendre efficace. » [39]

Les pièges de la mémoire

L'histoire écrite et réécrite ne se confond pas avec la mémoire. Le cinquantième anniversaire du débarquement allié en Normandie, en juin 1994, a donné lieu à un matraquage médiatique qui finit par brouiller la complexité de la vérité historique. À cinquante ans de distance, la perception de l'événement s'est considérablement altérée. « Quelle nation a le plus contribué à la défaite de l'Allemagne ? », demandait-on en mai 1945 à des Français interrogés pour une enquête d'opinion « à chaud » : 57 % répondaient l'URSS. À la même question posée en mai 1994, 25 % répondent encore l'URSS. Quant au rôle des États-Unis, 20 % des personnes interrogées répondaient en mai 1945 que c'était là la puissance qui avait le plus contribué à la défaite de l'Allemagne. Ils sont 49 % à faire la même réponse en mai 1994. Ainsi la mémoire collective, même dans le camp des vainqueurs, mythifie-t-elle l'Histoire. Elle ne l'aide pas à dire le vrai tant elle participe souvent d'un environnement émotionnel et idéologique important. À cet égard, et contrairement à l'idée reçue, les médias ne sont pas un garde-fou contre l'oubli. Parce qu'ils privilégient l'instant au détriment de la durée, ils apparaissent davantage, au contraire, comme une machine à oublier.

La mémoire collective du ghetto de Varsovie offre un exemple de ces reconstructions mémo·rielles. Structurée dans une optique sioniste, elle a longtemps prétendu opposer la « mort honorable » des uns à la « mort honteuse » des autres. Cette écriture était quasi concomittante de la mise en place (premier projet) du mémorial de Yad Vashem[40], et répondait plus encore au futur diptyque israélien du *Yom HaShoah VeGvoura* (Jour de la Shoah et de *l'héroïsme*[41]). La révolte du ghetto de Varsovie s'inscrivait alors dans la tradition de l'héroïsme juif, et visait à répondre au cliché de la passivité. Tant et si bien qu'on aboutissait, *in fine*, à un conflit d'images fort éloigné de la réalité : au cliché a-historique des « moutons passifs », répondait l'image pieuse des « révoltés-résistants-héros » de Massada[42] à Tel Haï[43]. Ainsi, l'écriture de la mémoire de l'insurrection voyait l'événement non pour ce qu'il était mais pour ce qu'il était censé appeler. Cinq années auparavant, presque jour pour jour, la révolte du ghetto de Varsovie devenait le signe avant-coureur de la création de l'État d'Israël. Cette réécriture ne permettait de saisir ni la densité d'un temps et d'un fait, ni celle des hommes qui l'avaient nourrie[44].

Puisé dans un autre domaine, un second exemple aide à comprendre comment s'écrit la mémoire collective. L'histoire scolaire de la Révolution française enseignée sous la IIIe République a, pour partie, désamorcé la portée explosive de 1789. Elle en a fait le paravent éclairé d'un ordre bourgeois. Parce qu'elle aboutit à un régime « consensuel », la Révolution française dénie toute légitimité aux révoltes à venir. Observatoire de l'Histoire nationale de la France, 1789 en devient le centre de gravité[45], comme si toute la perspective historique devait s'ordonner en fonction de cet événement. Dès lors, la Révolution n'est plus un *fait d'Histoire* mais une *grille de lecture*. À certains égards, elle clôture l'Histoire. Dans les deux exemples évoqués, la démarche intellectuelle est semblable même si le sens du cheminement est inversé : dans la mémoire collective et républicaine de la France, on va des ténèbres à la lumière, de l'Ancien Régime à 1789 ; dans certaine mémoire collective juive, on va des lumières de l'émancipation aux ténèbres de la Shoah. Dans les deux cas, une vision téléologique est sous-jacente : la rupture révolutionnaire cheminerait tout au long de l'Histoire de France, comme la Shoah serait en germe dans le martyrologe juif des siècles passés.

Dans la mémoire républicaine, l'écriture de la Révolution française tend à faire de 1789 une mystique et non un fait d'Histoire. On peut se demander si dans la vision israélienne de la Shoah on ne retrouve pas, partiellement, ce cheminement : occulté dans un premier temps, le génocide a ensuite été en partie mythifié[46]. Dans l'écriture mémorielle de ces deux événements fondateurs, les faits perdent de leur densité pour s'approcher du mythe faiseur de peuple et de nation. Ainsi, lors de la mobilisation générale du mois d'août 1914[47] par

exemple, la mémoire de Valmy est-elle instrumentalisée : la revanche est alors perçue comme le pro-
longement et l'achèvement des guerres de la
Révolution, et les soldats de l'été 1914 figurent les
héritiers directs de ceux de l'an II. La mémoire collective parvient, parfois, à détourner le sens profond
de l'événement qu'elle célèbre : le récit de la rupture révolutionnaire aboutit à l'apologie de l'ordre
social et du monde tel qu'il est. Tout comme dans
l'affaire du Carmel d'Auschwitz[48], *mutatis mutan-
dis*, l'Église catholique polonaise a cherché à
détourner à sa façon le génocide du peuple juif en
en faisant le premier pas du martyre vers la conver-
sion désirée...

Près d'un siècle après le début du conflit, vue au
prisme du compassionisme militant qui marque
notre temps, la mémoire de la Grande Guerre offre
aussi l'exemple idéal d'une mémoire retravaillée. À
l'ouest de l'Europe, cette mémoire fut d'abord celle
des combattants, alors que de la Baltique au Proche-
Orient, ce fut surtout celle de millions de civils qui
entre 1914 et 1922 furent victimes des massacres,
des épidémies et de la famine. La Grande Guerre n'a
donc pas éveillé les mêmes souvenirs ni les mêmes
images aux deux extrémités du Vieux Continent.
Les soldats de 1914-1918 sont surtout vus
aujourd'hui comme des victimes[49] et, dans un
temps où la perception du présent (comme du
passé) est marquée par la Shoah, l'horreur des tran-

chées est parfois assimilée à un « crime contre l'humanité ». Dans cette sarabande de victimes à laquelle, pour certains, l'histoire se résumerait aujourd'hui, les contemporains de la Grande Guerre sont amalgamés aux victimes des génocides du siècle. L'engouement actuel pour cette histoire se fonde donc peut-être *aussi* sur de mauvaises raisons quand la compassion se dégrade en compassionisme, et quand la pitié qui tient lieu de projet politique nous dispense d'une réflexion de fond sur le « désordre établi », pour reprendre les mots d'Emmanuel Mounier.

C'est oublier surtout que la guerre a longtemps bénéficié d'un large consentement dans l'opinion, nonobstant la révolte et la colère nourries à son endroit. Si le patriotisme n'est pas, loin s'en faut, la seule raison de cette exceptionnelle tenue du front, si d'autres facteurs ont aussi joué leur rôle (le devoir, la contrainte, la peur, la résignation ou la solidarité des camarades par exemple), il n'empêche, les combattants de 14-18 n'ont pas tenu comme un troupeau de victimes qu'on aurait conduit, résigné, à l'abattoir.

Nous qui vivons au cœur d'une période de paix et de richesse, nous avons perdu de vue combien l'emprise de la guerre fut prégnante sur ces hommes et ces femmes. Notre prospérité pacifiée fausse notre entendement du passé. Certaines vérités anciennes nous sont ainsi devenues impénétrables : il nous est difficile, par exemple, d'*entendre* l'immensité des pertes humaines de la Grande Guerre, ces 900 Français et ces 1 300 Allemands tués *chaque jour*. En France, ce massacre a vu disparaître un homme de troupe sur quatre et un officier sur trois. Dans nos sociétés déshabituées d'une mort qu'elles refoulent à la périphérie des villes et des esprits, l'incompréhension l'emporte devant l'hécatombe. Nous refusons d'évoquer la violence crue à laquelle la guerre a donné lieu, et nous refusons plus encore d'admettre que cette violence fit longtemps l'objet d'un consentement massif. Le décalage est considérable entre les perceptions des contemporains pour lesquels la guerre, aussi épouvantable fut-elle, avait un *sens*, et notre perception où domine la supposée absence de signification de ce conflit. De même qu'une construction intellectuelle est *aussi* le champ clos et secret d'un itinéraire personnel, de même, et à une plus grande échelle, nos cadres mentaux déforment-ils le passé. C'est à tort, semble-t-il, que nous mettons l'accent aujourd'hui sur des manifestations de refus de la guerre, lesquelles, sur le fond, demeurèrent marginales, quand c'est nous en réalité qui refusons cette guerre. Nous mettons l'accent sur les déserteurs et les mutins en oubliant le consentement du grand nombre. Un consentement à tout le moins ambigu, et généralement ambivalent comme le souligne à raison Frédéric Rousseau[50], mais un consentement tout de même. Quand le 11 novembre 1920, à Paris, sur la place de l'Étoile, le Soldat inconnu est inhumé en grande pompe, ce sont à travers lui les *héros* de la guerre qui sont célébrés ce jour-là. En

2002, ce sont les *victimes* de la guerre qu'on com-
mémore au prix d'une distorsion historique.

Sans doute faut-il ajouter que les contemporains
de la Grande Guerre furent les premiers à biaiser
avec la réalité, et à se faire eux-mêmes les acteurs
d'une reconstruction mémorielle. Souvent, en effet,
la guerre ne fut acceptée qu'à la condition de jeter
un voile sur l'horreur des combats, sur ces corps
transformés en bouillie par les bombardements.
Ainsi mentionne-t-on rarement que près de
700 000 cadavres français (plus de la moitié des
tués) n'ont pu être identifiés. Afin de donner sens à
l'horreur vécue au quotidien, les contemporains se
sont persuadés que ce « sacrifice » permettrait à
l'humanité d'être débarrassée à jamais de la guerre
(la « der des der »), véritable violence sacrificielle
ouvrant la voie à une régénération du monde. Dans
les années qui ont immédiatement suivi le conflit,
les combattants ont procédé eux-mêmes à une
reconstruction de mémoire. Beaucoup ont alors fait
silence sur la violence nue des combats, sur certaines pratiques en usage telle celle qui consista
parfois à assassiner des prisonniers de première
ligne dont on ne pouvait s'« embarrasser » lors des
assauts. Comme ils ont fait silence aussi sur l'état
de transe où furent parfois plongés *certains* des
leurs saisis par l'ivresse de tuer. Comme ils ont fait
silence encore sur les nombreux suicides de combattants, sur les doigts coupés des blessés laissés
entre les lignes et qui avaient fini littéralement par
dévorer leurs mains à force de souffrir sans être

secourus. Comme toujours après une catastrophe d'une telle ampleur, les témoins ont dû reconstruire l'événement afin de pouvoir vivre encore après l'horreur, et c'est pourquoi Jean Norton Cru, comme Jules Isaac d'ailleurs qui défendit son grand œuvre (*Témoins*, 1929), estimaient que l'éloignement dans le temps n'était pas gage d'un récit véridique mais qu'il fallait, au contraire, travailler « à chaud. »[51]   La réécriture du passé leur a permis de vivre avec le traumatisme, comme s'il s'agissait d'apprivoiser un monstre au fond d'une mémoire qu'on préférerait garder ensommeillée. Ici comme ailleurs, pour reprendre le mot de Pierre Chaunu, la mémoire sert d'abord à oublier. Les silences sur la guerre ne furent donc pas seulement l'effet d'interdits venus « d'en haut », ils furent au premier chef l'intériorisation de sentiments de honte et d'infériorité, une attitude qu'on retrouvera parmi les rescapés de la Shoah. Après la guerre, les ferveurs belliqueuses de ces cinquante-deux mois de combat furent occultées par le pacifisme militant. On oublia que l'on avait alors cru à la victoire *à tout prix*. Après le 11 novembre 1918, c'est à la paix à tout prix que l'on veut désormais croire et, pour le coup, l'on s'empêche de considérer que la guerre fut souvent vécue dans le consentement spirituel, et même parfois dans la ferveur. Comme l'ont bien mis en lumière Annette Becker et Stéphane Audouin-Rouzeau, c'est là l'un des paradoxes de la Grande Guerre que l'histoire d'un conflit qui fut d'abord accepté puis refusé et dont nous concluons, à tort, qu'il fut refusé de bout en bout, dès le 2 août 1914

***

En avril 1993, à Washington, le gouvernement américain inaugure l'Holocaust Memorial dont le projet avait été lancé quinze ans plus tôt par le président James Carter. Une année après l'ouverture de ce Musée-Memorial, la Maison Blanche présidée par William Clinton décide de ne pas intervenir au Rwanda où l'un des pires génocides du siècle est en train de se commettre. Ainsi va la vanité pédagogique du ressassement : dans la France du procès de Maurice Papon (octobre 1997-avril 1998), alors qu'on parle d'abondance de la nécessité de la « leçon de mémoire », le gouvernement français dirigé par Édouard Balladur, et présidé par François Mitterrand, interdit à ses militaires de témoigner devant le tribunal pénal international pour le Rwanda. Or, avant le mois d'avril 1994, la France n'avait pas trouvé un mot pour stigmatiser le racisme exterminateur déversé sur Radio Mille Collines de Kigali alors que le Rwanda faisait traditionnellement partie de « sa » zone d'influence.

Le génocide perpétré contre les Tutsis du Rwanda entre avril et juillet 1994 invalide nombre de discours convenus sur le « devoir de mémoire ». Le massacre était en effet parfaitement programmé. Explosion de sauvagerie, il fut surtout savamment préparé par un appareil d'État rwandais soutenu par

la France. Une France qui donnait alors d'abondance dans le «devoir de mémoire», puis, bientôt,
de «repentance». Le 9 avril 1994 (deux jours après
le début des tueries), la «patrie des droits de
l'homme» est la seule nation d'Occident à reconnaître la formation du Gouvernement intérimaire
rwandais composé d'extrémistes hutu. Elle est aussi
la seule à recevoir le 27 avril 1994, au plus haut
niveau de l'État, Jean Bosco Barayagwiza, principal
idéologue des massacreurs. Après que fut révélée,
en particulier grâce au *Figaro*, la responsabilité indi-
recte de la France dans cette tragédie, le ministre
des Affaires étrangères français Hubert Védrine, en
tournée dans la région des Grands Lacs au cours de
l'été 2001, refuse pourtant de présenter des
«excuses» comme venait de le faire le président
Clinton, au nom des États-Unis, pour n'être pas
intervenus.

   Le crédit de l'Onu sort plus écorné encore de cette
tragédie *prévue*. Le commandant en chef des forces
de l'Onu au Rwanda (Minuar), le général Roméo
Dallaire, avait adressé le 11 janvier 1994 un fax à
son supérieur à New York, le général Maurice Baril,
conseiller militaire du Secrétaire général Boutros
Boutros-Ghali et de son second, Kofi Annan. On
pouvait notamment lire dans ce document en 13
points, puisé à bonne source auprès d'un «informateur» hutu du général Dallaire :

   «5. L'Interhamwe [la milice hutu créée en
mars 1992] a entraîné 1 700 hommes dans des
camps militaires en dehors de la capitale. Les 1 700

sont dispersés par groupes de 40 à travers Kigali. Depuis le déploiement de la Minuar, [l'informateur] a entraîné 300 hommes par sessions de trois semaines dans des camps du RGF. L'entraînement était concentré sur la discipline, le maniement d'armes, les explosifs, le close combat et la tactique.

6. Le but essentiel des Interhamwe était, dans le passé, de protéger Kigali du FPR (mouvement d'exilés tutsi). Depuis le mandat de la Minuar, (l'informateur) a reçu l'ordre d'établir des listes de tous les résidents tutsis de Kigali. Il soupçonne que c'est dans le but de les exterminer. L'un des exemples qu'il m'a donnés était que ses troupes étaient capables de tuer jusqu'à 1 000 Tutsis en vingt minutes.»

Boutros Boutros-Ghali et Kofi Annan refusent de donner suite à cette mise en garde. Les ambassades occidentales repoussent la demande d'asile de l'informateur du général Dallaire. On sait la suite. En 1994, au cours de l'été qui suit les tueries génocidaires, le président François Mitterrand déclare à l'un de ses proches : «Dans ces pays-là, un génocide, c'est pas trop important» (rapporté par *Le Figaro*, 12 janvier 1998).

Six ans plus tard, au début de l'année 2000, ce même monde communie à Stockholm autour de la mémoire de la Shoah pour conclure à la nécessité du «devoir d'histoire et de vigilance». On peut s'interroger sur le danger inhérent à la mutation de la leçon d'Histoire en catéchisme à destination de la planète entière. Pourtant, le paradoxe du «devoir

de mémoire» est ailleurs encore. Hôte du Congrès
de janvier 2000, et membre de l'Union européenne,
la Suède peine à faire la lumière sur son passé eugéniste. De surcroît, en même temps que se tient cette
conférence sur l'enseignement de la Shoah, un isla-
miste marocain réfugié en Suède depuis près de
trente ans, Ahmed Rami, adepte au grand jour sur
son site Internet d'un discours négationniste et antisémite *exterminateur*, appelle depuis Stockholm,
et en plusieurs langues, à la haine et à la mort
des Juifs. Ainsi, dans la même ville, et concomitamment, l'un hurle à la réitération du massacre
quand l'autre recommande fermement d'en enseigner l'histoire.

Nous avons besoin d'une pensée critique, non
d'un devoir de mémoire qui tourne, comme ici, à la
farce tragique. Max Horkheimer avait jadis mis en
lumière la raison pour laquelle cette exigence de
vérité politique était incompatible avec ces accom-
modements douceâtres : «Nous, intellectuels juifs,
rescapés de la mort dans les supplices hitlériens,
n'avons qu'un seul devoir : agir pour que l'effroyable ne se reproduise pas ni ne tombe dans l'oubli, assurer l'union avec ceux qui sont morts dans
des tourments indicibles. Notre pensée, notre travail leur appartiennent : le hasard par lequel nous y
avons échappé ne doit pas mettre en question
l'union avec eux, mais la rendre plus certaine ;
toutes nos expériences doivent se placer sous le
signe de l'horreur qui nous était destinée comme à
eux. Leur mort est la vérité de notre vie, nous

sommes ici pour exprimer leur désespoir et leur nostalgie. »[52]

L'historien n'est pas redevable d'un devoir envers le « bien » qui le transformerait en commémorateur institutionnalisé. Le souci historien se réclame par nécessité d'un regard désenchanté et forcément iconoclaste, alors que par essence l'institution se trouve prise dans le devoir de révérence qui rend difficile la critique envers les pouvoirs constitués et les voix officielles. On ne peut qu'être frappé par le rapt de mémoire dont la Shoah a été victime en Occident. Histoire des sans-grade, des muets, des battus et des humiliés, abîme de déréliction dans lequel furent jetés des millions de pauvres gens coupables d'être nés, voici cette tragédie aujourd'hui confisquée par un consensus moral qui s'accommode, *ailleurs*, des bouches muettes et des yeux fermés.

La commémoration du mal n'est pas forcément synonyme d'une réflexion, elle peut même, si l'analyse ne vient pas l'épauler, contribuer à la noirceur du monde par le rappel incessant de son horreur. Ainsi se persuadera-t-on que le mal toujours triomphe en oubliant que la présence d'un Juste (il y en eut, et parfois en nombre) sauve l'humanité d'un pessimisme qui, en dressant le tableau monochrome d'une humanité veule[53], aboutit à absoudre les bourreaux. Pour Ernest Renan, le devoir d'oubli s'impose dès lors qu'on s'engage dans l'action politique, et c'est ainsi qu'il faut l'entendre si l'on veut construire un présent qui ne soit pas l'exacte réplique des hantises du passé. La commémoration à perpétuité ne fait pas forcément advenir le bien, elle risque même, *peut-être,* d'enraciner l'idée de l'iné-luctabilité du mal. Professeur à l'université hébraïque de Jérusalem, et lui-même rescapé de la Shoah, Yehuda Elkanna appelait le 2 mars 1988, dans le quotidien *Haaretz*, à la nécessité de l'oubli. Son article intitulé «Pour l'amnésie» se prononçait contre le culte d'une mémoire collective centrée sur la Shoah telle qu'elle est organisée aujourd'hui dans l'État d'Israël. Cette «religion civile», y expliquait-il, marque la victoire posthume de Hitler. Si les nazis ont voulu couper les Juifs du reste du monde, ils y ont réussi par la vision obsidionale que nourrit ce culte mémoriel : «Il se peut qu'il soit important pour le monde dans son ensemble de se souvenir. Je ne suis même pas sûr de cela, mais en tout état de cause ce n'est pas notre problème. Chaque nation, y compris les Allemands, décidera à sa façon et sur la base de ses critères si elle veut se souvenir ou non. Pour notre part, nous devons oublier! Aujourd'hui, je ne vois pas de tâche politique et pédagogique plus importante pour les dirigeants de cette nation que de prendre le parti de la vie, de se consacrer à créer notre avenir et à ne pas se préoccuper du matin au soir de symboles, de cérémonies et de leçons de l'Holocauste. Ils doivent en finir avec l'empire de ce "Souviens-toi!" historique sur notre vie.»[54]

Tzvetan Todorov rappelle de son côté les premiers articles de l'Édit de Nantes (1 598) qui mit fin aux guerres de religion, et qui insistaient dès les premiers mots sur la vertu d'oubli : « Que la mémoire de toutes choses passées de part et d'autre, depuis le commencement du mois de mars 1585 jusqu'à notre avènement à la couronne, et durant les autres troubles précédents et à l'occasion d'iceux, demeurera éteinte et assoupie, comme de chose non advenue : et ne sera loisible ni permis à nos procureurs généraux, ni autres personnes quelconques, publiques ni privées, en quelque temps, ni pour quelque occasion que ce soit, en faire mention, procès ou poursuite en aucune cour et juridiction que ce soit. (...) Défendons à tous nos sujets de quelque état et qualité qu'ils soient d'en renouveler la mémoire. »[55] Le droit à l'oubli permet la réconciliation à la condition que la victime, seule, en fasse la demande. La politique, explique Plutarque dans une idée que reprendra Renan, ôte à la haine son caractère éternel. Le rappel du passé peut, ici, entretenir la violence quand là, au contraire, le refus de solder les comptes la nourrit. Reste que la mémoire est constitutive de l'identité, *a fortiori* d'une identité juive avec laquelle elle se confond d'autant plus qu'elle est déterritorialisée. C'est pourquoi la position de Yehuda Elkanna est davantage celle d'un citoyen de l'État d'Israël que celle d'un Juif. Elle illustre, à cet égard, la dérive qui éloigne lentement l'un de l'autre ces deux continents du monde juif, la diaspora et Israël.

Une amnésie française?

Pouvait-on, dès 1945, prendre conscience du sort spécifique fait aux Juifs? Et les Juifs eux-mêmes le pouvaient-il? Ont-ils parlé ou se sont-ils tus comme le veut l'opinion commune, eux dont on oublie qu'ils furent bien peu nombreux à revenir, moins de 2 500 en France, la plupart très jeunes encore, à côté des 37 000 survivants français déportés politiques, rescapés du système concentrationnaire de l'Allemagne nazie qui pouvaient autrement faire entendre leur voix. Et s'ils parlèrent, ces rescapés juifs dépossédés et déboussolés, furent-ils seulement entendus? Par quelles étapes est-on passé pour en arriver à l'actuelle centralité du génocide?

Dans l'immédiat après-guerre, alors que la spécificité du génocide du peuple juif est en grande part encore ignorée ou occultée, Buchenwald est le lieu-symbole de la déportation. Quelques décennies plus tard, Auschwitz est devenu le nom emblématique du monde concentrationnaire, et la Shoah a fini par subsumer l'histoire de la déportation. Ainsi constate-t-on à l'échelle française un glissement significatif du vocabulaire : en moins de trente ans, on est passé d'une quasi-occultation du régime de Vichy, *a fortiori* du sort réservé aux Juifs par l'État français[56], à une centralité quasi exclusive. Ce glissement historique est illustré par une dérive sémantique puisque, il y a trente ans, pour désigner la

France des années 1940-1944, on disait : « sous
l'Occupation », alors qu'aujourd'hui, pour désigner
la même période, on dit : « sous Vichy. » [57]

Une perception difficile

L'idée a longtemps prévalu que les rescapés
s'étaient tus. On sait aujourd'hui qu'il s'agit en
grande part d'un mythe rassurant. La difficulté d'entendre s'est transmuée en « mutisme des témoins ».
Le mutisme des contemporains, et en particulier
celui des historiens, a été transféré sur les déportés.
Entre l'été 1945 et la fin de l'année 1948, 114
ouvrages de témoignages sur la déportation sont
publiés en France, dont 71 pour les seules
années 1945 et 1946 (soit dix-huit mois [58]). À noter
qu'entre 1915 et 1928, 304 ouvrages de témoignages
sur la Première Guerre mondiale avaient été publiés
en France. Le mutisme est un mythe. Robert
Antelme [59] diagnostiquait en 1948 : « Le témoignage,
on ne veut plus qu'il serve, même comme alibi ; on
crache dessus, on le refuse, la digestion est faite. »
Et Simone Veil de déclarer en juin 1990 : « Personne
n'avait envie de nous entendre. Ce que nous disions
était trop dur. » La chose semble entendue dès
1946 : on a déjà « trop » parlé de la déportation, et
les déportés qui témoignent par l'écrit ont de plus
en plus de mal à trouver un éditeur. Le sentiment de
saturation, qu'on croit actuel, n'est pas lié à une
donnée quantitative, ce n'est pas un fait objectif,
c'est un sentiment corrélé à l'objet même de l'étude.

On peut invoquer de nombreuses raisons au silence qui s'installe après 1948, et souligner, en premier lieu, que la mémoire communiste de la déportation a occulté les autres. Remarquer, en deuxième lieu, que le silence sur le sort fait aux Juifs tient pour partie à la volonté de les réintégrer dans la nation [60]. Si le nazisme et Vichy les avaient exclus de l'humanité et de la nation française, leur faire un sort à part lors des commémorations eut été poursuivre dans cette volonté de ségrégation.

Mais il est d'autres raisons à ce silence, au premier chef la honte, fréquente chez tant de rescapés, d'avoir soi-même survécu. Primo Levi le disait dans son dernier ouvrage, *Les Naufragés et les Rescapés* : « Je le répète, nous les survivants, nous ne sommes pas les vrais témoins », comme en écho au père Morelli, dominicain français à Dachau, qui précisait : « Seuls les morts sont les vrais témoins des camps de concentration. » De nombreux témoins ont insisté sur l'impossibilité de transmettre un vécu hors normes, sur ce que Charlotte Delbo nommait une « connaissance inutile. » [61] « Expérience unique, mais inutile parce que intransmissible », écrit un rescapé, Albert Rohmer. Et Élisabeth Will, dans son récit de Ravensbruck, note de son côté : « Or un travail d'historien, impartial, clair et précis comme il doit l'être, n'épuisera jamais la densité, l'angoisse, les nuances d'horreur d'un mauvais rêve. »

La spécificité du destin juif fut-elle reconnue dans l'immédiat après-guerre ? Cette singularité avait d'emblée été perçue par les autres déportés qui en avaient été les témoins. Pourtant, la guerre aussitôt finie, et pour trente ans au moins, cette singularité est passée sous silence. Ainsi, la centralité historique, voire ontologique, du génocide n'est pas une découverte de nos vingt dernières années, c'est une *redécouverte*. La conceptualisation de cette tragédie est postérieure à sa perception. Pour la penser, il y fallait, et il y faut encore, des concepts et des catégories qui manquaient alors : si les concentrationnaires voient le *massacre de masse*, ils ne pensent pas le *génocide*. Ainsi, Louise Alcan, déportée à Auschwitz, a-t-elle clairement conscience que seuls les Juifs sont voués à l'assassinat méthodique. Pourtant, dans la postface de son ouvrage, rédigée en 1947, elle amalgame tous les rescapés « des camps » alors qu'elle a été témoin, et qu'elle l'a dit, de la singularité du sort des Juifs[62]. La récupération communiste de la mémoire n'explique pas tout, loin s'en faut...

Une deuxième piste nous aide à saisir la difficulté de penser l'unicité du destin juif en France. Elle tient, pour partie, à la délicate définition de l'identité juive. À quel ensemble appartiennent donc les Juifs de France ? À une « communauté » distincte, à une confession religieuse, à un peuple, à une nation spécifique ? Ces deux dernières notions sont difficiles sinon impossibles à assumer dans le cadre d'une République jacobine, et cet obstacle conceptuel contribue à rendre compte des intermittences de la mémoire juive.

Il est vain de considérer les Juifs comme objets d'Histoire, ballottés et manipulés par la violence. La « communauté juive » de France a eu sa part dans la difficulté française à penser le génocide. La fragilité et la douleur du souvenir, la difficulté de s'admettre un sort à part, l'insatisfaction des définitions, réductrices par nature, disent la nécessité d'une distance critique, donc d'une écriture savante de l'Histoire. En témoigne le récit de Suzanne Birnbaum qui, arrêtée et livrée aux Allemands par la Milice, écarte ensuite de son texte cette vérité trop douloureuse à ses yeux : son identité de « Française juive », comme elle dit, en souffre moins.

Enfin, il est difficile de penser la « mort pour rien » qu'est sur le fond le génocide du peuple juif. D'où la récupération du martyrologe dans la nation (« morts pour la France »), dans l'universel (« morts pour l'humanité »), dans le combat politique (« morts contre le fascisme »). En 1945, la nation française réintègre les Juifs dans l'histoire hexagonale, mais ce faisant, fidèle aux émancipateurs de 1791, elle ignore la spécificité du désastre[63]. Le 11 novembre 1945, à l'Arc-de-Triomphe, il n'est rendu aucun hommage particulier aux victimes juives.

Enfin, l'ancienne « communauté » juive de France s'est longtemps aveuglée sur les vertus de l'émancipation, et cet aveuglement a été redoublé par l'apparente victoire dreyfusarde. C'est de cet aveuglement dont elle est victime en 1940, et c'est cet aveuglement encore qui lui fait retrouver sa place dans la nation comme si les Juifs n'avaient pas été assassinés en tant que membres d'une communauté *religieuse* et *nationale*. L'une des raisons de fond de l'occultation tient bien à la difficulté du judaïsme français à penser la judéité hors du cadre jacobin[64].

La mémoire collective et ses mythes ont façonné les comportements. La lenteur mise par les notables juifs à accuser Vichy tient aussi à la défaite supposée de l'antisémitisme lors de l'affaire Dreyfus. Admettre la responsabilité de l'État français dans la persécution, c'est laisser entendre que le succès de 1906 et, plus généralement, l'intégration dans la France républicaine ne furent pas la réussite que l'on se plaît à célébrer. Comme si l'histoire intense nouée entre la nation française et tant de Juifs n'avait été qu'une passion mal partagée. Après-guerre, le désastre subi a conforté le mythe selon lequel les Juifs français, ou Français israélites d'avant 1939 étaient passifs et résignés (*cf. supra*). Isaac Levaillant, Edmond Fleg, ou Joseph Reinach[65], comme la création par le Consistoire central, en 1936, du Centre de documentation et de vigilance, sont là pour démentir ce cliché. Toutefois, cette image tenace de « passivité », voire de lâcheté, a prévalu sur la réalité historique. Comme on l'a déjà vu pour les Juifs allemands, savoir ces Juifs vigilants, mais finalement terrassés, est plus angoissant que les imaginer passifs et résignés au sort qui les attend.

Il en va de même avec le génocide des Arméniens en 1915 qui nous a fait oublier l'intense mobi-

lisation arménophile dont fut témoin l'Occident dès
la survenue des premiers massacres hamidiens en
1894 [66]. Pour preuve, l'immense congrès qui s'est
tenu à Bruxelles en juillet 1902, précédé d'une péti-
tion rassemblant 2 000 signatures de « personnali-
tés » du temps. Un second congrès s'est réuni à
Londres en 1904. Face aux massacres perpétrés par
les Turcs, la réaction fut immédiate et vigoureuse.
Il n'y eut ni silence ni impuissance comme en
témoigne, en France, le militantisme passionné de
Pierre Quillard [67], fondateur du journal *Pro Arme-
nia* (1900-1908), mais aussi l'engagement, à ses
côtés, de Jean Jaurès, de Charles Péguy, de Georges
Clemenceau et de quelques autres encore... Cela n'a
pourtant pas empêché la catastrophe de 1915.

Après le génocide de 1915-1917, André Mandelstam (1869-1949), Juif russe d'origine et juriste
parmi les plus brillants de la SDN (Société des
Nations), œuvre pour faire reconnaître à partir de la
question arménienne un « droit d'ingérence » dans
les affaires intérieures des États lorsque le statut de
la personne humaine est menacé. Par le biais de
l'Institut de droit international, Mandelstam fait
adopter en 1929 une Déclaration des Droits interna-
tionaux de l'homme qui préconise une limitation de
la souveraineté absolue de l'État. Aujourd'hui, nous
avons oublié en grande partie cette activité intense,
mais nous faisons aussi en sorte de l'oublier tant on
eût préféré que Mandelstam n'eût jamais rien tenté.
C'est de savoir qu'il a œuvré qui nous angoisse, car
son travail, validé comme celui de ses collègues à

la SDN par la communauté des nations, n'a pourtant pas empêché Auschwitz.

Une mémoire conquise

« L'écriture est le souvenir de leur mort et l'affirmation de ma vie », écrivait Georges Perec en 1975 dans *W. ou le souvenir d'enfance*, l'année même où paraissaient *Montaillou, village occitan* d'Emmanuel Le Roy Ladurie[68] et *Le Cheval d'Orgueil* de Pierre Jakez-Hélias[69], l'année encore où les éditions du Seuil publiaient une superbe *Histoire de la France rurale*[70]. Les Français, assurait-on alors à l'envi, avaient soif d'Histoire.

Comment cette « passion française » et la quête identitaire qui la sous-tend est-elle corrélée à l'« écriture du désastre »[71] ? Comment les rescapés de la Shoah, les contemporains de l'événement comme leurs descendants, comment les survivants (nous tous en vérité) ont-ils abordé aux rivages de ce continent noir ? Comment fallait-il entendre le mot d'Adorno sur la possibilité d'écrire un poème après Auschwitz ? Et comment comprendre la musique romancée propre à cette littérature dont l'existence, à elle seule, vaut réponse aux lecteurs pressés du philosophe : on écrira toujours des poèmes après Auschwitz, mais *plus* dans les formes d'autrefois. Comme si la langue avait été *entamée* par le génocide, non seulement parce que les mots se révèlent impuissants à en rendre compte, mais plus encore parce qu'ils ont été gangrenés par l'extermination.

Du mépris qu'on se porte à soi-même et du silence qu'on s'impose avant qu'autrui ne s'en mêle, émerge en ces années d'immédiat après-guerre un destin juif marqué du sceau d'une profonde solitude. «On» conseille aux victimes survivantes un « silence thérapeutique » dont « on » affirme qu'il contribuera aussi à la paix sociale. La France, assure-t-on, a *également* « beaucoup souffert ». À mettre « en avant » leur souffrance, susurre-t-on, les Juifs ne prennent-ils pas le risque de « réveiller l'antisémitisme » ? Face à tant d'« amis », de nombreux rescapés, et plus tard leurs enfants, ressentent l'amertume d'un destin solitaire, et, pour la première fois depuis 1791, ils constatent la divergence d'une « mémoire juive » avec la mémoire nationale.

On sait comment s'est construite, après-guerre, la mémoire de l'Occupation et du régime de Vichy. Le souci de réconciliation nationale (De Gaulle) et le mythe résistancialiste expliquent en partie le quasi-silence des vingt-cinq premières années (1945-1970). Silence confirmé par le semi-ratage politique que fut l'épuration, en particulier dans l'appareil d'État. Le tournant se situe vers 1969-1971, avec l'arrivée à l'âge adulte d'une nouvelle génération née après la guerre, qui coïncide avec la fin du gaullisme historique et l'ébranlement de la mémoire juive après 1967. À certains égards, le film de Marcel Ophuls *Le Chagrin et la Pitié* (1969) en est l'illustration en même temps que la cause ; sa réception est souvent présentée comme un coup de tonnerre dans un ciel de certitudes apaisantes. En cela, la grâce présidentielle accordée à Paul Touvier[72] en novembre 1971 allait à contre-courant de la sensibilité de l'époque. Là où Georges Pompidou voyait les passions apaisées, elles se réveillaient au contraire.

Les regards d'historiens étrangers portés sur cette période avaient participé de ce tournant en brisant le silence quasi complet des historiens français pour lesquels, dans l'optique de l'école des *Annales*[73], l'« événement » était méprisé. En Allemagne de l'Ouest, le travail de Eberhard Jäckel, *La France dans l'Europe de Hitler*[74], aux États-Unis, celui de Robert Paxton, *La France de Vichy*[75] furent des œuvres pionnières. Ce tournant historiographique trouve sa répercussion scolaire quelque dix ans plus tard dans les nouveaux programmes, les nouvelles directives et les nouveaux manuels édités en 1982-1983.

La mémoire juive n'épouse pourtant pas exactement ces inflexions. On y repère quatre périodes. Dans un premier temps, de 1945 à 1960 environ, un quasi-silence est fait sur la spécificité du génocide : les Juifs sont « morts au champ d'honneur » (même les enfants ?). Il y a certes une ébauche de parole (1945-1948), mais elle est vite éteinte malgré quelques flammèches qui retombent ici et là (affaire Finaly[76], en 1953). Un deuxième temps commence marqué par les répercussions très vives du procès Eichmann (1961). Le choc identitaire de la guerre des Six Jours, en 1967, ouvre une troisième période, choc redoublé par les propos du général de Gaulle en novembre de la même année (*cf. infra*). Enfin, aux environs des années 1978-1981, s'ouvre une

quatrième période qui voit l'émergence d'une
mémoire juive revendicative et combative, jalonnée
par les affaires Papon, Bousquet[77], Leguay[78], Dar-
quier[79], Faurisson[80], et exacerbée par les attentats
de la rue Copernic en 1980[81] et de la rue des Rosiers
en 1982[82], etc.

Dans la première période considérée, l'identité
française recouvrée ne laisse aucune place à la spécificité juive des victimes. La mémoire collective est
à l'image de l'épuration : la persécution anti-juive
est quasi absente des procès d'après-guerre (*cf.* celui
de Bousquet[83]). Et, passés les premiers temps qui
virent la publication de nombreux témoignages, il
y eut ensuite volonté de silence. Soit qu'on n'ait
plus voulu entendre, soit que pour pouvoir vivre à
nouveau, le silence devînt pour certains une nécessité thérapeutique. Pour rétablir la communication
avec un environnement social normal, il fallait taire
cette histoire hors normes.

Mais trois autres facteurs ont aussi joué leur rôle.
La Seconde Guerre mondiale est pensée d'abord
dans le cadre mémoriel du premier conflit européen, les crimes nazis se déclinent en termes de
« massacres » commis par une nation ontologique-
ment perverse (« barbarie germanique »). Le mot
génocide a certes déjà été forgé par le juriste juif
polonais Raphaël Lemkin en 1944[84], mais cette réalité, bien que conçue, reste encore difficile à penser,
de même qu'entre les deux guerres il avait fallu du
temps pour donner consistance juridique à la

notion de « crime de lèse-humanité » ou « contre les lois de l'humanité » ainsi que les Alliés qualifiaient le crime commis contre le peuple arménien dès le 24 mai 1915.

Par ailleurs, le monde des historiens français est alors dominé par l'école dite « des Annales » qui met l'accent sur les structures, le quantitatif et la longue durée. Et qui déprécie, du coup, l'événement ramené à n'être souvent qu'écume à la surface du temps. Les historiens « des Annales » ne sont pas prêts à penser le génocide dans les termes que Hannah Arendt utilisait dès 1946. Les années cinquante, enfin, épicentre de la guerre froide, voient le triomphe des idéologies socialisantes, messianistes et universalistes. Quelle place peut-il être accordé à la singularité du malheur juif dès lors qu'il s'agit d'antifascisme, de communisme et de construction du « bonheur de l'humanité » ? Seul le déclin du communisme (la génération des pères) puis du gauchisme (la génération des fils) donnera à la mémoire juive la possibilité d'éclore. C'est pourquoi les années cinquante sont marquées pour les survivants par un silence relatif auquel contribuent aussi, d'une part, leur volonté de se reconstruire, d'autre part, une culpabilité sous-jacente (pourquoi ai-je survécu, *moi*[85] ?). C'est également au cours de ces années que dominent les modèles communiste et christique. Pour ce dernier, en particulier, le peuple juif est le peuple martyr, nouveau Christ sur la Croix. François Mauriac préface en 1951 la première grande étude historique publiée sur le géno-

cide, *Bréviaire de la haine* de Léon Poliakov, et c'est
à la même époque que Jules Isaac se lance dans
l'étude des fondements chrétiens de l'antisémitisme[86]. C'est pourquoi, en France, le travail de
recherche sur la Shoah ne pouvait se faire qu'en
dehors des courants officiels et reconnus. En particulier autour du Centre de documentation juive
contemporaine (CDJC), créé en avril 1943, et de sa
revue, *Le Monde juif*, fondée en 1946[87]. Quelques
chercheurs isolés y travaillèrent à l'écart du silence
environnant de l'Université. Outre Poliakov déjà
cité, mentionnons Joseph Billig, David Knout, etc.
Une fois encore, l'Histoire avance par les marges.
L'activité acharnée d'Isaac Schneersohn, fondateur
du CDJC, y est pour beaucoup, lui qui fait poser à
Paris, en mai 1953, avant la construction israélienne
de *Yad Vashem*[88], la première pierre d'un Mémorial
dont il veut faire *le* Mémorial du génocide.

La mémoire non juive ignore encore, et la refuse
lorsqu'elle est soulignée, la spécificité de l'événement[89]. Deux exemples en témoignent. En 1954, le
Gouvernement français instaure chaque dernier
dimanche d'avril une Journée nationale du souvenir des victimes de la déportation. En 1956, le génocide juif est quasi absent du film de Alain Resnais et
Jean Cayrol, *Nuit et Brouillard.* De même qu'il est
absent de nombreux témoignages non juifs et juifs
également, en particulier dans le cas des Juifs communistes.

***

À la fin des années cinquante et au début de la décennie suivante, une conjonction de circonstances marque l'amorce d'un réveil de la mémoire juive. À commencer par la vague d'antisémitisme qui déferle dans le monde, y compris en Allemagne, qui surprend et choque les communautés juives. La France est aussi concernée, dans laquelle, par petites touches, émerge une mémoire juive du désastre. Ces changements, encore modestes, vont se cristalliser lors de la crise identitaire de 1967. Pour exemple, trois séries de faits à première vue fort dissemblables.

En 1959, la romancière Anna Langfus publie *Le Sel et le Soufre*, puis deux ans plus tard *Les Bagages de sable*, couronné par le prix Goncourt. Mais c'est surtout l'œuvre d'André Schwarz-Bart (*Le Dernier des Justes,* prix Goncourt 1959) qui ébranle le paysage romanesque et la communauté juive de France. Dans le domaine cinématographique, Frédéric Rossif monte en 1961 le premier film français d'archives sur la catastrophe juive (*Le Temps du ghetto).* La même année se tient à Jérusalem le procès Eichmann (avril-décembre 1961), ce « Nuremberg du peuple juif » comme l'écrit Ben Gourion, premier procès à cerner la spécificité juive de l'événement. Il est bientôt relayé par d'autres procès qui tous contribuent à mettre en lumière la singularité de la Shoah : le procès Treblinka à Düsseldorf (octobre 1963-septembre 1964), le procès Auschwitz à Francfort en 1964, celui des responsables de la « solution finale » aux Pays-Bas qui se tient à Munich en 1966-1967.

Dans le même temps, comme une rivière souterraine modèle le relief, le génocide des Juifs *travaille* la littérature. L'œuvre de Georges Perec, par exemple, est ainsi marquée par la Shoah quand bien même la tragédie ne figure explicitement dans aucun de ses textes. Or, explique Claude Burgelin[90], la perte du passé traverse tous les livres de Perec y compris *Les Choses* (1965) où les deux protagonistes, Jérôme et Sylvie, purs produits de l'explosion scolaire et des Trente Glorieuses, apparaissent sans lien aucun avec les générations antérieures, comme s'ils étaient *sans racines*. Comment rendre compte de la dépression qui fait de bout en bout la trame d'*Un homme qui dort* (1967) quand Perec utilise dans le récit, fait rarissime chez lui, la seconde personne, et quand de surcroît rien n'évoque la judéité et *a fortiori* la catastrophe elle-même? La Shoah figure pourtant en filigrane dans ce « récit d'une sorte de grève de la socialisation ». Comme si le héros entendait sortir d'un monde qui l'avait jadis exclu, comme si le « tu » mis en œuvre par le romancier était volonté d'anesthésier l'émotion, une façon détournée de ne pas être « je » et de vivre encore après la tragédie, comme s'il fallait s'exclure de la vie pour pouvoir survivre encore, biologiquement parlant. Le « tu » du narrateur nous ramène à la « grande hache » de l'Histoire qui un jour de 1943, entre la rue Vilin (Paris, 20e arrondissement) et la Haute-Silésie, a fracturé la vie de l'enfant Perec[91].

Cette mémoire juive lentement émergente est choquée par l'inauguration le 16 avril 1967 du Mémorial international d'Auschwitz. La Pologne socialiste n'entend pas faire de l'édifice un lieu de mémoire rappelant le génocide juif. D'ailleurs, le mot « juif » ne figure sur aucune plaque commémorative. Avec d'autres, ce fait contribue à préparer le choc identitaire de 1967, qui ouvre une troisième période dans l'histoire de la mémoire juive du génocide.

Parmi les facteurs qui concourent à ce tournant, figurent en premier lieu les désillusions nées de l'expérience d'un universalisme de gauche jadis attiré par le modèle communiste. Entre en compte, en deuxième lieu, l'arrivée massive en France des Juifs d'Afrique du Nord, et plus particulièrement, l'installation d'une petite partie de la communauté juive du Maroc et de celle de Tunisie (dans une proportion plus importante, même si nombre de Juifs tunisiens ne sont arrivés qu'après 1967[92]) : moins imprégnés du modèle israélite et jacobin, ils ont davantage vécu leur judéité comme un fait communautaire, voire quasi national. Ce faisant, ils étaient plus aptes à saisir la spécificité juive de l'événement. Enfin, dernier facteur, l'arrivée à l'âge adulte au cours des années 1965-1968 de la première génération juive d'après la Shoah change la perception, et le discours, de et sur la catastrophe. La génération des enfants incite ceux qui se sont tus à parler, ils veulent savoir ; et ce sera vrai plus encore pour la génération des petits-enfants face à leurs grands-parents vieillissants devenus anxieux à l'idée de ne pas transmettre ce qu'ils avaient vécu. Dans l'immédiat après-guerre, l'absence d'écoute, le rejet, la culpabilité du survivant comme la volonté de se reconstruire, la honte enfin d'avoir été réduit à *cela*[93], avaient contribué à un silence à la fois subi et choisi.

C'est dans ce contexte qu'en juin 1967 survient un événement sans lien direct avec l'Histoire hexagonale, la guerre des Six Jours[94]. Ses répercussions sur les communautés juives de la diaspora (en particulier sur celle de France, la plus importante du Vieux Continent, URSS exceptée) sont considérables. Les trois semaines qui précèdent le conflit réactivent l'angoisse du génocide. Le dirigeant égyptien Gamal Abdel Nasser presse la nation arabe d'extirper de son sein la « tumeur cancéreuse » d'Israël. Le président algérien Houari Boumediene affirme le 4 juin 1967 sur les ondes de Radio Alger que « l'État des sionistes doit être rayé de la carte ». Le chef de l'OLP d'alors, Ahmed Choukeiry, assure qu'« il n'y aura probablement pas de survivants ». L'angoisse qui étreint les rescapés de la Shoah, dont les plus âgés sont tout juste quinquagénaires, a un impact direct sur l'« écriture du désastre ». Dans la vie du penseur juif André Neher, par exemple, l'année 1967 constitue une deuxième brisure après celle de la défaite, de l'Occupation et du génocide qui l'avait conduit, vingt-cinq ans plus tôt, à abandonner sa carrière de germaniste pour lui faire épouser celle d'hébraïsant[95]. Cette fois, la guerre des

Six Jours le pousse à rompre avec le judaïsme universaliste et l'incite à se tourner vers l'État d'Israël. De destinée subie, le fait juif devient pour André Neher un destin assumé et un projet volontaire. Ce qui est vrai chez lui le sera aussi, et de mille autres façons, pour des centaines de milliers d'autres Juifs.

La guerre des Six Jours est l'épreuve maturante qui bouleverse le judaïsme français et y renforce la place de l'État d'Israël. À tort ou à raison, les Juifs de France craignent la répétition du génocide et se découvrent à travers l'État d'Israël un double attachement : à une mémoire enfouie et à un avenir précaire. En témoigne cette réaction d'un Juif français qui ne s'est jamais voulu qu'un Français juif, Raymond Aron, qui écrit dans *Le Figaro littéraire* du 12 juin 1967, sous le titre « Face à la tragédie » : « Monte en nous un sentiment irrésistible de solidarité. Peu importe d'où il vient. Si les grandes puissances, selon le calcul froid de leurs intérêts, laissent détruire le petit État d'Israël qui n'est pas le mien, ce crime, modeste à l'échelle du monde, m'enlèverait la force de vivre et je crois que des millions d'hommes auraient honte de l'humanité. » Six mois plus tard, le 28 décembre 1967, il ajoute : « Je sais aussi, plus clairement qu'hier, que l'éventualité même de la destruction de l'État d'Israël (qu'accompagnerait le massacre d'une partie de la population) me blesse jusqu'au fond de l'âme. » C'est sur ce contexte que se greffent les propos du général de

Gaulle lors de sa conférence de presse du 22 novembre 1967 : « On pouvait se demander et on se demandait même chez beaucoup de Juifs si l'implantation de cette communauté sur des terres qui avaient été acquises dans des conditions plus ou moins justifiables et au milieu de peuples arabes qui lui étaient foncièrement hostiles, n'allait pas entraîner d'innombrables, d'interminables frictions et conflits. Certains même redoutent que les Juifs, jusqu'alors dispersés, qui étaient restés ce qu'ils avaient été, un peuple d'élite, sûr de lui-même et dominateur, n'en viennent une fois qu'ils seraient rassemblés à changer en ambition ardente les souhaits très émouvants qu'ils formaient depuis dix-neuf siècles : "L'an prochain à Jérusalem". » Ces propos induisent un malaise considérable. Pour Raymond Aron encore, De Gaulle a ouvert « le temps du soupçon » : « Tout devient possible, tout recommence. Pas question, certes, de persécution : seulement de la "malveillance". Pas le temps du mépris : le temps du soupçon. » [96]

1967 est donc l'année d'un double choc : d'Israël menacé de génocide (« les frontières d'Auschwitz », déclare Abba Eban [97] en parlant des lignes de cessez-le-feu de 1949) au souvenir de la Shoah, on pouvait faire le lien. Il est fait. C'est sur cette mémoire conquise, et sur cette fidélité retrouvée, que se greffent les propos du général de Gaulle. Avec la guerre des Six Jours prend fin, pour les Juifs de France, la certitude d'une assimilation totale. Désormais, en chacun, coexistent deux mémoires et deux fidélités comme si, confirmant la césure de 1940, 1967 avait clos le long cycle ouvert avec l'émancipation de 1791.

Cette année-là rouvre ainsi la blessure de « Vichy » (et en particulier celle relative au silence quasi complet fait sur les lois antijuives du régime), et donc du génocide. Ce choc contribue à bâtir une « mémoire juive » qui n'est pas superposable à la mémoire collective de l'État français. Elle a sa particularité, s'enrichit d'apports extérieurs étrangers à la mémoire de la nation (Israël), tout en participant évidemment à l'évolution générale de la mémoire collective nationale vis-à-vis de l'Occupation et du gouvernement du maréchal Pétain.

L'année 1964 avait marqué un infléchissement dans une mémoire française encore murée dans les mythes d'une Résistance unanime et massive. Outre le transfert des cendres de Jean Moulin au Panthéon (décembre 1964), le ministère de l'Éducation nationale décidait de promouvoir un « concours annuel de la Résistance et de la déportation ». En décembre 1964, le Parlement votait la loi sur l'imprescriptibilité des crimes contre l'humanité, implicitement allemands. Le mythe résistancialiste et le culte de la France « patrie des droits de l'homme » et « phare de l'humanité » (« Chaque homme a deux patries, la sienne et la France », etc.) faisaient qu'en dépit des horreurs récentes des massacres coloniaux, nul ne songeait sérieusement qu'un Français pût un jour en répondre. C'est seulement à la fin des années soixante, lorsque le mythe gaullien basé sur la

« réconciliation nationale » s'affaiblit, que commence la découverte historique du régime de Vichy, et de son rôle dans la « solution finale ». En 1969, Marcel Ophüls termine son film *Le Chagrin et la Pitié*, commandé par la télévision... il y restera interdit douze années durant.

La fin des années soixante-dix et le début des années quatre-vingt sont caractérisés par une quête mémorielle inséparable d'une quête identitaire plus générale[98]. Vichy devient progressivement un fait central dans la mémoire collective de la nation, et la Shoah prend peu à peu la place d'un fait fondateur d'abord dans la mémoire juive puis, bientôt, et plus largement, dans certaine mémoire intellectuelle d'Occident. Cette évolution, qui n'est pas limitée au cas de la seule France, rend compte de la succession des « affaires » au cours de cette période charnière. L'émotion qui traverse les années 1978-1982 est d'autant plus grande que la jeune génération juive attend des réponses à ces questions exhumées. Témoigne de ce climat la charte du Crif[99] qui, en 1977, demande aux pouvoirs publics d'organiser un « enseignement de l'holocauste ». C'est dans ce cadre aussi que s'inscrit en février 1979, publiée par le journal *Le Monde* (qui venait, il est vrai, d'offrir une tribune au négationniste Robert Faurisson), une déclaration sur le génocide juif signée par les plus prestigieux historiens français, laquelle est suivie, deux mois plus tard, par la tenue, à Orléans, d'un colloque portant sur « l'enseignement de l'histoire des crimes nazis »[100].·Les années quatre-vingt vont donc voir la construction progressive de la Shoah comme objet d'Histoire et l'émergence, parallèle, d'une mémoire collective nationale plus exigeante à l'égard du régime de Vichy et de la collaboration. C'est là ce fameux « syndrome de Vichy »[101] qui va donner lieu à la logorrhée que l'on sait.

Mais dans les années quatre-vingt, cette émotion participe aussi d'un renouveau identitaire juif axé sur un retour (partiel) à la pratique religieuse, sur la centralité politique nouvelle de l'État d'Israël, et sur l'omniprésence de la Shoah dans la mémoire du groupe. De plus en plus structuré autour de la mémoire de la catastrophe, ce retour identitaire est vrai plus encore des Juifs athées, laïques ou agnostiques, en deuil d'idéologies messianiques. Un rituel de la mémoire[102] se met alors en place, les jalons d'une religion civile dont le voyage-pèlerinage en Pologne est un élément clé, tandis que la mémoire nationale et la mémoire juive affirment l'impératif du « devoir de mémoire », c'est-à-dire la nécessité de la transmission aux jeunes générations. La mémoire induit l'identité, laquelle, en retour, forge une mémoire collective réconfortante. Bientôt, l'historien n'est plus en charge de donner cohérence au passé à travers le maquis des faits bruts, il n'est plus chargé de dégager une vérité historique, il est surtout supposé donner *sens* à l'histoire vécue… et à l'avenir à dessiner. Pathologiste de la mémoire, il est devenu, pour la mémoire juive en particulier, un praticien de l'identité.

Seule la génération des enfants, et plus encore celle des petits-enfants, pouvait faire ce travail d'élaboration mémorielle. En 1985, le film de Claude Lanzmann, *Shoah*, témoigne de cette exigence de mémoire et d'Histoire, tant et si bien que l'œuvre devient à son tour événement. L'émoi violent suscité par les négationnistes dans les années quatre-vingt ne tient pas seulement à la colère provoquée immédiatement, chez *tous* les historiens français, par ce déni de vérité. Il tient aussi à ce réveil mémoriel. Si Faurisson sème le trouble là où Rassinier[103] échoua jadis, il le doit à une mémoire juive et à une mémoire nationale inquiètes et revendicatives, ce dont témoignent l'écho de l'affaire du carmel d'Auschwitz (1984-1989) et du procès de Klaus Barbie[104] à Lyon (1987). En juillet 1993, pour la première fois, la République française célèbre officiellement la mémoire des victimes des crimes antisémites de l'Occupation, tandis que moins d'un an plus tard, en mars 1994, s'ouvre à Versailles le premier procès d'un Français (Paul Touvier) poursuivi pour « crime contre l'humanité ». Si la France a tant de mal à considérer qu'un des siens peut être concerné par la loi de 1964[105], c'est que la notion de « crime français » paraît antinomique au regard du mythe constitutif de la nation. Une nation bâtie sur le double messianisme révolutionnaire, de 1789 (les Droits de l'Homme) et de 1792 (la liberté des peuples encore asservis). Parce qu'elle s'est longtemps perçue comme une nation messianique, la France est ainsi devenue une nation amnésique et une nation d'amnistie. L'amnistie n'est pas le pardon, c'est l'effacement du crime et de sa mémoire. Malheur même à celui qui l'évoquerait encore.

Amnésie/amnistie, messianisme et amnésie : la mémoire collective de la nation est retravaillée en fonction des mythes qui la fondent, d'où les omissions et les falsifications. Ainsi de cette plaque longtemps apposée sur un immeuble parisien de la rue Saint-Louis-en-l'Ile et sur laquelle on pouvait lire qu'« Ici, en 1942, 42 enfants ont été arrêtés et déportés ». Ce n'est pas tant d'amnésie qu'il s'agit ici que d'occultation, puisqu'il n'est pas mentionné que ces enfants étaient juifs (ce que chacun savait), comme il n'est pas dit que la police française a seule procédé aux arrestations. Sur l'emplacement du camp d'internement de Nexon, situé près de Limoges, une ancienne plaque commémorative précisait que ce lieu avait « abrité les victimes des nazis », alors que seules la police et l'administration françaises avaient arrêté et interné là ces malheureux.

Une religion civile de la mémoire s'est progressivement mise en place contre cet oubli amnistiant. Chez nombre de Juifs laïques, la « mémoire » tient quasi exclusivement lieu d'identité. D'où, chez beaucoup de leurs porte-parole, le contraste entre la revendication d'une mémoire de l'exclusion (Vichy et la déportation) et le haut niveau d'intégration culturelle et nationale qui est le leur. Mais cette mémoire identitaire a peu à voir avec l'Histoire quand Vichy est assimilé à l'Allemagne nazie, et que le nom emblématique de ce régime finit par absorber le terme d'«Occupation» qui désignait jadis ces quatre années. La religion de la mémoire éclaire la crise de l'identité nationale et celle du modèle républicain d'intégration. Elle met en évidence un présent en panne. La mémoire est vécue comme un garde-fou contre l'horreur; l'oubli fait figure de sanction. Cette «mémoire-devoir» et cet «oubli-sanction» présupposent une vision de l'Histoire comme recommencement : «Celui qui oublie le passé est condamné à le revivre.» Ressassée à satiété, cette formule fait de la mémoire une forme de rédemption.

Si la reconnaissance de la spécificité de la catastrophe juive dans l'histoire générale de la guerre a rapproché les Juifs de leurs compatriotes, elle les en a aussi séparés. Car, qu'elle ait ou non vécu l'événement, chaque vie juive a été altérée par la Shoah. Ce sera toutefois le génie d'un Dwight Mac Donald aux États-Unis, dès 1945, comme celui d'un Georges Bataille en France, en 1947, de comprendre qu'au-delà du destin juif, chaque existence humaine a été *entamée* par la Shoah. Ce n'est pas de nous tourner vers ce passé qui, telle la femme de Loth, nous figera en statue de sel, c'est tout au contraire le refus de s'y confronter qui fera de nous des êtres sans vie. En refusant de «voir ce qui nous regarde le plus», comme l'écrit Jacques Lacan, nous prenons le risque de mourir à nous-mêmes et aux autres.

Il aura fallu plus de trente ans pour mettre en lumière la singularité de la Shoah. Mais les mêmes raisons qui nous firent, jadis, si mal cerner la nouveauté du passé proche nous rendent aujourd'hui incapables de penser l'avenir quand nous n'envisageons l'horreur que sous une forme déjà connue. Le passé n'est le garant d'aucun avenir. Avec le retour identitaire et la construction de l'histoire de la Shoah, tout se passe, dans les esprits, comme si nous n'allions plus vers la lumière (1789), mais vers le chaos et la peur.

La « religion civile » de la Shoah aux États-Unis : une mémoire domestiquée

Les nombreux rescapés qui arrivent aux États-Unis à la fin des années quarante se heurtent à un mur de silence quand ils essaient de se faire entendre. On les contraint plus ou moins délicatement à se taire en les persuadant qu'ils doivent « se tourner vers l'avenir », et qu'à force d'évoquer le passé, ils feront le vide autour d'eux.

Après 1947, la guerre froide contribue à reléguer la destruction des Juifs d'Europe à l'arrière-plan. La société américaine fait silence sur le sujet, comme les instances communautaires juives qui recommandent la discrétion. Évoquée surtout dans le cadre privé, la Shoah demeure jusqu'au seuil des années soixante

quasi absente de la vie publique des Juifs américains[106]. Elle n'occupe également qu'une place restreinte dans l'historiographie américaine. Ainsi, dans
sa volumineuse étude consacrée au IIIe Reich (1960),
William Shirer ne consacre-t-il que trente pages (sur
1 200) à la destruction des Juifs d'Europe. On comprend la difficulté éprouvée par le jeune Raul Hilberg
à trouver un éditeur favorable à la publication de sa
thèse. C'est chose faite plus de six ans après sa sou-
tenance, et dans une modeste maison au demeurant.

De 1945 jusqu'au début des années soixante, le
génocide des Juifs constitue en vérité un obstacle
dans la vie politique américaine. La guerre froide
impose le silence sur le crime de masse dont l'Allemagne s'est rendue coupable. Sans le nier, on
affirme à l'envi que le crime était « nazi » et non
« allemand », un « crime totalitaire » précise-t-on en
amalgamant sous ce mot commode et flou le
nazisme et le communisme honni de la guerre
froide. Témoignant par trop de la différence radicale entre les deux systèmes, la Shoah a disparu de
la scène, tandis que la notion massifiante de *totalitarisme* offre le mérite de dédouaner le peuple allemand, voire d'en faire la première victime du crime
hitlérien. Dans le même temps, les autorités améri-
caines ouvrent grand leurs portes aux anciens nazis
baltes et ukrainiens fuyant les Soviétiques. De victimes, les Juifs deviennent alors des suspects soup-
çonnés d'être animés d'un « esprit de vengeance ».

Pour radicalement inversée qu'elle soit aujour-
d'hui, la situation n'en demeure pas moins carica-

turale. La Shoah tient désormais une place centrale dans une vie publique américaine où la muséographie incite à s'identifier aux victimes. La mémoire de la Shoah n'est plus menacée par le vide, mais par le trop-plein. En moins de trente ans, la catastrophe historique qui a frappé le monde juif est devenue un thème que chacun met au service de sa cause, depuis la lutte contre l'avortement jusqu'au droit de posséder des armes à feu. Ce n'est plus l'objet d'une réflexion historique, mais d'abord l'occasion de justifier une vision du monde. Dans un constant anachronisme, on télescope le présent à ce passé. À rebours du discours d'après-guerre, il est aujourd'hui courant d'affirmer qu'on est juif d'abord et américain ensuite, alors qu'après la Seconde Guerre mondiale, les Juifs américains se voulaient d'abord américains sans chercher à exciper d'un malheur juif spécifique. Nombreux étaient alors ceux qui estimaient qu'entre 1941 et 1945, les États-Unis ne pouvaient pas sauver les Juifs européens. Or, l'affirmation contraire se répand aujourd'hui tel un dogme; ouvrages d'Histoire à l'appui, l'on affirme, en évoquant en particulier la question du bombardement des voies ferrées menant à Auschwitz, que le gouvernement américain aurait volontairement refusé d'agir.

Cette accusation est fondée pour partie, surtout pour ce qui touche à l'attitude des États-Unis en matière d'accueil des réfugiés juifs durant le conflit. Pourtant, elle met de côté la part prise par le pays dans l'accueil des réfugiés après la guerre (près de

300 000 réfugiés juifs sur 500 000 environ ont été admis sur le sol américain), comme elle semble oublier aussi qu'entre 1933 et 1941 les Juifs américains eux-mêmes ne s'étaient guère montrés enclins à ouvrir leurs portes à leurs « coreligionnaires » européens dont ils craignaient à la fois la concurrence économique, la charge sociale qu'ils feraient peser sur eux et l'exacerbation de l'antisémitisme que leur arrivée, pensaient-ils, ne manquerait pas de provoquer. En 1945, de surcroît, la tragédie juive est vue comme un élément de la tragédie mondiale et non comme un événement singulier (d'autant que moins de 20 % des déportés juifs ont été libérés par l'armée américaine).

Notre perception historique fait des survivants de quasi-saints laïques. Or, dans l'immédiat après-guerre, aux États-Unis comme en Israël, les jugements à leur endroit étaient sévères, sinon féroces[107]. Nous nous convainquons aussi que dès 1945, les non-Juifs étaient travaillés par la culpabilité. En affirmant, par exemple, que les États-Unis *sont* coupables pour leur non-intervention durant la Shoah, nous nous persuadons aujourd'hui qu'ils *auraient dû* se sentir coupables, pour finir par penser qu'ils *ont dû* se sentir coupables. D'un mot, nous concluons alors qu'ils *se sont sentis* coupables... La solitude juive du temps du désastre se console ainsi avec l'illusion d'un monde occidental submergé dès 1945 par une culpabilité qui l'aurait poussé à favoriser la création de l'État d'Israël en 1948[108]. La réalité, comme toujours, est plus désenchantée. Le sentiment de culpabilité est un sentiment *actuel* (et, au passage, moins universel qu'on ne le croit). Le lien entre la Shoah et la création de l'État juif fait partie de ces fantasmes historiques qui perdurent d'autant plus qu'ils répondent à une nécessité psychologique : il convient de penser que le crime de l'Europe a été expié par la naissance d'Israël pour pouvoir libérer le fardeau de sa conscience. Or, la création de l'État juif ne doit rien à cette catastrophe ; le lien qui réunit malgré tout ces deux événements de nature radicalement contraire est à la fois d'ordre négatif (du fait de la Shoah, l'État juif a surtout failli ne pas voir le jour) et d'ordre consécutif, c'est-à-dire postérieur à 1948.

Dans l'immédiat après-guerre, la communauté juive américaine avait refusé un premier projet d'édification d'un Mémorial du génocide. Il fallait éviter, expliquait-elle, de donner un contenu victimaire à l'identité juive. Trois années consécutives, en 1946, 1947 et 1948, les représentants des organisations juives récusent le projet new-yorkais, « monument perpétuel élevé à la faiblesse et à l'impuissance du peuple juif » comme l'écrit un responsable en 1947[109]. En 1958, le Congrès juif américain refuse à nouveau un projet de Mémorial. Trois ans plus tard, une partie importante de la communauté juive exprime son désaccord avec la tenue du procès d'Adolf Eichmann, dont elle craint qu'il offre au monde, dit-elle, « l'ancienne image du Juif souffrant qui pleure sur ses malheurs » [110]. Il est frappant de noter qu'au même moment l'idéologie sioniste, qui partage avec l'idéal américain les valeurs du pionniérisme, souhaite écarter de son panthéon toute image de victime. Aujourd'hui, quarante ans plus tard, c'est précisément ce statut de victime qui est reconnu, recherché et prisé, glorifié même parce qu'il est inséparable de cette idéologie des droits qui mine la démocratie [111].

Comme en Europe, le premier tournant relatif à la « mémoire collective » de la Shoah aux États-Unis a lieu au début des années soixante. Plusieurs événements se conjuguent alors, en particulier le procès Eichmann (1961), la pièce de Rolf Hochhut *Le Vicaire* (1963) et la publication, la même année, du livre controversé de Hannah Arendt, *Eichmann à Jérusalem. Rapport sur la banalité du mal.* D'autres facteurs contribuent également à faire de la Shoah un élément déterminant de l'identité juive américaine, puis une référence capitale dans la vie américaine tout entière. À commencer par le déclin de l'antisémitisme qui, paradoxalement, fragilise l'identité de nombreux « Juifs imaginaires » invoquant d'autant plus l'unicité (réelle) de la Shoah que celle-ci conforte leur identité incertaine. Le judaïsme américain s'est massivement penché sur la Shoah quand l'antisémitisme devenait un sujet marginal, ont fait remarquer de nombreux observateurs.

En troisième lieu, l'émergence du culte de la victime joue également son rôle. Dans les années soixante et soixante-dix, la société américaine bas-

cule progressivement du culte de l'héroïsme des
« conquérants de l'Ouest » à la célébration des victimes de la Conquête. Dans le rôle du personnage
principal du western, on substitue au cow-boy l'Indien, victime de l'Histoire nationale [112]. Le discours
occidental conforte l'image du Juif-victime et renforce, en conséquence, le poids de la Shoah dans la
mémoire sociale et dans les représentations cultu-
relles. Loin de susciter le mépris, le statut de victime et d'opprimé inspire désormais le respect, sinon
l'envie.

Gagnée au même moment par le déclin de la pratique religieuse, la communauté juive connaît une
hausse importante des mariages inter-religieux (plus
de 50 % dans les années quatre-vingt-dix). L'accélé-
ration de ce processus d'assimilation inquiète les
dirigeants juifs. Certains envisagent même, à terme,
la disparition pure et simple de la première communauté juive du monde. De là l'idée selon laquelle
cette identité précaire pourrait se trouver confortée
par un enseignement serré de la Shoah. Ce présupposé idéologique rencontre depuis les années
soixante-dix la demande venue de la troisième
génération, celle des petits-enfants et, au-delà d'eux,
celle de chaque Juif dès lors qu'il prend conscience
de n'avoir échappé à la destruction que par l'heu-
reux hasard de la géographie. Omniprésente pour
de nombreux Juifs déjudaïsés, la Shoah constitue
bientôt le reste muet d'une identité léguée par des
aïeux venus d'une lointaine Europe. Dans l'esprit
de nombreux responsables communautaires, le récit

de la tragédie ramènera au judaïsme les Juifs les plus éloignés. Mais le premier objectif de la mémoire de la Shoah est toutefois ailleurs, il est d'inscrire dans la pierre le nom des morts laissés sans sépulture. Ce n'est que par ricochet que cette mémoire a aussi pour fonction d'enrayer le processus d'assimilation. À ces déterminants majeurs s'ajoute, enfin, le poids d'événements extérieurs aux États-Unis, en particulier la guerre des Six Jours (1967) et surtout celle du Kippour (1973).

Jusqu'au conflit de 1967 pourtant, ni l'État d'Israël ni la Shoah n'occupaient une place centrale dans la vie des Juifs américains. Avec les affrontements israélo-arabes de 1967, et plus encore de 1973, quand l'État d'Israël frôle la catastrophe majeure, le génocide devient une perspective d'épouvante. Vécue comme un miracle, la victoire de juin 1967 cassa l'image « honteuse » du Juif victime en libérant du même coup la parole sur le génocide. La césure principale vint cependant six ans plus tard, en octobre 1973. Alors que la victoire remportée par l'armée d'Israël est plus brillante que celle de 1967, octobre 1973 constitue paradoxalement pour l'État juif une demi-défaite. Nos croyances sont plus tenaces que les faits. Le poids tragique des quatre premiers jours de la guerre a sans nul doute joué son rôle dans cette illusion. L'offensive égyptienne dans le Sinaï, mais plus encore la percée de l'armée syrienne jusqu'aux portes de la Galilée, c'est-à-dire très près des centres vitaux de l'État juif, a réactivé l'angoisse de l'anéantissement en insinuant le cauchemar au présent. C'est alors que le discours des Juifs américains sur le génocide se structure pour prendre la forme qu'on lui connaît aujourd'hui.

Au même moment, la condition juive aux États-Unis apparaît plus précaire. Depuis 1968 en effet, la vieille alliance Noirs-Juifs est battue en brèche : les Juifs américains sont en butte à l'antisémitisme, parfois violent, d'une partie de la communauté noire. Certains dirigeants juifs se persuadent que cette flambée de haine, comme les progrès de l'assimilation d'ailleurs, pourraient être endigués par l'enseignement de l'« Holocauste ». En 1974, dans *The New Anti-Semitism,* Arnold Foster et Benjamin Epstein expliquent que l'« oubli de la Shoah » a érodé la faveur du monde à l'endroit des Juifs, ce qui signifie implicitement que ceux-ci ne sauraient attirer la sympathie qu'à la condition d'être des victimes. Ce présupposé est conforté par les pouvoirs publics qui entendent instituer un enseignement obligatoire de la Shoah. C'est chose faite dans les lycées au cours des années quatre-vingt. Des « Journées du souvenir » sont célébrées dans les lieux officiels. En avril 1993, l'ouverture du Musée de Washington marque l'acmé de cette fièvre mémorielle, un musée dont les dépenses de fonctionnement sont prises en charge par l'État fédéral alors que seul un financement privé était envisagé au départ.

La tendance à la sacralisation de la Shoah qui prévaut dans le discours muséographique américain a peu à voir avec son étude historique. Cette mémoire emprunte parfois ses références au chemin de Croix. Sanctifiée, la souffrance ouvre la route de la sagesse, transformant la catastrophe juive en une sorte de Rédemption. Mais cette sacralisation est parfois aussi le fait de la partie juive. Ainsi, pour le rabbin américain Irving Greenberg, la Shoah est un « événement de l'ordre de la révélation » qui a toute sa place dans la liturgie juive. Pour le philosophe Emil Fackenheim, la tragédie impose un « 614e commandement » [113], un « devoir de survie » qui refuserait une victoire posthume aux nazis. Elie Wiesel, de son côté, parle en termes quasi mystiques d'une catastrophe qui fait du survivant le porteur d'une « parole révélée ».

Cette centralité nouvelle a favorisé le développement d'une mentalité d'assiégé. De nombreux Américains, juifs ou non, déplorent un culte victimaire qui encourage une vision conservatrice du monde. Ils font remarquer que les fondations de la Shoah qui fleurissent aux États-Unis reçoivent des dons importants alors que celles qui étudient les Juifs vivants, comme le Yivo [114], ont le plus grand mal à subsister.

La plupart des commentateurs juifs se refusent à comparer la Shoah à d'autres génocides, comme si c'était altérer la souffrance juive que de l'inscrire dans une histoire comparatiste. Cette attitude contribue à détériorer les relations entre Juifs et non Juifs, ces derniers convaincus de l'existence d'une hiérarchie des douleurs. C'est avec la communauté noire en particulier que la dégradation des rapports s'est le plus tôt fait sentir et s'est accentuée. Pour nombre de Noirs américains, en effet, les Juifs constitueraient aux États-Unis le groupe le plus favorisé. Avec la Shoah, affirment certains d'entre eux, les Juifs invoqueraient des crimes commis par l'Europe pour « faire oublier » ceux perpétrés par les États-Unis contre les Noirs… L'édification de l'Holocaust Memorial accroît l'amertume de cette communauté qui, à ce jour, n'a pu faire aboutir devant le Congrès son propre projet de musée.

L'enseignement moralisant de la Shoah nourrit l'illusion selon laquelle il protégerait du retour de la violence. Or, aux États-Unis comme en France, l'inverse se vérifie chaque jour. On peut se demander si ces mémoriaux de la Shoah ne sont pas d'abord perçus par le public comme des monuments dédiés à la précarité juive, à la fragilité juive. Loin de canaliser la violence, cette politique ne risque-t-elle pas d'encourager au contraire les pulsions sadiques qui permettent à tout groupe de fonctionner ? Dès 1945, Max Horkheimer estimait que « le rabâchage des histoires d'atrocités risquait d'avoir un effet indésirable sur l'esprit de beaucoup de gens ». En octobre 1947, un journaliste juif américain notait dans la revue *Commentary* que « … le spectacle de cadavres juifs entassés comme viande de boucherie a donné l'impression que la vie des Juifs ne valait pas grand-chose ». Après guerre, un film sur le nazisme était projeté à des milliers de lycéens américains. À la fin de la séance, le pourcentage d'élèves estimant que les Juifs souffraient de discrimination aux États-Unis avait chuté de façon drastique (près de 35 %), tant la réalité d'une discrimination feutrée paraissait bien pâle au regard d'Auschwitz. Ainsi, une fois encore, constate-t-on que le spectacle de l'horreur non seulement ne protège de rien, mais qu'il accoutume au contraire les esprits à la persécution.

Abandonnant le strict terrain de l'Histoire, la Shoah se voit ici investie de « vérités éternelles », offrant l'occasion d'un enseignement civique tous azimuts. Instrumentalisée, cette mémoire collective dilue le génocide dans une leçon sur la tolérance à laquelle d'autres événements historiques auraient tout aussi bien pu prêter leur concours. Mais cet affadissement de la tragédie occulte les chemins qui ont conduit au crime de masse. Si la visite du Mémorial de Washington émeut sans doute aucun les visiteurs, les ébranle-t-elle intellectuellement ? À lire les réponses apportées aux enquêtes d'après visite, on a le sentiment que chacun sort renforcé dans ses convictions et son bréviaire de tolérance.

La Shoah est donc devenue une sorte de boussole morale. L'événement s'est mué en symbole du « mal éternel » et de la « mauvaise nature » de l'homme. Objet d'un consensus qui n'engage à rien (aimer le bien et détester le mal), cet enseignement prend la forme d'une idéologie de substitution dans une société privée de projet collectif. Dans une atmosphère de repentance, la Shoah invite chacun à faire son « examen de conscience » en se demandant comment il aurait agi en 1942. Ce moralisme débouche sur une nouvelle liturgie qui évite l'analyse politique relative au terreau intellectuel du massacre. Les États-Unis sont ainsi devenus le lieu par excellence de la mémoire vaine [115].

Dans l'immédiat après-guerre, la Shoah était encore une « connaissance inutile » qui freinait, disait-on, les efforts de survie et d'adaptation des rescapés. Au sens où le souvenir de Massada ne fut longtemps d'aucune « utilité » à l'histoire juive, mais plutôt une entrave à la survie d'un groupe dont la pérennité ne pouvait reposer sur la force des armes. Or, ici comme ailleurs, la mémoire de la Shoah a suivi un cours inverse à celui qu'empruntent généralement les autres événements : son poids s'est renforcé avec le temps. En évoquant la question du mal comme une réédition de celle du péché originel, l'Holocaust Memorial dissout le problème de la responsabilité individuelle. Si tous sont coupables, personne ne l'est, en particulier si je suis, moi aussi, appelé à me repentir de ce que je n'ai pas commis. Cette théodicée du mal, de la culpabilité, du repentir et du rachat est aux antipodes d'une réflexion politique sur l'événement. La déférence envers les victimes masque l'indigence du questionnement sur le désordre du monde. Le passé n'est plus une source d'interrogation sur l'avenir, ce n'est plus que la litanie des crimes qui ont été commis contre des victimes sans défense.

Notes du chapitre I

1. Juif autrichien émigré en 1938, de son nom d'origine Hans Maier (Améry est l'anagramme de Maier), résistant arrêté en Belgique et déporté à Auschwitz. Auteur, entre autres, de *Par-delà le crime et le châtiment. Essai pour surmonter l'insurmontable*, traduit de l'allemand par Françoise Wuilmart, Actes Sud, 1995 (1ʳᵉ édition allemande, 1966).

2. Jean Améry, *Par-delà le crime et le châtiment*, Actes Sud, 1995.

3. *Les Naufragés et les Rescapés*, Gallimard, 1989 (p. 84).

4. *In La Culpabilité allemande*. C'est là d'ailleurs ce qu'il entend par l'expression qu'il emploie à plusieurs reprises de « culpabilité métaphysique ».

5. Jour de la Shoah et de l'héroïsme. Il en va de même pour toutes les mémoires collectives construites par l'appareil d'État. En France, dans les années cinquante, l'autorité publique a d'abord institué un « Concours national de la Résistance ». Ce n'est que quelques années plus tard qu'on lui a joint les mots « et de la déportation ».

6. Initiales allemandes qui, indistinctement avec celles de KL, désignent un camp de concentration (*Konzentrations lager*).

7. Victor Klemperer, *Je veux témoigner jusqu'au bout. Journal 1942-1945*, Le Seuil, 2000 (p. 48).

8. *In Journal. Une vie bouleversée*, Le Seuil, 1985.

9. *In Ravensbruck*, Le Seuil (p. 44).

10. *Cf. Au fond des ténèbres*, Denoël, 1975.

11. *In* G. Sereny, *op. cit.*

12. Littéralement, en hébreu, « la joie du Shabbat ». Ringelblum, historien du judaïsme polonais, réunit autour de lui de nombreux amis et collaborateurs pour collecter jour après jour, dans le « quartier juif » puis dans le ghetto de Varsovie fermé au monde le 16 novembre 1940, tous les documents relatifs à la persécution, à la vie et à la mort des Juifs de la plus grande communauté d'Europe.

13. *Cf.* la création par Himmler, en juin 1942, du « commando 1 005 » (voir dernière partie : « Brève histoire de la destruction des Juifs d'Europe »).

14. Rescapé du goulag, Varlam Chalamov, mort en 1984, est l'auteur d'une somme de première force sur le monde concentrationnaire soviétique : *Récits de Kolyma* (1re édition française, La Découverte, 1986 ; réédition en deux volumes au Livre de poche, 1990)

15. Témoigner de ses propres souffrances oblige aussi à se faire le témoin des opprimés interdits de parole selon David Rousset, ancien déporté politique à Buchenwald, qui écrit dans *Le Figaro littéraire* du 12 novembre 1949 : « Je voudrais que chacun d'entre nous se reprenne : imaginez que nous sommes, de nouveau, réunis sur la grande place de Buchenwald, sous les phares et sous la neige, à entendre l'orchestre et à attendre d'être comptés. Comment jugerions-nous d'autres déportés qui, de retour à la liberté, ne sauraient que dire leurs souffrances et n'auraient jamais une parole pour proclamer que nous, nous vivons toujours dans la mort ? Les obscénités les plus fortes seraient encore faibles. Si nous pensons qu'aujourd'hui des millions d'hommes sont ce que nous avons été hier, nous saurons que nous, nous avons oublié.

C'est notre privilège difficile de ne pouvoir échapper à cette accusation. Les autres, ceux qui ne furent jamais concentrationnaires, peuvent plaider la pauvreté de l'imagination, l'incompétence. Nous sommes, nous, des professionnels, des spécialistes. C'est le prix que nous devons payer le surplus de vie qui nous a été accordé. Nous ne pouvons ni nous boucher les oreilles ni nous fermer les yeux. Il n'y a pas pour nous de détours possibles, de faux-fuyants, de planète à part. Le silence même nous est interdit. Autrement nous n'avons plus le droit d'exister... » (cité *in* Frédéric Rousseau, *Le Procès des témoins de la Grande Guerre. L'affaire Norton Cru*, Le Seuil, 2003, p. 87).

16. Maurice Halbwachs, *La Mémoire collective*, Albin Michel, 1997 (p. 92).

17. *In Revue de Paris*, 15 avril 1919, cité *in* Frédéric Rousseau, *Le Procès des témoins de la Grande Guerre*, Le Seuil, 2003 (p. 115).

18. *In* Jean Hatzfeld, *Dans le nu de la vie. Récits des marais rwandais*, Le Seuil, 2000 (p. 85).

19. *Ibid.* (p. 85).

20. *Ibid.* (p. 126).

21. Ainsi, après avoir brièvement expliqué à une classe de première d'un lycée parisien combien était large l'éventail des attitudes du peuple français sous l'Occupation, en particulier vis-à-vis des Juifs, j'avais relaté l'arrestation d'une famille juive étrangère par la police française, rue des Pyrénées, à Paris, le 16 juillet 1942. Les policiers avaient montré quelque zèle à cogner à la porte. Ils y étaient poussés, il est vrai, par un voisin déterminé à se débarrasser des Juifs, et qui les assurait, depuis son seuil, qu'«ils» étaient là. Une semaine après mon passage dans cette classe, au professeur qui leur demandait de relater au moins un fait que j'avais exposé, la majorité des élèves choisit de raconter cette arrestation dramatique. Mais voici que dans leur récit, la police française s'était muée en Gestapo alors que je n'avais pas prononcé le nom de la police allemande.

22. *Cf. Histoire du peuple juif au XXe siècle. De 1914 à nos jours* (Hachette Littératures, réédition Pluriel, 2000, en particulier les pages 100-102). L'organisation juive allemande encadrant la « communauté », le *Central Verein*, a mené des centaines de meetings antinazis, fait appel à l'opinion publique, tenté d'éduquer « les masses », et a eu d'abondance recours aux tribunaux. En vain.

23. *Cf.* André Pichot (*La Société pure. De Darwin à Hitler*, Flammarion, 2000) fait remarquer que dans sa *Chronologie universelle du monde contemporain* (Nathan, 1993), Marc Ferro ne mentionne aucune loi eugénique parmi les dix mille événements qu'il recense au long des XIXe et XXe siècles, et pas davantage la stérilisation des métis par l'Allemagne nazie en 1937, pas plus que le décret d'extermination des malades mentaux.

24. *La Destruction des Juifs d'Europe*, Fayard, 1988.

25. A. Pichot, *op. cit.* (p. 26).

26. *In* Jean Hatzfeld, *Dans le nu de la vie*, Le Seuil, 2000 (p. 105).

27. Comme le montre l'exemple des Juifs français qui ont bâti, en même temps que la République, une version rassurante de l'histoire de leur intégration.

28. *Cf.* G. Horwitz, *Mauthausen, ville d'Autriche*, Le Seuil, 1992.

29. *Op. cit.* (p. 63).

30. *Op. cit.* (p. 180).

31. C'est aussi le leitmotiv de la Turquie lorsqu'on évoque aujourd'hui devant elle le génocide des Arméniens.

32. *Op. cit.* (p. 265).

33. Outre la mise à mort de la communauté de Salonique, en Grèce, Aloys Brunner a repris en main le camp de Drancy à l'été 1943. À l'automne suivant, il coordonne la chasse aux Juifs réfugiés dans l'ancienne zone italienne. Réfugié en Syrie et constamment protégé par le régime local sourd à toute demande d'extradition, Brunner y serait mort, dit-on, au début des années quatre-vingt-dix.

34. L'« opération Reinhardt » est le nom de code sous lequel l'Allemagne nazie a organisé la destruction du judaïsme polonais en 1942-1943.

35. Mais pas seulement : la littérature, les patronymes, les chansons, etc., peuvent être aussi de puissants vecteurs de mémoire collective.

36. *In* Maurice Halbwachs, *La Mémoire collective*, Albin Michel, 1997 (p. 236).

37. Cité par Gordon Horwitz *in Mauthausen...*

38. Ancien secrétaire général de l'Onu dans les années soixante-dix, élu président de la République autrichienne en 1986, Waldheim avait longtemps caché son engagement nazi durant les années de guerre.

39. *In La Culpabilité allemande*, Minuit, 1948.

40. Le Yishouv (communauté juive de Palestine avant l'indépendance de l'État d'Israël en mai 1948) avait déjà projeté, dès septembre 1942, l'édification d'un mémorial dédié aux victimes du génocide en cours. Le Mémorial est finalement créé en 1953, l'État d'Israël prenant de vitesse l'initiative, privée, de Isaac Schneersohn, fondateur durant la guerre du Centre de documentation juive, et qui prétendait faire de Paris et du Mémorial qu'il y envisageait (lequel voit finalement le jour en 1956 sous le nom de Mémorial du Martyr Juif inconnu) le centre de la mémoire du génocide juif.

41. C'est nous qui soulignons.

42. Située à l'est de Jérusalem, la place-forte de Massada fut avec Hérodion et Machéronte l'un des derniers lieux de résistance à la victoire romaine. Tenue par Éléazar ben Yaïr, Massada succombe en 1974 après le suicide collectif de ses défenseurs.

43. Village de Haute-Galilée où est mort en 1920, en combattant des assaillants arabes, Yosef Trumpeldor, officier juif russe, héros du sionisme révisionniste (souvent dénommé aussi « sionisme de droite ». *Cf.* Georges Bensoussan, *Une histoire intellectuelle et politique du sionisme, 1860-1940*, Fayard, 2002, pp. 729-730).

44. « Comment nous représenter aujourd'hui le commencement de l'affaire (Péguy évoque ici l'affaire Dreyfus. G.B.) ? Premièrement c'est la contrariété intérieure de l'Histoire que pour nous remémorer les événements passés nous ne pouvons nous situer que dans le présent et qu'ainsi le regard dont nous les considérons est directement contraire à leur événement même ; les événements se sont présentés normalement, suivant le fil de leur cours, du passé au présent, d'arrière en avant pour ainsi dire, face en avant, le front devant ; ils descendaient ; le regard au contraire que nous spectateurs, nous historiens, forcément, irrévocablement, désormais situés dans le présent, nous voulons reporter sur les événements passés, de son premier mouvement, de son mouvement naturel, remonte ; il recule, d'avant en arrière, du présent au passé ; il remonte le fil de l'eau ; il est contraire au mouvement normal des événements. » Charles Péguy, juillet 1903, *in Bernard-Lazare*, texte posthume, œuvres en prose complètes (tome I, p. 1207).

45. Comme la Shoah a tendance à devenir le centre de gravité de toute l'histoire juive.

46. *Cf.* les ouvrages de Tom Segev, *Le Septième Million*, édition Liana Lévi, 1993, et de Yosef Gorny, *Entre Auschwitz et Jérusalem, op. cit.*

47. *Cf.* le discours de Jouhaux devant le cercueil de Jaurès le 4 août 1914 : « (...) Nous serons les soldats de la liberté pour conquérir aux opprimés un régime de liberté, pour créer l'harmonie entre les peuples par la libre entente entre les nations, par l'alliance entre les peuples. »

48. Dans les années quatre-vingt, l'Église polonaise a édifié dans le camp même d'Auschwitz un couvent de religieuses carmélites. Il fallut une forte et longue mobilisation des institutions juives, puis l'intervention du pape Jean-Paul II lui-même, pour obtenir le départ des religieuses.

49. Lors de la commémoration du 11 novembre 2002, le contraste était frappant entre une grande station de radio

(Europe 1) qui évoquait des combattants « qui ne savaient pas pourquoi ils étaient là » et l'historien Stéphane Audouin-Rouzeau de l'Historial de Péronne qui officiait au même moment sur France Culture. Il y présentait un ouvrage de photographies du soldat Marcel Felser (*Un regard sur la Grande Guerre*, Larousse, 2002) en expliquant que ce serait trahir ce combattant d'autrefois que de les présenter, lui comme ses camarades, comme des victimes.

50. *Cf.* Frédéric Rousseau, *Le Procès des témoins de la Grande Guerre. L'affaire Norton Cru*, Le Seuil, 2003 (p. 96).

51. *Ibid.* (p. 68).

Après la publication de *Témoins*, Jules Isaac écrit en 1930 : « Je me méfie un peu, pour ma part, de ce "recul nécessaire à l'historien". Il est peut-être nécessaire pratiquement (à cause des matériaux que l'historien doit accumuler). Théoriquement, je me demande si les inconvénients du recul ne l'emportent pas sur les avantages. Plus le recul s'accentue, plus l'événement est vu "du dehors" : on en aperçoit mieux sans doute les grandes lignes superficielles, mais on perce plus difficilement la croûte de légende dont il s'est recouvert et qui fait corps avec lui. » (cité *in* F. Rousseau, *op. cit.,* p. 68).

52. Max Horkheimer, *Notes critiques*, Payot, 1993 (p. 259) – le texte a été rédigé à la fin des années soixante.

53. La réflexion sur le mal ne vaut qu'à la condition de méditer l'itinéraire de ces Justes qui ne se laissent enfermer dans aucune catégorie classificatoire (*Cf. Le Livre des Justes*, Fayard, 2002).

54. Cité *in* Peter Novick, *L'Holocauste dans la vie américaine*, Gallimard, 2000 (p. 233).

55. *Ibid.* (p. 244).

56. Le colloque sur le gouvernement de Vichy, organisé par la Fondation nationale des Sciences politiques en 1970, et présidé par René Rémond, ne consacrait aucune contribution aux persécutions antijuives.

57. Ainsi également, l'ouvrage de Michaël Burns consacré à la famille Dreyfus voit son sous-titre changer dans sa version française. Dans l'édition originale américaine, l'ouvrage est sous-titré : *L'Émancipation - l'Affaire - l'Holocauste*, ce qui devient dans l'édition française : *L'Émancipation - l'Affaire - Vichy.*

58. Chiffres fournis par Annette Wieviorka *in Déportation*

et Génocide. Entre la mémoire et l'oubli, Plon, 1992 ; réédition Pluriel, 2003.

59. Communiste et résistant, Robert Antelme est arrêté en 1944 et déporté en Allemagne. De retour en France, il publie l'un des plus grands témoignages (en même temps qu'un essai) sur l'expérience concentrationnaire : *L'Espèce humaine* (1947, réédition Gallimard, 1978).

60. Mais il faut aussi compter avec ce vieux fond d'antisémitisme français qui refuse de voir et de savoir. L'énorme succès de librairie de *La France juive* d'Édouard Drumont (1886), suivi un demi-siècle plus tard par celui de *Bagatelles pour un massacre* de Louis-Ferdinand Céline (1937), traduit un état d'esprit qui n'a pas disparu par enchantement en 1945.

61. C'est d'ailleurs le titre d'un ouvrage de Charlotte Delbo paru en 1970 (*Auschwitz et après*, tome II, *Une connaissance inutile*, Minuit, 1970).

62. Sur ces trois exemples, voir Annette Wieviorka, *op. cit.*

63. Mais il en va de même en Angleterre ou en Belgique, par exemple. On sait par ailleurs qu'en 1945-1946 les Juifs auraient fort mal pris qu'on parlât de « déportés raciaux »....

64. Et c'est cette incapacité structurelle qui rend compte de la si faible part du judaïsme français dans l'élaboration intellectuelle du sionisme.

65. Ces trois hommes furent des Juifs de combat. Levaillant, ancien préfet de police au début du siècle, Fleg, homme de lettres et Reinach, député, s'engagèrent à fond dans le combat dreyfusiste.

66. Du nom du sultan turc Abdul-Hamid II.

67. Pierre Quillard (1864-1912), professeur de lettres et écrivain, fut aussi un dreyfusard de premier plan. On lui doit, entre autres, la composition du « Monument Henry » en 1898 (*Le « Monument Henry »,* Stock, 1899). Sur Pierre Quillard, *cf.* l'article d'Agnès Vahramian *in Revue d'histoire de la Shoah*, n°s 177-178, mai 2003, et sur le « Monument Henry », *cf.* Georges Bensoussan, *L'Idéologie du rejet*, Manya, 1993.

68. Gallimard, collection Bibliothèque des histoires.

69. Plon, collection Terre humaine.

70. En quatre volumes dont le premier paraît en 1975.

71. L'expression est de Maurice Blanchot.

72. Responsable milicien, directement responsable de l'assassinat, en juin 1944, des otages juifs à Rillieux-la-Pape près

de Lyon, Avec la complicité d'une partie de la hiérarchie catholique de France, Touvier a vécu caché après la guerre. Arrêté en 1989, il est condamné en 1994 à la détention à perpétuité pour crimes contre l'humanité.

73. À partir de la revue du même nom, fondée en 1929 par Marc Bloch et Lucien Febvre.

74. Eberhard Jäckel, *La France dans l'Europe de Hitler*, Fayard, 1968, préface de Alfred Grosser.

75. Robert Paxton, *La France de Vichy. 1940-1944*, Le Seuil, 1973, préface de Stanley Hoffmann.

76. Les enfants juifs Finaly, cachés pendant la guerre, ont été convertis au catholicisme. Une partie de la famille, rescapée et vivant après-guerre en Israël, cherche à les récupérer, ce qu'elle obtient après une longue procédure qui met au jour un vieil antijudaïsme d'inspiration chrétienne. Et qui ravive également le combat anticlérical...

77. Secrétaire national de la police du gouvernement de Vichy.

78. Subordonné de Bousquet pour la zone Nord.

79. Responsable du Commissariat général aux Questions juives à partir de 1942.

80. Professeur de littérature. Considéré dans les années quatre-vingt comme le chef de file des négationnistes français.

81. Début octobre 1980, l'explosion d'une bombe placée devant la sortie d'une synagogue fait quatre morts.

82. En août 1982, plusieurs terroristes ouvrent le feu rue des Rosiers, dans le vieux quartier juif de la capitale française. On compte plusieurs morts et blessés.

83. On oublie souvent que René Bousquet a été jugé dans l'immédiat après-guerre. La persécution des Juifs et l'organisation policière des déportations furent absentes des débats...

84. Dans son livre *Axis Rule in Europe* (1944), Lemkin désigne ainsi « la pratique de l'extermination de nations et de groupes ethniques ».

85. Andrei Siniavski écrit dans la préface qu'il donne aux *Récits de Kolyma* de Varlam Chalamov (La Découverte, 1986) : « (...) Celui qui a survécu à une telle vie se demande : "Et pourquoi suis-je vivant, moi ?". À Kolyma, toute vie est égoïsme, péché, meurtre de son prochain avec pour seule supériorité sur lui le fait d'être resté vivant. Et la vie, c'est une lâcheté. Vivre est tout simplement indécent. (...). Et, en réalité, pour-

quoi suis-je encore en vie, moi, alors que tous les autres sont morts?»

86. *Jésus et Israël* (1948; réédition Grasset, 1970), *Genèse de l'antisémitisme* (Calmann-Lévy, 1956) et *L'Enseignement du mépris* (Fasquelle, 1962) pour les principaux titres.

87. Devenue en 1997 la *Revue d'histoire de la Shoah. Le Monde juif.*

88. La loi israélienne créant *Yad Vashem* date d'août 1953, mais le concept du Mémorial remonte à 1942.

89. Les collégiens et lycéens déportés, affirment alors les plaques commémoratives, sont «morts pour la France». Ainsi en va-t-il de celle du lycée Molière à Paris, anciennement lycée de jeunes filles : à l'entrée du lycée, une plaque de marbre rend hommage à ces lycéennes «mortes pour la France». La quasi-totalité des patronymes sont à consonance juive ashkénaze... Le détournement de mémoire est patent, et il n'est pas toujours imputable à la seule conception jacobine et intégratrice de la nation et de la République.

90. *Cf.* Claude Burgelin, «Perec et la judéité : une transmission paradoxale», *in Revue d'histoire de la Shoah*, n° 176, septembre 2002 (pp. 167-182).

91. La Shoah sourd également dans d'autres œuvres romanesques de Georges Perec, à commencer par *La Disparition.* Le projet d'éviction de la voyelle *e,* la plus courante de la langue française, son signe distinctif même, est un projet aussi délirant que celui qui fut mené à bien d'assassiner un peuple témoin de l'une des grandes cultures fondatrices d'Occident comme l'explique Claude Burgelin (*ibid.*). Cette parole interdite, comme entrée par effraction dans le récit romanesque, renvoie au deuil impossible des survivants. Ni dépouille mortelle ni sépulture, rien qu'une absence qui n'en finit pas et un deuil «comme un grand silence blanc» (Perec). Pour les enfants de déportés, ce temps est celui d'une dépression intermittente, d'un malheur qu'on vivra des décennies durant dans le silence «comme une vérité longtemps masquée, une évidence refusée» (Perec).

92. À la suite de la guerre des Six Jours en juin 1967, des violences antisémites éclatent en Tunisie qui contraignent une partie de la communauté juive au départ.

93. Dans son livre *Refus de témoigner. Une jeunesse* (éditions Viviane Hamy, 1997, 1ʳᵉ édition allemande, 1992), Ruth

Klüger, Juive autrichienne rescapée d'Auschwitz et émigrée aux États-Unis après la guerre, raconte qu'elle se demande comment transmettre à son fils qui va bientôt naître, comme le veut la tradition juive, le prénom de son père... « le nom d'une victime aussi misérablement assassinée » (*op. cit.*, p. 36). Au terme de son récit, elle s'interroge sur l'agressivité manifestée par tant de Juifs à l'endroit des survivants : « La catastrophe juive était pour eux une humiliation, non pas le martyre tragique qu'on en a fait depuis » (*op. cit.*, p. 272).

94. Entre le 5 et le 10 juin 1967, ce conflit met aux prises Israël et trois de ses voisins arabes (Égypte, Jordanie et Syrie) après que l'Égypte eut bloqué le détroit de Tiran (mer Rouge) et exigé (et obtenu) de l'Onu le retrait des casques bleus stationnés depuis mars 1957 dans le désert du Sinaï, à la frontière entre les deux pays.

95. Professeur d'allemand révoqué par le régime de Vichy, bientôt caché en Corrèze, il détruit la thèse déjà bien avancée qu'il préparait sur Heinrich Heine pour se lancer dans un doctorat consacré au prophète Amos. (*Cf.* Francine Kauffmann, « André Neher : une pensée et une vie entre la Shoah et Israël », *in Revue d'histoire de la Shoah*, n° 176, septembre 2002, pp. 117-138).

96. *In De Gaulle, Israël et les Juifs*, Plon, 1968.

97. Ministre des Affaires étrangères d'Israël lors de la guerre des Six Jours.

98. *Cf.* chapitre IV.

99. Conseil représentatif des Institutions juives de France, fondé en 1944.

100. Mais « l'histoire des crimes nazis » n'est pas forcément synonyme d'une reconnaissance de la spécificité du génocide et de sa particularité dans l'ensemble des crimes commis par l'Allemagne hitlérienne.

101. *Cf.* l'ouvrage pionnier d'Henry Rousso, Le Seuil, 1987.

102. Dans lequel s'inscrivent d'ailleurs plusieurs tentatives pour faire revivre le yiddish.

103. Paul Rassinier, ancien déporté politique, est considéré comme le premier à avoir ouvert la voie au négationnisme français dès le début des années cinquante (*cf.* Nadine Fresco, *Fabrication d'un antisémite*, Le Seuil, 1999).

104. Responsable de la Gestapo à Lyon, il supervise en avril 1944 la rafle des enfants juifs d'Izieu dans l'Ain. Extradé

de Bolivie en 1983, il est condamné pour crimes contre l'humanité à la détention à perpétuité en juillet 1987.

105. En particulier lorsque le paysage politique était dominé par le gaullisme.

106. À l'exception toutefois de la littérature yiddish publiée aux États-Unis qui y consacre une place considérable comme en témoigne le roman de Isaac Basheris Singer, *Ombres sur l'Hudson*, dont la première édition yiddish (après une première publication sous la forme d'un feuilleton hebdomadaire) date de 1958 (traduction française, Mercure de France, 2001).

107. Ben Gourion, par exemple, évoquait à leur propos des «gens durs, méchants et égoïstes»...

108. Ce qui est vrai, en revanche, c'est que certains États occidentaux, à commencer par les États-Unis, ont pu favoriser la naissance de l'État juif pour éviter d'avoir à accueillir tous les réfugiés et les rescapés de la Shoah.

109. *In* Peter Novick, *L'Holocauste dans la vie américaine*, Gallimard, 2000 (p. 175).

110. *Ibid.* (p. 185).

111. Les droits renvoient ici à la personne privée quand la démocratie, elle, fait référence à l'espace public. La religion des droits sape l'intérêt pour la chose publique. De là le lien qui unit l'idéologie victimaire, caractéristique de notre temps, et cette idéologie des droits corollaire du recul de l'esprit civique et du rétrécissement de l'espace démocratique. Paradoxalement, la revendication des droits se fait toujours au détriment de ceux d'autrui. En ce sens, elle est synonyme d'un repli sur soi et d'une négation sourde de la démocratie.

112. Le cinéma américain est un bon témoin de cette évolution depuis *Little Big Man* (1969) jusqu'à *Danse avec les loups* (1991).

113. En référence aux 613 commandements de la tradition juive.

114. YIVO : acronyme yiddish de Institut académique yiddish, créé à Vilna en 1925, transféré à New York en 1940.

115. Ce moralisme constitue aussi un champ social où quelques ambitions personnelles se disputent un pré carré dans lequel s'expriment des querelles corporatistes, voire claniques, quasi ethniques même lorsque certains Juifs d'origine ashkénaze se demandent à part soi ce que « peuvent bien

entendre à la Shoah » des Juifs séfarades, en leur disputant discrètement toute légitimité sur le sujet. À ce degré d'ethno-corporatisme, on demeure sans voix.

II

Enseigner quoi ?

> « S'il importe d'être sublime en
> quelque genre, c'est surtout en mal. On
> crache sur un petit filou ; mais on ne
> peut refuser une sorte de considération
> à un grand criminel. Son courage vous
> étonne. Son atrocité vous fait frémir. On
> prise en tout l'unité de caractère. »
> *Le Neveu de Rameau*, DIDEROT

L'histoire de la Shoah n'est suivie d'aucune rédemption et n'est synonyme d'aucune transcendance : les victimes ne sont mortes ni « pour la France », ni « pour l'humanité », ni « pour Israël ». Dans une atmosphère désenchantée où la culpabilité ambiante se mêle à l'amnistie morale des assassins, le lamento moraliste (« Plus jamais ça ! ») a perdu de sa force. C'est dire combien l'enseignement de la Shoah doit être abordé autrement, c'est-à-dire *politiquement*. En mettant en lumière, par exemple, l'importance de la chronologie quand il s'agit de montrer le caractère crucial de l'année 1942 au cours de laquelle la moitié des victimes de la Shoah furent assassinées. Quand il s'agit aussi de souligner la simultanéité des événements : la rafle du Vel d'Hiv, opérée à Paris les 16 et 17 juillet 1942[1], ne précède que de cinq jours le début des déportations vers Treblinka à partir du ghetto de Varsovie, le 22 juillet 1942. Souligner la rapidité d'exécution du crime permet de mieux aborder les questions de la « passivité » et de la « résistance », et de mieux éclairer aussi le rôle joué par la « sérialisation » des individus dans une société de masse. Elle permet également de se garder d'un déterminisme simplificateur. Les cheminements du crime n'étaient pas fatals, les engendrements n'étaient pas automatiques, comme les causalités, surtout, n'étaient pas linéaires : « Les Juifs étaient persécutés *parce que...* ». Tout « *parce que* » induit toujours le début d'une légitimation...

Entre autres écueils, la transmission de cette histoire doit souligner le danger du repli communautaire (cette catastrophe n'est pas plus l'« affaire des Juifs » que le génocide arménien n'est l'affaire des seuls Arméniens) et du réductionnisme borné : ni la Shoah ni l'antisémitisme ne rendent compte de l'identité juive. L'enseignement du génocide doit mettre en garde contre une paresseuse relation de causalité qui voit dans l'État d'Israël l'aboutissement politique de la Shoah. Or, ce lien, largement reconnu pour vérité d'évidence, est triplement erroné. La destruction des Juifs d'Europe marque en effet pour le sionisme une défaite historique, morale et démographique. Sur un plan moral d'abord, le Yishouv fut incapable d'aider les victimes. Sur un plan historique ensuite, le sionisme, avant 1939 du moins, ne sut pas convaincre le judaïsme européen du bien-fondé de sa démarche. Sur un plan démographique, enfin, le génocide a cassé les réserves démographiques de l'État juif et compromis son avenir pour longtemps. « L'État existe, déclare Ben Gourion en 1954, mais il n'a pas rencontré la nation qu'il avait prévue... » En un mot, non seulement la Shoah n'a pas « suscité » la création de l'État d'Israël, mais elle en a surtout compromis l'existence[2]. S'il existe un lien entre la Shoah et l'État d'Israël, ce lien est d'ordre politique et moral et non d'ordre historique. Il ne réfère pas à la création de l'État, mais à la cristallisation nationale juive dans l'État d'Israël d'aujourd'hui. En ce sens, une dialectique négative unit la Shoah à l'État juif : quoiqu'elle en ait, en effet, l'identité israélienne est façonnée par le génocide, de même que l'État juif reste perçu dans le monde juif comme une réplique à l'impuissance collective des victimes durant la Shoah.

Comme tout autre événement historique, le génocide peut et doit être *comparé* sans que sa singularité en soit niée pour autant. La comparaison est le b.a. ba de la démarche historienne, elle n'est pas synonyme d'une mise à plat niveleuse et réductrice des faits. « Comprendre, écrivait Hannah Arendt (...) ne consiste pas à déduire à partir de précédents ce qui est sans précédent ; ce n'est pas expliquer des phénomènes par des analogies et des généralités telles que le choc de la réalité s'en trouve supprimé. »[3]

La Shoah bouleverse les catégories habituelles de l'entendement et les figures classiques de la culture telles que nous les a enseignées l'humanisme en vigueur dans le monde scolaire. Elle appelle à sortir des sentiers battus de la pensée et à se défaire des schémas simples et rassurants : la barbarie serait « antinomique de la civilisation » ; faire reculer l'une, c'est faire triompher l'autre et préparer les élèves à une vie d'adultes libres, etc. Postuler la singularité du génocide juif incite à redoubler l'effort de raison tant un discours axé sur l'émotion seule induit l'idée d'une parenthèse de l'Histoire. Or, les prémisses idéologiques du génocide juif sont en gestation dans l'Europe du XIXe siècle, sinon plus en amont encore. La Shoah constitue l'aboutissement d'une démonisation qui ne *rabaisse* pas le peuple juif dans l'ordre de l'humain mais qui l'*exclut* de l'humanité. Parce que la Shoah génère du désarroi et de l'angoisse, notre tentation demeure grande de ramener l'événement au rang d'un énième massacre de l'Histoire[4] ; de diluer *in fine* la singularité du phénomène dans un continuum banalisant, et donc de transformer la leçon d'histoire en prêche éploré sur la « mauvaise nature de l'homme », et en appel à la tolérance entre « frères humains ».

Pourtant, la démarche comparatiste, en soi légitime, vire parfois à la confusion historique quand elle assimile des événements radicalement différents, tels l'ethnocide commis contre les Indiens des Amériques, le phénomène esclavagiste (la traite du XVe au début du XIXe siècle) et le système concentrationnaire soviétique. Les Indiens d'Amérique du Nord et du Sud furent massacrés dans la logique d'une guerre de conquête du sol et des richesses, lors de l'affrontement de deux cultures. Ce fut au premier chef un ethnocide. Dans le cas de la Shoah, mis à part le pillage des biens, où était donc le territoire juif convoité ? Et pour nombre de communautés juives d'Europe occidentale (on pense ici en particulier aux Juifs allemands et autrichiens), peut-on même invoquer le choc de deux cultures ? L'ethnocide vise prioritairement à détruire le groupe constitué en tant qu'il est porteur d'une certaine identité, mais un certain nombre de ses membres pourra survivre. Le groupe voit ainsi son identité détruite, mais il n'en subsistera pas moins physiquement. Dans le génocide, en revanche, l'éventualité de la survie physique de chaque membre du groupe est d'emblée exclue. De là, le meurtre de masse « éradicateur ».

S'il est banal de constater que l'Histoire de l'Europe est tissée d'une violence qui fut imposée au reste du monde, on ne peut pas pour autant voir dans le *Code noir* (1685) une logique exterminatrice. Le système esclavagiste répond d'une logique économique effroyable, mais pas d'une volonté d'extermination qui en serait la négation même. Une deuxième comparaison, récurrente, met en équivalence le système concentrationnaire soviétique et la Shoah. Il est probable que le goulag[5] fut plus meurtrier. Il serait toutefois faux de croire que la spécificité du génocide tient à un chiffre, voire au processus qu'on qualifie souvent de « meurtre de masse industriel ». La lecture parallèle de Primo Levi, de Varlam Chalamov ou de Gustav Herling[6] permet de comprendre la différence de nature entre les deux systèmes. La banalisation, qui consiste à nier toute spécificité, est l'une des armes du relativisme ambiant, sinon du négationnisme. L'équivalence nazisme-stalinisme que permet par amalgame le mot totalitarisme occulte plusieurs points clés. À commencer par le fait qu'il y a deux types de camp chez les nazis, un seul chez les Soviétiques. Au cœur du dispositif des camps de travail en URSS[7], il n'y a ni sélection périodique ni chambre à gaz. Enfin, si l'on a vu nombre de repentis du communisme parler d'« idéal dévoyé », on n'a pas vu, en revanche, de repentis du nazisme s'affliger des crimes qu'ils n'auraient pas voulus. Certains analystes pourtant, tel Alain Besançon[8], tout en spécifiant l'unicité de la Shoah, notent que nazisme et communisme sont de semblables entreprises de « purification du monde » qui cherchent à éradiquer de la terre le « principe du mal ». Selon Besançon, la logique idéologique des deux systèmes pousse à l'extermination (*sic*) de toute la population de la terre[9]. On pourra objecter que le nazisme, seul, opérera une « cure du monde » par le génocide des Juifs. Que lui seul inaugurera l'âge de la « politique antibiotique », en particulier dans le ghetto de Varsovie où sont rassemblés à partir du 16 novembre 1940 près d'un demi-million d'hommes et de femmes, et dont il fait le premier laboratoire urbain de la destruction de masse. Parmi d'autres, ces points signent la spécificité de la déportation dans le système nazi, sa rupture radicale d'avec le processus de civilisation. Le système soviétique vise le travail forcé gratuit, la réduction des « opposants » ou supposés tels, la guerre menée par un État contre son peuple pour reprendre la formule de Nicolas Werth [10]. L'affirmation d'une adéquation entre les deux systèmes a longtemps offert l'avantage de soulager en premier lieu la conscience des assassins en relativisant la Shoah (à cet égard, affirme l'historien allemand Ernst Nolte en évoquant le goulag, Auschwitz serait un « massacre préventif » [11]), de diaboliser en second lieu le vieil ennemi russe et communiste. La singularité du génocide juif met en lumière l'atteinte [12] portée à cette « couche fondamentale de la relation entre les hommes » (Jürgen Habermas). La spécificité du génocide juif n'est ni un préalable d'analyse, ni synonyme d'une hiérarchie du malheur. C'est une conclusion.

Même si son enseignement porte au-delà de la seule transmission de mémoire, le génocide juif est un objet d'Histoire. Son enseignement n'est possible qu'à la condition de montrer qu'il est l'aboutissement d'un processus intellectuel d'exclusion propre à la pensée européenne, et plus encore sans doute allemande comme le laissait entendre Léon Poliakov. C'est pourquoi il est nécessaire de distinguer racisme et antisémitisme. Le premier se nourrit de la xénophobie, du mépris et de la haine, il aboutit à la mise à l'écart, à la ségrégation et au meurtre. Le second est d'emblée nourri par une problématique démonologique (les Juifs sont les agents du Mal sur la terre et les vecteurs d'un complot mondial) et exterminatrice [13]. Dans sa version moderne et laïque, l'antisémitisme est toujours génocidaire, il exhorte, comme l'écrit Theodor Adorno, « à aller jusqu'au bout ». La complexité de l'antisémitisme empêche de l'amalgamer à la xénophobie et au racisme, il plonge ses racines loin en amont, dans la pensée *froidement délirante* d'un Jules Soury, d'un Georges Vacher de Lapouge et d'un Paul de Lagarde, par exemple, pour ne citer que ces trois grands idéologues de la fin du XIXᵉ siècle [14]. Alors qu'on a longtemps cantonné le génocide des Juifs à la seule question de l'antisémitisme, la tendance contraire s'exacerbe aujourd'hui jusqu'à minimiser le poids de la tradition antisémite en Europe. L'histoire du Vieux Continent avant 1945 montre pourtant la force en pensée de l'antisémitisme. Les récurrentes levées de boucliers contre les tenants de ce rappel historique mettent en lumière ce passé qu'on voudrait oublier. En France, rappelons pour mémoire l'offensive menée par une partie du monde universitaire contre l'historien Zeev Sternhell. Rappelons également la tendance si caractéristique à considérer le « Monument Henry » comme un épiphénomène. Travaillant à son ouvrage sur le totalitarisme, Hannah Arendt estimait pourtant, il y a plus de cinquante ans déjà, qu'il s'agissait là d'un document de première importance pour l'étude de cette pulsion meurtrière.

Les théories du complot qui prétendent expliquer l'Histoire par des conspirations ourdies dans
l'ombre sont consubstantielles de l'âge démocratique. Elles reposent l'esprit en lui fournissant l'explication des malheurs du monde, la clé qui ouvre
les portes de l'entendement. La réponse toute prête
est une abdication de la pensée : le mythe du « complot juif » s'inscrit dans ce cadre mental que l'immense décalage d'avec la réalité[15] ne perturbe pas
mais au contraire conforte dans ses vues. C'est sur
un terreau délirant que fleurit un antisémitisme
exterminateur qui voit dans « le Juif » l'incarnation
du mal acharné à dominer et à ruiner le genre
humain. Parce qu'il est sans rapport avec le « Juif
réel », ce fantasme peut donc survenir dans des
pays sans Juifs[16]. Il ne se soucie pas de la réalité,
laquelle est toujours lue et décryptée à travers une
logique intellectuelle de type paranoïaque. Le
mythe de la « conspiration mondiale juive » répond
à de profonds besoins inconscients, et c'est sur ce
terreau que la relation piégée du christianisme au
judaïsme a nourri des fantasmes de meurtre. Il n'y a
pas de « Sages de Sion » noirs, et les pires racistes
du sud des États-Unis ne rêvent pas de génocide...
En revanche, dans l'imaginaire occidental façonné
par le christianisme, le Juif, ce « mauvais père » qui
a mis le Fils en croix, est tellement puissant et destructeur que la seule façon d'évacuer la peur qu'il
inspire est de le détruire[17]. Le raciste rêve de dominer les sous-hommes ; l'antisémite, lui, rêve d'un
monde sans Juifs.

Le mythe du « complot juif » cristallise un ensemble d'émotions fondées sur la peur. L'antisémite conçoit l'existence comme une lutte permanente. Individuellement, ce n'est pas un dément. Collectivement, si. Le voici absorbé dans un délire collectif sur la « puissance juive », cet ennemi d'autant plus terrible que sont violents en chacun les sentiments sous-jacents de culpabilité. D'où ce paradoxe qu'on a vu à l'œuvre au cours du génocide : plus les Juifs réels étaient décimés, plus ils paraissaient puissants et dangereux.

***

La méconnaissance historique facilite le refus de toute comparaison et la proclamation de l'unicité sans faille d'un événement qui aurait tout d'un coup surgi dans le ciel de l'Histoire européenne. Elle peut aussi conduire à ne relier le génocide juif qu'au seul antisémitisme chrétien pour y voir un aboutissement, en occultant, ce faisant, ce qui fait du judéocide un crime de masse archaïque (d'inspiration millénariste) *et* moderne (lié au massacre des handicapés, dit « programme T4 »). Par ailleurs, la dérive de l'analyse des situations post-génocidaires en sociologisme du soupçon tend à évacuer la connaissance historique elle-même. Au nom des « intérêts cachés », réels ou supposés, des acteurs en présence, en particulier des rescapés et des descendants des victimes, elle en vient à nier toute singularité de la Shoah. À affirmer que la thèse relative à la spécificité de l'antisémitisme révélerait, en fait, la prétention masquée « des Juifs » à bénéficier d'un capital moral et d'un bien symbolique du plus haut intérêt puisqu'il vous place au premier rang des victimes, à ne plus focaliser son attention qu'à la quête des intérêts « latents », « masqués » et « inavoués » des protagonistes de la tragédie, le sociologisme du soupçon parvient à faire disparaître la réalité historique elle-même[18].

Or, c'est précisément au nom d'une démarche historienne que la Shoah doit être mise en perspective ; qu'elle doit affronter la comparaison qui assimile le massacre et le génocide en occultant une différence majeure entre ces formes de violence collective : dans le massacre, les victimes ne coopèrent pas avec leurs bourreaux, alors que dans le génocide, les assassins s'efforcent d'obtenir le consentement, sinon le concours de leurs proies. La coopération des victimes juives avec l'appareil bureaucratique de la SS fut partie intégrante d'un génocide qui, partout et toujours, fut le contraire d'une bouffée meurtrière. « À entendre les Blancs, explique un rescapé du génocide tutsi de 1994, le génocide est soi-disant une folie, mais ce n'est pas si vrai. C'était un travail minutieusement préparé et proprement accompli. »[19] La programmation des tueries, rue par rue et village par village, l'impunité promise aux assassins, tout cela participe du génocide lui-même[20]. Et c'est en fonction de cette donnée qu'il apparaît que prétendre juger les victimes, et stigmatiser par exemple leur supposée passivité comme le répète le discours convenu sur la Shoah, c'est cautionner le plan des assassins qui tuent deux fois, en supprimant d'abord la vie de leurs victimes, en les salissant ensuite *post mortem*. La mécanique planifiée d'un génocide interdit de porter un jugement sur ceux que le sort a contraints de prendre en main leur propre perte.

L'une des spécificités de la Shoah tient à la volonté d'éradiquer une portion de l'humanité qu'on a décrétée en trop sur la terre. Mais à travers sa disparition programmée, c'est la notion d'humanité qui est détruite dès lors que le verdict prononcé contre une partie des hommes peut être étendu demain à n'importe quelle autre fraction de l'espèce humaine. Cette singularité absolue dans le meurtre de masse n'empêche pourtant pas la comparaison, mais il faut aussi entendre combien toute comparaison peut apparaître choquante aux victimes. Pourtant, on ne pourra dégager la spécificité de l'événement qu'à cette condition, on n'affinera l'analyse qu'en soulignant les similitudes qui définissent le crime de génocide. Comme le montrent, par exemple, les ressemblances entre le génocide des Tutsis (Rwanda, 1994) et la Shoah. En écoutant cette rescapée tutsi expliquer combien la perception du temps est différente selon qu'on est, ou non, dans le brasier, on pense aux reclus du ghetto de Varsovie dans la première semaine du mois de septembre 1942 (épisode dit « du chaudron »[21]) : « On était oubliés du temps, raconte-t-elle. Il devait continuer de passer pour d'autres, des Hutus, des étrangers, des animaux, mais il ne voulait plus passer pour nous. » [22]

Plutôt que d'évoquer la « singularité » de la Shoah, il vaudrait mieux, comme l'explique l'historien israélien Yehuda Bauer, parler de « fait sans précédent ». Dans la longue histoire du martyrologe, la Shoah est effectivement un événement sans précédent. Même en invoquant les massacres perpétrés dans la vallée du Rhin au XIe siècle, et ceux commis lors de la Peste Noire en 1348, ou l'Expulsion d'Espagne de 1492, aucun n'apparaît de même nature que le génocide des années 1941-1945. Mais on sait aussi combien tout contemporain d'une tragédie garde chevillée au corps la certitude que rien d'équivalent n'a jamais pu se produire. Lors des tueries perpétrées à Mayence au cours de la première croisade vers Jérusalem (1096), la Chronique de Salomon bar Shimshon témoigne de ce sentiment récurrent de « jamais vu » : « Qui a jamais vu et entendu de telles choses ? Demandez et voyez : y eut-il jamais une *akeda* [23] comme celle-ci dans toutes les générations depuis Adam ? Y eut-il jamais onze cents *akedot* le même jour, toutes comparables à Abraham liant son fils Isaac pour le sacrifice ? Mais pour celui qui fut lié au mont Moria, la terre trembla, et il est dit : "Voilà que les anges se mirent à pleurer et que le ciel s'assombrit." Mais que font maintenant les anges ? Pourquoi les cieux ne s'assombrissent-ils pas et les étoiles ne pâlissent-elles pas quand en un seul jour onze cents âmes pures furent sacrifiées parmi lesquelles des nouveau-nés et des enfants ? Garderas-tu le silence, ô notre Seigneur, Notre Dieu ? »[24]

Même inséré dans l'histoire des violences antijuives, le génocide reste à part. Les destructions des premier et deuxième temples étaient d'ordre politique, spirituel et culturel ; elles n'étaient ni physiques ni existentielles. La majorité du peuple juif de cette époque survécut à la victoire romaine, et plusieurs siècles après la destruction du deuxième temple (70 après J.-C.), les Juifs sont demeurés majoritaires en Eretz Israël. Si les destructions anciennes avaient des motivations religieuses, économiques et politiques, la Shoah n'a obéi, elle, qu'à une préoccupation idéologique, peut-être exacerbée par la « question démographique » en Europe orientale, mais en aucun cas créée par elle. Ce n'est d'ailleurs pas tant la tuerie elle-même qui est sans précédent, l'Histoire regorgeant en effet d'holocaustes généreux, que sa racine idéologique. Les motivations des assassins sont en effet les mieux à même de définir le crime et d'en cerner la spécificité. Le soubassement exclusivement *idéologique* de la destruction des Juifs d'Europe met en lumière une autre spécificité de la Shoah qui en est le corollaire, son aire d'expansion territoriale. Les massacres génocidaires, en effet, ont généralement lieu dans l'aire géographique restreinte des territoires convoités par les tueurs. Ainsi en va-t-il dans le cas des Arméniens surtout massacrés sur le territoire historique de l'Arménie. Au même moment, la communauté arménienne de Jérusalem, qui est encore aux mains des Turcs, est épargnée par les massacres. Il n'en va pas de même pour le judéocide perpétré par l'Allemagne qui embrasse l'Europe entière, et aurait été étendu au monde entier si cela avait été possible, comme le montrent les débuts de la persécution des Juifs en Tunisie sitôt la Wehrmacht débarquée en Afrique du Nord. Le destin juif cristallise l'affreuse particularité d'avoir été la victime d'une tentative d'éradication absolue de la planète. Dans l'atmosphère de compassionnisme victimaire qui nous entoure, d'aucuns s'empressent de lire ce constat historique comme l'aveu d'une subtile hiérarchie des douleurs, voire d'un classement inavoué des peuples.

Le caractère unique de la catastrophe juive se dégage de toute étude comparative, y compris lorsqu'on se penche sur la conquête coloniale qui constitue pourtant un jalon capital dans l'accoutumance des esprits au massacre. Une différence majeure sépare en effet la guerre coloniale menée en Afrique et l'assassinat des Juifs d'Europe. Pour le colonisateur, le Noir est un être primitif qu'il faut soumettre, mais qui n'incarne en aucun cas sur cette terre une forme du mal qu'il s'agirait de détruire. Anéantir telle tribu noire dans la guerre d'asservissement et de conquête que l'on mène est un moyen de domination. Ce n'est pas une fin en soi. Tandis que la destruction des Juifs par l'Allemagne nazie n'est pas le moyen d'une politique mais bien un but en soi : il s'agit d'éliminer le principe du mal de la surface du monde. Si la destruction des Juifs d'Europe fut sans doute facilitée par l'apprentissage d'un colonialisme assassin[25], en aucun cas, pourtant, elle ne s'inscrit dans cette mouvance. Certes, la guerre menée par l'Allemagne nazie contre l'URSS s'apparente aux pires campagnes conduites par l'impérialisme allemand en Afrique au début du XXe siècle, mais l'assassinat programmé des Juifs dans un premier temps par les *Einsatzgruppen*, puis dans les camions à gaz ensuite, échappe à cette logique.

Les tueries de Juifs ont d'abord été noyées dans les atrocités perpétrées contre les Polonais et les Russes. La spécificité en a été dégagée difficilement. Fondé à l'automne 1942, le groupe de résistants allemands dit de la Rose blanche évoque alors « 300 000 Juifs tués de la manière la plus brutale » en Pologne. Pourtant bien renseigné, il ignore qu'à cette date plus de trois millions de Juifs ont déjà été assassinés dans une mise à mort qui ne s'apparente pas au sort, aussi funeste fût-il, dévolu aux Russes et aux Polonais prisonniers de la logique barbare de la « germanisation » des terres slaves. En admettant même le bien-fondé des thèses de l'historien allemand Götz Aly[26] aux yeux duquel cette germanisation présupposait la destruction de millions de Juifs d'Europe orientale afin de faire place nette aux Allemands ou aux Slaves « déplacés », on peut se demander en quoi l'assassinat des Juifs de Hollande, de Belgique et de France, était nécessaire à cette politique. En quoi leur mort pouvait-elle accélérer la « germanisation » des terres polonaises et

ukrainiennes? Cette question fragilise des construc-
tions intellectuelles contemporaines qui, dans l'effort louable de comprendre la guerre à l'Est, mettent
trop exclusivement l'accent sur la question démographique. Or, *pour leur malheur*, les Juifs échappent à cette logique puisqu'ils demeurent le seul
groupe que l'Allemagne nazie tente de détruire jusqu'au dernier de ses représentants, non seulement
en Europe, mais en tout point de la terre. À lui seul,
ce fait signe la dimension idéologique, voire quasi
métaphysique, du génocide quand la créature s'ar-
roge la place du Créateur. Malgré la somme d'horreurs dont fut ponctuée l'occupation allemande de
leur pays, ce sort-là ne fut pas dévolu aux Polonais
(nonobstant la destruction partielle de leurs élites
intellectuelles), ni aux Russes, ni même aux Sintis
et aux Roms (Tsiganes). Si en Europe orientale, l'assassinat des Juifs fut perpétré dans le cadre général
de l'asservissement des peuples slaves, seuls les
Juifs y furent tués *par principe*, parce qu'il fallait
purifier la terre de leur présence, quand les autres
furent assassinés *par besoin*, parce qu'il fallait, dit-
on, « faire de la place » (*Lebensraum*) pour le peuple
allemand.

C'est au sort des Tsiganes qu'en règle générale on
rattache le sort des Juifs en déplorant que les deux
événements ne soient pas systématiquement liés
dans la reconnaissance collective et la politique de
commémorations. À cet égard, on souligne volontiers l'existence d'un certain « exclusivisme juif »,
d'autres disent d'un « particularisme » qui, campant

sur sa douleur, entend ne point la laisser assimiler à d'autres. Ces griefs sont connus – et s'il arrive, rarement, qu'ils soient inspirés par la mauvaise foi, l'ignorance en est le plus souvent comptable. Mais pour respectables qu'ils soient, les bons sentiments ne peuvent tenir lieu de connaissance. La différence de destin imposée par l'Allemagne nazie aux Tsiganes et aux Juifs n'est pas le résultat d'une élection dans le malheur, c'est seulement le constat d'une spécificité située à mille lieues d'une sournoise volonté de hiérarchiser les victimes. Seuls les Tsiganes nomades « gênaient » l'Allemagne nazie, pas les sédentaires qui ne furent généralement pas déportés. Cette réalité rend plus sinistre encore le sort des Juifs d'Europe pris au piège des fantasmes occidentaux : pour le nazi, le Tsigane n'est pas un principe du mal ; le Juif, si. S'il s'insère dans la réalité sociale, le Tsigane ne dérange pas l'« ordre allemand » alors que le Juif, lui, s'avère toujours « dangereux », *a fortiori* s'il est inséré. Au sein de la hiérarchie allemande, on débat encore durant la guerre du sort à réserver aux Tsiganes ; après 1942, on ne discute plus de savoir s'il faut, ou non, se « débarrasser des Juifs ». Le sang juif est condamné à couler parce qu'il est l'essence du mal quand le sang tsigane, s'il est « pur », doit au contraire être protégé. Ce n'est d'ailleurs pas tant le sang tsigane qui angoisse l'imaginaire nazi que le mélange entre les sangs. Alors que pour les Juifs, il n'est pas question de mélange, c'est l'existence même du sang juif qui pose problème.

Or, par frilosité politique ou par désir de bien dire quand il nous faudrait seulement faire de l'Histoire, le sort de ces peuples est souvent confondu. À Semlin, près de Belgrade, alors que les Allemands occupent la Yougoslavie depuis huit mois, ils ouvrent le 8 décembre 1941[27] un camp de concentration où les Juifs sont immédiatement assassinés. Les Tsiganes y sont internés un temps, puis finalement relâchés. En 1945, sur les 115 000 Tsiganes que comptait la Serbie avant-guerre, un millier d'entre eux ont été assassinés par les Allemands. La majorité des Juifs de Serbie, elle, a péri.

Le sort radicalement différent que l'Allemagne nazie réserve aux uns et aux autres se lit aussi dans les comptabilités macabres des centres de mise à mort et des ghettos. Si la plupart des historiens estiment aujourd'hui que le nombre de Juifs assassinés à Auschwitz-Birkenau avoisine le million (et le sort de l'immense majorité d'entre eux fut la chambre à gaz puis le crématoire de Birkenau), on sait aussi que 19 200 Tsiganes y furent mis à mort (5 600 par gazage et 13 600 à la suite de « mauvais traitements »). Le sort dévolu aux reclus des ghettos polonais met en lumière cette même différence de destin. Dans le ghetto de Siedlce par exemple, situé dans le « Gouvernement général » (Pologne occupée), 2 330 Tsiganes, raflés en Allemagne, furent déportés et enfermés aux côtés des Juifs. Au jour le jour, ils vont subir les mêmes mauvais traitements et endurer la même souffrance. Mais leur sort final, pourtant, n'est pas le même :

les Juifs seuls sont conduits à Treblinka en 1942 pour y être assassinés.

Historien reconnu de la « question tsigane » en Allemagne, Michaël Zimmermann estime dans son maître-ouvrage *Rassenutopie und Genozid*[28], qu'entre 130 000 et 170 000 Tsiganes (sur un effectif de plusieurs millions dans l'Europe de 1939) auraient été assassinés durant la guerre. Il s'agit là d'un massacre à grande échelle, non d'un génocide planifié visant à faire disparaître les Tsiganes de la terre.

***

Le débat sur la spécificité (que beaucoup jugent lassant) marque le retour de bâton de la longue occultation du génocide juif après la guerre. C'est pour le seul crime d'être nés, comme le disait André Frossard, que les Juifs avaient été exclus et assassinés. C'est pourquoi les survivants devaient réintégrer l'humanité en tant que Juifs seulement. La déréliction post-totalitaire des Juifs d'Europe est ainsi mise en lumière. La vie juive sur le Vieux Continent ressemble à des cimetières de fantômes, elle fait figure de butte-témoin rescapée du désastre. Il n'est pas une page d'atlas, il n'est pas une anodine géographie des noms de lieux qui ne nous parle du meurtre de masse. C'est cette rupture radicale du lien humain qui rend compte d'une revendication que beaucoup estiment désordonnée et bruyante.

L'enseignement de la Shoah met à mal quelques clichés. Et met en lumière, plus encore, une réalité désenchantée : le Bien n'a pas triomphé en 1945, et les coupables n'ont pas été jugés. La plupart des assassins, de « terrain » ou de « bureau » – ces derniers surtout sans lesquels la machinerie du meurtre de masse n'eût pu fonctionner – n'ont pas été punis.

En 1964, à l'université de Munich, l'historien Éric Voegelin (1901-1985) donne un cours intitulé (sur le tard) « Hitler et les Allemands ». Émigré aux États-Unis en 1938, Voegelin était revenu dans son pays de naissance après la guerre. Enseignant jusqu'en 1969 à l'université de Munich, en plein « miracle économique » allemand, l'historien offre à la jeunesse étudiante une voix discordante dans un concert de bien-pensance qui veut que l'Allemagne soit désormais « en règle avec son passé ». Dans son cours, Voegelin rappelle l'ouvrage (encore récent) de Raul Hilberg, publié aux États-Unis en 1961 (*La Destruction des Juifs d'Europe*), et la liste de responsables allemands de la catastrophe, longue de plus de vingt pages, que l'auteur a fait figurer à la fin de son livre. Il commente : « On a construit à Auschwitz des installations industrielles destinées à exploiter les gens au maximum avant qu'ils ne meurent sous la charge et soient incinérés. Et, si vous regardez cette liste, vous trouverez en première position parmi les industriels, un certain M. Ambros, et en deuxième position notre M. Bütefisch[29]. Suit la liste de tous les autres qui, aujourd'hui encore, sont tous directeurs de grandes compagnies industrielles et membres de conseils d'administration. Cela peut donc être établi et, comme j'ai bon cœur, je peux déclarer que notre institut est prêt, à tout moment, à fournir avec plaisir aux différents ministres de l'Intérieur des Länder, qui ne se doutent de rien, de même qu'au ministre fédéral de l'Intérieur, des listes, mêmes imprimées, contenant les noms de toutes les personnes auxquelles il ne faudrait peut-être pas décerner la Croix fédérale du mérite, sauf si, évidemment, la Croix fédérale du mérite est précisément destinée à ce genre de personnes. » [30]

La dénazification n'a pas eu lieu [31]. Le haut fonctionnaire Hans Globke (1898-1973), juriste de formation, en fournit un exemple achevé. Après avoir été l'un des artisans juridiques des lois de Nuremberg (1935), Globke est en 1938 l'auteur de la loi faisant obligation à tout Juif d'Allemagne d'accoler à son patronyme le prénom d'Israël pour les hommes et de Sarah pour les femmes. Il participe également à l'expropriation des biens juifs (« aryanisation »). Après la guerre, dans la RFA naissante, on le retrouve conseiller du chancelier Konrad Adenauer. À ce titre, il prend part à la négociation de l'accord de 1952 portant sur les « réparations » versées par la RFA à l'État d'Israël. Nommé secrétaire d'État en 1953, il agit désormais comme bras droit du chancelier Adenauer.

La souffrance subie n'a été suivie d'aucune rédemption. Ni de demande de pardon. Ni de restitution des biens volés : au début des années cinquante, la moitié des survivants juifs français n'avaient toujours pas récupéré les biens spoliés par l'État français de Vichy... Aucune réparation ni expiation ne fut possible après ce naufrage. En revanche, chez tous ont perduré l'amertume et la culpabilité des survivants, et la honte, et la peur[32] aussi, diffuse, qui a fait la trame de la vie des rescapés et de leurs descendants. Comme la quête enfin, inatteignable, des origines détruites. Or, le récit historique doit aussi rendre compte de cette donnée inquantifiable, le chagrin des vies mutilées qui ne doit justement pas devenir, comme l'écrivait Michel Foucault en 1981, « ce reste muet de la politique ». Sans pathos inutile, il faut appréhender la réalité d'un projet démentiel : aller chercher des enfants à Oslo et à Corfou, les convoyer jusqu'en Haute-Silésie, les asphyxier dans des locaux conçus à cet effet, réduire leurs corps en cendres dont on fera des engrais, brouiller les traces du crime puis évoquer déjà, dans les fichiers des sociétés savantes d'Allemagne, les « peuples disparus ». Ce crime dans lequel, contrairement aux massacres de jadis, la victime est amenée à l'assassin[33], est programmé comme une offensive industrielle. C'est aussi par ce biais qu'il se distingue de tant de massacres inhérents à l'histoire humaine.

La nouveauté radicale du meurtre de masse ne réside cependant pas non plus dans la seule technique (la chambre à gaz abolit la responsabilité individuelle), mais tient d'abord à la destruction d'une notion immémoriale qui fait qu'un homme ou une femme reste une *personne* même dans la haine qu'on lui porte. Or, la mort réservée ici aux victimes fut volontairement une mort d'insectes, une mort de poux, niant en elles tout ce qui pouvait les relier encore à l'espèce commune. Dans la Shoah, la personne humaine est devenue *cargaison* (Stangl, commandant de Treblinka, utilise ce mot pour parler des déportés) avant d'être qualifiée de *bacille*, *déchet, détritus, objet, marchandise à traiter.* D'où l'expression «traitement spécial» destiné à détruire des existences qui n'auraient jamais dû être. La Shoah n'a pas seulement détruit six millions de vies, six millions de regards. Elle a aussi tué la mort qui nous humanise.

***

L'enseignement de la Shoah doit lier la modernité technique et bureaucratique dont l'événement relève de cette «banalité du mal»[34] de mise en lumière par Hannah Arendt. Le génocide juif fut une entreprise de «dératisation» du monde. La rationalité technique, ou instrumentale, qui la sous-tend et la rend possible, participe de ce que Péguy nommait déjà en 1905 «ce ventre énorme de barbarie»[35]. Il marque l'aboutissement, ni linéaire ni automatique d'ailleurs, d'une politique de rejet planifié et rationnel.

C'est à partir de ces notions que le discours pédagogique peut rompre avec ce schéma ancien qui

enferme le peuple juif dans l'image de la victime
éternelle. Le « Juif » ne peut pas être cantonné à l'*être
du rejet*, pas plus que l'identité juive ne peut être
réduite à l'antisémitisme. Même si cette passion
européenne reste la toile de fond de cette catastrophe, l'enseignement de la Shoah doit aller au-delà,
il doit éclairer cette « zone grise » dont parlait Primo
Levi, cette honnête médiocrité (au sens étymologique
du terme) de l'humanité, cet univers d'assassins fait
d'abord de conformisme, un monde d'employés qui
« font carrière » et qui révèle une Allemagne
« *moyenne* », complice du crime. L'histoire du 101e
bataillon de police de réserve de Hambourg, décryptée jadis par Christopher Browning[36], constitue à cet
égard une leçon civique de première force.

Le 101e bataillon de police de Hambourg, dirigé
par le commandant Trapp, comptait environ
500 hommes dont 11 officiers. Ils étaient pour l'essentiel des rappelés de moyenne d'âge déjà élevée
(trente-neuf ans). Il n'y avait ni engagé volontaire ni
SS parmi les hommes de troupe. Sept SS figuraient
en revanche parmi les 32 sous-officiers du bataillon.
Un quart de l'effectif enfin était membre du
NSDAP[37]. Ce bataillon de rappelés se trouva plongé
au cœur de la « solution finale », lors de l'« opération Reinhardt »[38] menée en Pologne entre le mois
de juin 1942 et le mois de novembre 1943.

Le 13 juillet 1942, ses hommes participent à un
premier massacre dans la bourgade de Jozefow : ce
jour-là, près de 1 800 personnes sont assassinées
par balle, d'homme à homme, quasiment à bout

portant. Avant la tuerie, le commandant Trapp avait laissé à chacun de ses hommes la possibilité de se soustraire à la sale besogne. Douze hommes refusent, qui ne sont, ni ne seront jamais, inquiétés pour ce choix. Sauf lors de la deuxième tuerie, perpétrée en août 1942, le choix restera toujours possible. Le pourcentage des « abstentions » volontaires ne dépassera pourtant jamais le seuil des 10 %. Lors de la deuxième tuerie, perpétrée à Lomazy le 17 août 1942 (1 700 victimes), le choix ne fut plus possible, et le massacre en fut facilité d'autant parce que commis sans l'idée qu'il pouvait être évité. Or, au fil des mois, puis des années, l'idée prévalut ensuite dans la mémoire retravaillée des assassins que le choix ne leur fut jamais laissé... Pourtant, après Lomazy, et jusqu'à la fin des opérations en novembre 1943, chacun eut la possibilité de se soustraire à ces actions. Mais la tendance à aligner son comportement sur celui de ses camarades s'était déjà confirmée. Plus encore : si l'écœurement avait prévalu au soir du 13 juillet 1942, les réactions s'inversent dans les mois qui suivent. Les volontaires se font même de plus en plus nombreux pour participer aux « actions ». En novembre 1943, l'« opération Reinhardt » est terminée depuis un mois, le bataillon quitte la Pologne. Il a à son actif 38 000 assassinats par balle et 45 000 déportations vers Treblinka. Cinq cents « hommes ordinaires » qui n'étaient ni des SS ni des fanatiques endoctrinés ont donc fait à eux seuls 83 000 victimes.

Les monstres nous rassurent et nous confortent dans notre normalité quand les hommes ordinaires, au contraire, nous inquiètent[39]. Comment se prépare l'accoutumance à l'exclusion puis au massacre? Des mots anodins au début, un peu moins ensuite, tissent un univers mental, un seuil d'acceptabilité[40]. De nombreuses violences en temps de guerre sont des explosions de rage spontanées et des *entorses* à la discipline et *à la loi*. Les crimes du 101e bataillon de police sont commis, eux, *au nom de la loi*. Programmés au niveau le plus élevé, ils sont généralement exécutés froidement et sans passion. L'endoctrinement ne fait peut-être pas d'un homme un assassin mais, le moment venu, il peut l'aider à casser en lui la dernière résistance au meurtre. Les mots abolissent la conscience, effacent la culpabilité et participent du conformisme, ce vecteur premier de la violence.

L'histoire du 101e bataillon de police met en lumière le lien qui unit la soumission à la loi et le déchaînement de violence. La peur de l'autorité reste certes l'agent toujours invoqué, et pour les assassins, leur alibi le plus facile dans les prétoires. À l'évidence, refuser d'obéir peut faire craindre le châtiment. Mais refuser de rejoindre le groupe génère bien davantage un isolement redouté et rarement évoqué. Le conformisme, le goût du consensus et la pression du groupe jouent dans l'assassinat de masse un rôle capital. La violence collective repose sur le triptyque autoritéconformisme-idéologie : l'idéologie dit le Vrai, qui légitime l'Autorité, laquelle induit l'obéissance.

En martelant que les victimes n'appartiennent plus à l'espèce humaine, le discours idéologique ne suffit pas à fabriquer des assassins. Et pour un groupe armé, opérant en *pays ennemi,* il n'est pas plus facile de *ne pas tuer* comme le croit le sens commun. Dire non au crime dans de telles conditions, c'est prendre le risque d'affronter le rejet et l'abandon des siens au cœur d'un territoire hostile. La marge demande décidément une force peu commune... Ceux qui refusèrent dirent plus tard leur peur de « perdre la face » et de « passer pour un lâche ». Un témoin raconte qu'il était insulté et traité par ses camarades de « salaud », de « chiffe molle », etc. Pour beaucoup, le courage aura consisté à rejoindre les tueurs, alors qu'il eut été d'aller contre le sens commun et la loi de la majorité. La logique grégaire a tué la conscience. La mise des Juifs hors humanité par le matraquage idéologique a rendu plus facile le glissement collectif vers le meurtre de masse. S'il a facilité l'accommodation au meurtre, le terreau idéologique n'est pas la cause directe du massacre. Le souci de conformité a tué tout autant que la soumission aveugle à la loi.

Dans un monde d'obéissance massifiée, l'angoisse de l'isolement et la peur du rejet sont des facteurs essentiels du crime. Dans les comportements limites, la pression du groupe pèse d'un poids plus important que la seule peur de l'autorité[41]. La « zone grise » dont parle Primo Levi, ce sont ces *hommes ordinaires* qui, au gré des circonstances, peuvent devenir des assassins[42]. Mais pour entendre l'engrenage qui transforma des hommes ordinaires en tueurs, encore faut-il tenir compte du laminage des esprits qui prévalut tout au long du IIIe Reich. L'atomisation de la société civile allemande, la destruction des groupes indépendants dès 1933 fut un facteur central dans la victoire du nazisme. « C'est la société elle-même qui cessa d'exister sur le plan des relations humaines », note l'historien américain William S. Allen à propos de la ville de Northeim en Basse-Saxe[43]. On cesse de se réunir et de se parler, la méfiance s'installe, la peur l'emporte. Les groupes qui faisaient la sociabilité ancienne se sont mués en masse inorganisée.

Au terme de quel processus intellectuel et psychique un « homme ordinaire » devient-il un assassin ? À cet égard, le cas du lieutenant Gnade (appartenant au 101e bataillon de police) apparaît comme exemplaire. Gnade esquive dans un premier temps toute participation aux tueries, puis il y vient ; dans un troisième temps, il s'y comporte même en sadique achevé. Ses congénères des bataillons de police affectés aux massacres (à ne pas confondre avec les *Einsatzgruppen*, qui opèrent sur le front de l'Est à partir du 22 juin 1941 et sont tous volontaires) paraissent normaux. Après-guerre, on n'a relevé chez aucun d'entre eux une anormalité psychique secondaire, c'est-à-dire élaborée à la suite des tueries de masse. Leur adaptation à leur mission s'est faite rapidement, comme chez tout individu normal, sans retentissement psychique majeur. C'est là d'ailleurs ce qui est le plus effrayant, cette potentialité assassine propre à toute situation limite.

À la normalité des assassins répond l'ordinaire de l'administration. Le meurtre de masse, en effet, a été conçu et mis en œuvre par l'appareil administratif ordinaire de l'Allemagne, pas forcément par des nazis fanatiques, ni moins encore par des antisémites avérés. De nombreuses analyses de terrain[44] ont d'ailleurs montré combien l'antisémitisme ne fut pas une cause majeure d'adhésion au NSDAP.

Au concept arendtien de « banalité du mal », il convient d'ajouter celui de « banalisation du mal »[45], une banalisation qui s'élabore au terme d'un mécanisme mental à l'œuvre dans toutes les situations de crimes de masse. En 1961, les juges d'Eichmann étaient d'autant moins en mesure de repérer cette notion que tel n'était pas l'objectif du procès. Or, la « banalisation du mal » est au cœur du génocide : c'est par le biais d'une technique psychique défensive très proche de celle de l'organisation du travail, que la barrière de la conscience morale est levée. Devant tout acte criminel, cette barrière tombe d'autant plus facilement – et imperceptiblement – que l'acte est parfaitement intégré dans le cadre – psychologiquement rassurant – d'un travail organisé. Si la conscience habite chacun d'entre nous, il ne sert à rien de l'invoquer rituellement si la mise en place de ces stratégies de défense inhérentes au comportement grégaire n'est pas étudiée parallèlement. La conscience morale est inscrite au cœur de chaque individu, mais elle est compromise par la vie collective qui m'offre l'insigne « mérite » de me protéger de ma culpabilité. Quand le crime est collectif, la faute des autres me lave de la mienne propre.

Il faut faire en sorte de s'ériger soi-même en victime pour atténuer sa culpabilité : *tu es un monstre de m'obliger à te tuer*. Au terme de ce raisonnement, la victime est le coupable, et l'assassin, lui, s'érige en victime première de son crime. Dans ce cadre, le mal voisine sans difficulté avec la sensiblerie (confondue souvent avec la sensibilité) propre à la masse. Lors de son procès à Jérusalem, Adolf Eichmann décrivait le sentiment d'anéantissement qu'il déclarait avoir éprouvé en entendant Reinhardt Heydrich lui exposer la « solution finale ». Il ajoutait même qu'il avait ressenti du « dégoût devant les massacres dans les camions à gaz » auxquels il avait été contraint d'assister, un spectacle qui l'avait « brisé » assurait-il. C'est probablement vrai. Ce processus de défense psychologique lui permet cependant de persévérer dans le crime. L'« immortelle et céleste voix » de Rousseau est anesthésiée ici non par la violence, mais par la *sensiblerie*. Quand Eichmann s'avoue physiquement dégoûté, il dit dans le même temps son innocence finale : il est innocent des actes qu'on lui impute puisqu'il en a *souffert*. Il en est lui aussi la victime. Et quelle victime aurait tort quand le mot

est à lui seul aujourd'hui un gage d'innocence ?
Comme la sensiblerie, la « victimologie » constitue
l'autre face de la cruauté : je puis d'autant mieux
agir monstrueusement que *je suis dégoûté par le tra-*
vail que l'on me fait faire. La souffrance vaut
rédemption, elle lave de toute faute. Eichmann
peut-il être coupable s'il souffre de ce qu'il fait et
de ce qu'on lui fait faire ?

Ce processus défensif, inhérent au monde du travail, ne s'entend qu'à la condition de comprendre
que la destruction des Juifs d'Europe ne fut pas une
bouffée de violence pogromiste, ni une Nuit de Cristal à grande échelle ; qu'elle fut un *travail* nécessi-
tant organisation, planification et compétences. Si
le crime est un travail, comme tout processus de
soumission au travail, il génère sa part de souffrance et, par réaction, une protection psychique
contre la violence qu'on lui fait exercer et qui permet de poursuivre l'entreprise. En me soumettant
préventivement (c'est-à-dire par souci de me
défendre) au groupe qui m'enjoint d'assassiner, je
sépare l'acte de tuer de ma conscience sincèrement
dégoûtée par l'horreur qu'on me commande d'exécuter. Quand le travail clive la personnalité et le
crime, le bourreau et le « bon père-bon époux »
coexistent sans heurts dans le même homme[46].

Le mal ne constitue donc pas un de nos « mauvais penchants », il est, au contraire, l'expression
même de notre liberté[47]. Vouloir l'extirper, c'est
renoncer à notre liberté de sujet, celle-là même qui

nous fait homme parce qu'elle nous met seul face à notre faculté de juger. C'est cette angoisse de la liberté qui fait dire à Eichmann au sortir de la guerre (ainsi se décrit-il lors de son procès en 1961) : « Je pressentais qu'il me faudrait vivre une vie individuelle, difficile, sans chef ; que je ne recevrais plus d'ordres, que je n'en donnerais plus, que je n'aurais plus d'ordonnances à consulter – bref, je devrais mener une vie jusque-là inconnue de moi. »

Ce refus de la liberté est une forme du mal radical [48], c'est le refus de penser (« C'étaient les ordres »), le refus de juger (« Si ce n'était pas moi, un autre l'aurait fait »), la tendance à s'excepter (« Cela me dégoûtait de le faire ») et à se tromper soi-même en adoptant la pose du bon père et du bon époux. Le mal radical, c'est refuser d'interroger ses actes dès lors qu'on vit intensément le sentiment d'être *justifié* au monde. C'est pourquoi, chez le même être, la compassion peut voisiner sans difficulté avec l'horreur, et le même homme qui assassine fait taire sa conscience dès lors qu'il se sent justifié dans son être et dans sa fonction. Parce qu'il *confond* aussi son être et sa fonction.

Mais l'humanité tout entière n'est pas criminelle, et chacun n'y est pas un assassin en puissance : l'assertion contraire est dangereuse parce qu'elle noie la faute de quelques-uns dans une pseudo-culpabilité générale. Or, face au mal, les hommes ne sont pas semblables. Ce qui distingue un homme de son prochain n'est ni son intelligence, ni moins encore sa culture, mais seulement sa capacité à accepter de penser sur soi et de juger ses actes.

Car la culture non seulement ne protège pas du crime, mais plus encore lui arrive-t-il de couvrir celui-ci comme l'intelligence de le servir. En février 2003, au moment où l'État russe martyrise la Tchétchénie, Vladimir Poutine est reçu en grande pompe à Berlin où il est l'hôte d'une rencontre culturelle germano-russe réunissant l'intelligentsia des deux pays venue applaudir le tortionnaire. La culture n'est garante d'aucune conduite éthique, et quand nos illusions sur ce sujet se dissipent enfin, seule surnage la conscience critique de nos actes.

La conscience critique ? Une pensée qui nous protège du basculement dans l'horreur, une faculté de juger du bien et du mal qui nous fonde comme sujet capable de choisir le bien comme de commettre le mal radical. Ce n'est pas la culture qui nous civilise, c'est la capacité de juger, c'est-à-dire l'acte par lequel nous nous déprenons de nous-mêmes et qui nous convainc d'apprendre d'autrui quand le barbare, lui, juge que toutes les questions ont déjà été résolues par sa tradition. Quand ils estiment que leur monde est le monde, nombre d'hommes de culture sont à cet égard des barbares.

En février 1941, au cœur de la Seconde Guerre mondiale, Léo Strauss, Juif allemand en exil, revient sur la vieille distinction entre culture et civilisation pour se revendiquer de cette dernière seule. La civilisation, explique-t-il, est ce qui fait d'un homme un être policé et un citoyen, quand la culture, amour du beau et empilement de connaissances, peut frayer avec un nihilisme destructeur. Que tant d'intellectuels aient pactisé avec le nihilisme nazi montre que la culture ne s'oppose pas à la barbarie mais qu'il arrive même qu'elle l'accompagne.

***

Lorsque, en 1948, la Pologne a jugé quelques responsables du 101e bataillon de police de Hambourg, seul l'assassinat des 78 Polonais non juifs tués en « représailles » à Talcyn a été retenu contre le commandant Trapp. Les 83 000 autres victimes juives *polonaises* n'intéressaient pas la justice *polonaise*. Ne pas percevoir, ne pas entendre, ne pas enseigner cet abandon du peuple juif, c'est ne professer qu'une vague leçon d'humanisme et un prêche à la réconciliation universelle. C'est bâtir un travail pédagogique sur une omission qui fragilise l'édifice mémoriel. Sans souci doloriste, il faut donc enseigner ce que furent la conférence d'Évian de juillet 1938, les frontières quasi fermées de la Suisse, le doublement des cordons de la police hollandaise à la frontière avec l'Allemagne en 1938-1939, le Livre Blanc sur la Palestine de mai 1939[49], les langues muettes (le Vatican), et l'inaction programmée des Alliés à l'heure du désastre.

Si la notion d'*humanité* a été brisée à Auschwitz, et non la seule identité ni la seule existence juive, c'est aussi le peuple juif, et non un autre, qui fut assassiné là. C'est pourquoi il faut *aussi* enseigner la déréliction juive. Non comme une lamentation, mais comme une leçon politique : lorsqu'un peuple n'est plus citoyen de nulle part, l'appartenance commune à l'espèce humaine devient pour lui sans valeur. À l'heure de l'État-nation, tout semble indiquer qu'un homme n'est plus rien par lui-même s'il n'est pas protégé par cette entité-là.

Notes du chapitre II

1. La rafle dite du Vel d'Hiv, décidée par les Allemands et entièrement prise en main par la police française, conduit à l'arrestation de près de 13 000 personnes en un jour et demi. Conduites au Vélodrome d'Hiver dans le 15ᵉ arrondissement de Paris, ou à Drancy, ou encore dans les camps du Loiret (Pithiviers et Beaune-la-Rolande), la plupart des personnes arrêtées au cours de ces deux journées furent déportées à Auschwitz dans les semaines qui suivirent pour y être assassinées.

2. Dans *Mein Kampf* (édition de 1934), Adolf Hitler tenait sur le sionisme le propos suivant : « Car tandis que le sionisme tente de jeter de la poudre aux yeux du monde en disant que les songes nationaux de retour des Juifs seront satisfaits par la création d'un État palestinien (juif) – les Juifs dupent une fois de plus les "goys" imbéciles. Ils n'ont pas du tout l'intention de bâtir un État juif en Palestine afin de s'y installer, mais toute leur ambition est de créer un centre organisationnel pour leurs machinations à l'échelle internationale ; un centre souverain protégé de l'intervention d'autres États, c'est-à-dire un abri pour les scélérats et une école supérieure de formation d'escrocs. » (vol. I, p. 356).

Le 28 novembre 1941, Hitler reçoit le principal dirigeant du mouvement national palestinien, Haj Amin Al Husseini. « La suppression du Foyer national juif, lui déclare-t-il, fait partie de mon combat. Les Juifs veulent édifier un État central qui deviendra une base pour leurs activités et leurs fins destructrices » (cité *in* Henry Laurens, *La Question de Palestine*, tome II, Fayard, 2002, p. 465). Le 28 avril 1942, Rome et Berlin, dans une déclaration commune, évoquent à nouveau parmi leurs buts de guerre... « la destruction du Foyer national juif en Palestine » (*ibid.*, p. 469).

L'Allemagne nazie a donc fait en sorte que personne ne puisse aujourd'hui parier sur le centenaire de l'État juif. Il n'empêche. Dans de nombreux milieux de gauche, la crainte est récurrente qu'à « trop » parler de la Shoah, on ne « justifie » le sionisme. Comme si cette idéologie, dont l'axe directeur est le droit à l'autodétermination nationale des Juifs, constituait le dernier avatar des dévoiements idéologiques du siècle.

3. Hannah Arendt, *Sur l'antisémitisme*, 1951.

4. Dans *Refus de témoigner* (*op. cit.*), Ruth Klüger se demande pourquoi la vue des numéros tatoués sur les avant-bras des anciens détenus d'Auschwitz déclenche l'agressivité de certains de ses compatriotes américains. Elle en conclut que la société n'aura de cesse d'oublier : « Nous étions comme des malades atteints d'un cancer qui auraient rappelé à ceux qui étaient en bonne santé qu'eux aussi étaient mortels » (p. 265).

5. Mais sur une période au moins trois fois plus longue si l'on s'en tient à sa phase la plus destructrice (1917-1953).

6. Primo Levi, *Si c'est un homme*, Julliard, 1987 (1re édition italienne, 1947).

Varlam Chalamov, *Récits de Kolyma* (Livre de poche, 1990 ; 1re édition française, 1980).

Gustav Herling, *Un monde à part* (1re édition, 1951), Gallimard, Folio, 1995.

7. Qui ont été précédés par les camps du tsarisme, même si les différences de degré et de nature entre les deux systèmes sont considérables ; *cf.* Dostoïevski, *Souvenirs de la maison des morts*, et Tchékhov, *L'Île de Sakhaline*.

Depuis toujours convaincu de la nécessité d'une démarche comparatiste, Tzvetan Todorov note pourtant : « Pour le dire en une phrase, alors que Kolyma et les îles Solovki sont l'équivalent russe de Buchenwald et de Dachau, il n'y a jamais eu de Treblinka en Union soviétique. Ce n'est que dans les camps d'extermination nazis que la mise à mort devient un but en soi. » (*in Mémoire du mal, tentation du bien. Enquête sur le siècle*, Robert Laffont, 2000 ; réédition Livre de poche, Biblio, p. 129).

8. Alain Besançon, *Le Malheur du siècle. Sur le communisme, le nazisme et l'unicité de la Shoah*, Fayard, 1998.

9. *Ibid.* (p. 88).

10. *In Le Livre noir du communisme. Crimes, terreur, répression*, sous la direction de Stéphane Courtois, Robert Laffont, 1997.

11. Connu pour ses travaux sur les fascismes européens, Ernst Nolte a ouvert la voie à la querelle allemande de 1986-1987 (qui l'opposa en particulier au philosophe Jürgen Habermas). Pour Nolte, Auschwitz aurait été un « crime préventif » commis par les nazis en regard de la répression et du goulag soviétiques. Autrement dit, la peur inspirée par la terreur bolchevique (de la Tchéka au NKVD) aurait induit, en retour, la terreur nazie.

12. Ce que Adorno exprimait autrefois en disant que depuis Auschwitz « la mort signifie avoir peur de quelque chose de pire que la mort ».

13. *Cf.* Norman Cohn, *Les Fanatiques de l'Apocalypse,* Payot, 1963, et *Histoire d'un mythe*, Gallimard, 1967.

14. Idéologue allemand de la fin du XIXᵉ siècle, Paul de Lagarde (pseudonyme de Franz Bötticher), est l'un des plus importants représentants de l'antisémitisme racial. Ses principaux écrits sur la « question juive » sont réimprimés par le gouvernement allemand en 1944 et diffusés auprès de tous les soldats de la Wehrmacht.

Professeur de physiologie à l'École des Hautes Études à la fin du XIXᵉ siècle, Jules Soury est l'un de ceux qui au sein de l'Université mettent sur pied une idéologie raciste. Sa conception de la « question juive » rejoint celle que Paul de Lagarde avait développée quelques années auparavant en Allemagne.

Georges Vacher de Lapouge (1854-1936) est l'un des principaux diffuseurs en France de la pensée eugéniste et raciste. Sa conception de l'Histoire repose tout entière sur l'idée de la lutte des races (*cf.* Pierre-André Taguieff, *La Couleur et le Sang. Doctrines racistes à la française,* Mille et une nuits, 2002).

15. Ainsi du mythe selon lequel la République allemande, dite de Weimar, aurait été une « République juive ». Entre 1919 et 1933, 19 ministères se sont succédé en Allemagne. Ils ont vu défiler 387 ministres. Cinq d'entre eux seulement étaient juifs, soit 1,3 % de l'effectif. Qu'importe ! Weimar, martèle la pensée conspirationniste, est une « république juive »…

Dans une autre aire géographique, et plus près de nous dans le temps, on a vu nombre de commentateurs arabes nier dans un premier temps la réalité de la chute du régime totalitaire irakien (avril 2003) pour, dans un second temps, l'imputer finalement à un « complot sioniste » d'expansion mondiale et dont les forces alliées n'auraient été que le bras armé.

16. Ce qui est aujourd'hui le cas dans la quasi-totalité des pays arabes où une civilisation juive parfois millénaire a été déracinée en moins de trente ans.

17. Dans l'histoire des représentations mentales du monde occidental, la Shoah constituerait un parricide. Pour Pierre Legendre, le génocide des Juifs met en lumière... « la mise à mort du Juif comme figure refoulée de l'Ancêtre, c'est la dimension symbolique du meurtre du Père dans la culture qui devient crime perpétré ». (*In Sur la question dogmatique en Occident*, Fayard, 1999, p. 346).

18. Le meilleur exemple de ce dévoiement de l'analyse est fourni par le livre de Jean-Michel Chaumont, *La Concurrence des victimes*, La Découverte, 1997.

19. *In* Jean Hatzfeld, *Dans le nu de la vie*, Le Seuil, 2000 (p. 193).

20. Dans sa chronique du génocide rwandais, Jean Hatzfeld cite cette femme rescapée, âgée de trente-quatre ans, qui raconte : « On ressentait seulement l'humiliation de la peur (...) Puisqu'un garçon d'à peine douze ans pouvait nous tuer d'un coup de couteau, si le caprice le poussait, sans essuyer un reproche de ses parents. » (*op. cit.*, p. 161).

21. *Cf.* Hillel Seidman, *Du fond de l'abîme*. Voir plus précisément le chapitre intitulé « De la "Zone d'épidémie" au ghetto : la mort programmée d'un peuple. Septembre 1939-mai 1943 » (en particulier la page 403), Presses-Pocket, 2002.

22. J. Hatzfeld, *op. cit.* (p. 192).

23. Sacrifice d'Isaac.

24. Cité *in* Y.H. Yerushalmi, *Zakhor. Histoire juive et mémoire juive*, La Découverte, 1984 (p. 53).

25. *Cf.* le sort du peuple Herero, résidant sur le territoire de l'actuelle Namibie, qui en 1904 fut méthodiquement assassiné par le colonialisme allemand.

26. *Cf.* en particulier Götz Aly et Susanne Heim, *Vordenker der Vernichtung. Auschwitz und die deutschen Pläne für eine neue europäische Ordnung*, Hambourg, 1991, réédité en 1993 et 1997 (« Les Précurseurs de l'extermination. Auschwitz et les plans allemands pour un nouvel ordre européen »).

27. Les tueries par camion à gaz ont commencé, la veille, à Chelmno, près de Lodz, en Pologne.

28. Michael Zimmermann, *Rassenutopie und Genozid. Die national-sozialistische « Lösung der Zigeunerfrage »* (« Utopie

raciale et Génocide. La Solution national-socialiste de la "question tsigane" »), Hambourg, 1996.

29. Au début de l'année 1964, le Gouvernement fédéral ouest-allemand avait remis à l'industriel Heinrich Bütefisch la Croix fédérale du mérite (1ʳᵉ classe). Au même moment, est divulguée dans la presse de RFA la condamnation ancienne du même Bütefisch lors d'un procès de Nuremberg. L'industriel y avait été accusé (puis condamné) d'avoir utilisé la main-d'œuvre concentrationnaire d'Auschwitz. La Croix fédérale du mérite (1ʳᵉ classe) lui fut alors retirée.

Sur Heinrich Bütefisch, Raul Hilberg notait dans la liste citée par Éric Voegelin : « Bütefisch Heinrich (IG-Farben) : condamné à six ans de prison par un tribunal américain. Aufsichtsrat de Deutsche Gasolin A.G. Berlin ; Aufsichtsrat de Feldmühle, Papier-und Zellstoffwerke, Düsseldorf ; directeur du comité technique d'experts à la Convention internationale de l'industrie de l'azote en 1955. » (*In La Destruction des Juifs d'Europe*, Fayard, 1988, p. 942.)

30. Éric Voegelin, *Hitler et les Allemands*, Le Seuil, collection Traces écrites, 2003 (p. 51).

31. *Cf.* Adam Czerniakow, *Carnets du Ghetto de Varsovie*, La Découverte, 1996 (voir pp. 281-283) : « Que sont devenus les responsables nazis du Ghetto de Varsovie ? »

On comparera la « dénazification allemande » avec le sort dévolu aux tueurs hutu à la suite du génocide perpétré au Rwanda en 1994. Un enseignant tutsi, rescapé des tueries, Innocent Rwililiza, explique à Jean Hatzfeld : « Une chose qui me surprend aujourd'hui est que beaucoup de promoteurs du génocide soient redevenus des gens de tous les jours, qu'ils se soient dispersés en toute quiétude, qu'ils se baladent dans les rues, en France, en Europe, au Kenya. Ils enseignent à l'Université, ils prêchent dans les églises ou soignent dans les hôpitaux et, le soir, ils écoutent de la musique et surveillent les écolages des enfants. On dit : "Le génocide, c'est une folie humaine", mais la police ne va même pas questionner les ténors du génocide dans leurs villas à Bruxelles ou à Nairobi. Si vous croisez l'un d'eux à Paris, avec son costume à la page et ses lunettes cerclées, vous dites : "Tiens, voilà un Africain très civilisé." Vous ne pensez pas : "Voilà un sadique qui avait stocké puis distribué deux mille machettes aux paysans de sa colline natale." Donc, à cause de cette négligence, les tueries peuvent recommencer ici ou ailleurs. » (*in* Jean Hatzfeld, *Dans le nu de la vie. Récits des marais rwandais*, Le Seuil, 2000, p. 109).

32. Dans *Naître coupable, naître victime*, une jeune femme juive, fille de rescapés, déclare à Peter Sichrovsky : « Je voulais sortir de l'Histoire. »

33. Alors que dans toutes les violences de l'Histoire, l'assassin va à la victime, ici c'est l'inverse. Cette différence n'est pas anecdotique, elle signe le sens du génocide, l'exclusion radicale d'un groupe humain décrété préalablement hors humanité.

34. Rappelons que ces mots ne renvoient pas au crime mais aux exécutants qui l'ont perpétré.

35. Dans un texte daté de novembre 1905 (publié à titre posthume), consacré à la montée de la tension franco-allemande et au risque de guerre qu'elle génère, Charles Péguy évoque le « ventre énorme de barbarie » des conflits à venir dans le monde moderne. Il n'a pas seulement en tête la puissance de feu des armées occidentales, mais bien davantage, semble-t-il, les nouvelles récentes faisant état, ici et là, de massacres, en particulier en Arménie (« Par ce demi-clair matin », *in Œuvres en prose complètes*, Gallimard, La Pléiade, 1988, tome II, p. 92).

36. *Des hommes ordinaires*, Les Belles Lettres, 1994 (1re édition américaine, 1992).

L'étude de ce bataillon a été reprise, plus récemment, par D.J. Goldhagen (*Les Bourreaux volontaires de Hitler,* Le Seuil, 1997) qui en tire des conclusions fort différentes.

37. Sigle du Parti national-socialiste.

38. Voir *Brève histoire de la destruction des Juifs d'Europe* en fin de volume.

39. « Je comprenais soudain qu'on se servait beaucoup des Allemands et même des nazis pour se couvrir (...). Les nazis étaient humains. Et ce qu'il y avait d'humain en eux, c'était leur inhumanité », écrit Romain Gary dans *Les Cerfs-Volants*, Gallimard, Folio (p. 278).

40. *Cf.* Georges Bensoussan, *L'Idéologie du rejet. Enquête sur le « monument Henry » ou archéologie du fantasme antisémite dans la France de la fin du XIXᵉ siècle,* Manya, 1993.

41. Bien avant Christopher Browning, Wilhem Reich, dans *Psychologie de masse du fascisme* (1935), avait pointé cette dimension essentielle du crime.

42. Le génocide des Tutsis du Rwanda a mis en lumière des conduites similaires. La démarche de l'historien doit tout entière se tourner vers les tueurs, car c'est d'eux qu'il faut comprendre quelque chose. Les victimes, elles, ne peuvent rien nous dire d'autre que leur innocence et le souvenir à perpétuer de leur souffrance. « Le pourquoi de la haine et du génocide, raconte une survivante tutsie de 1994, il ne faut pas le demander aux rescapés (...). Il faut le demander aux Hutus. » (*In* Jean Hatzfeld, *Dans le nu de la vie, op. cit.*, p. 127). Le même processus de déshumanisation de la victime est à l'œuvre au cours des tueries de ce printemps-là : « Mais je crois que les Hutus, de nous voir ainsi, vivre comme des sauvageons moins que rien, raconte un enseignant rescapé du génocide, ça leur facilitait le travail (...). Ils avaient enlevé l'humanité aux Tutsis pour les tuer plus à l'aise. » (*Op. cit.*, p. 100.)

Les tueurs hutus ressemblent décidément beaucoup aux hommes du 101ᵉ bataillon de police. « Ce qui s'est passé (...) explique un instituteur tutsi, ce sont des agissements surnaturels de gens bien naturels. » (*Op. cit.*, p. 72.)

43. *In Une petite ville nazie (1930-1935)*, Robert Laffont, 1967, réédition 10-18, 2003.

44. *Cf.* en particulier l'ouvrage de William S. Allen déjà cité.

45. *Cf.* Joseph Torrente, « Travail et banalité du mal » *in Revue d'histoire de la Shoah*, n° 175, mai 2002 (pp. 133-175).

46. On peut aussi se demander si ce clivage marqué ne participe pas non plus d'une certaine éducation allemande. Dans son *Histoire d'un Allemand*, souvenirs d'un antinazi appartenant à la bourgeoisie cultivée de l'Allemagne wilhelmienne puis weimarienne, Sebastian Haffner note à propos de son père, haut fonctionnaire prussien (qu'il admire) : « C'est le puritanisme prussien qui a inventé cette étrange façon de présenter les choses qu'ont les Allemands : "Si je vous parle en tant qu'homme, je dirai... Mais si je vous parle en tant que fonctionnaire, je dirai..." C'est le fondement d'un état de fait qui reste aujourd'hui encore incompréhensible à nombre d'étrangers : la Prusse – l'Allemagne prussienne – dans son ensemble agit et se présente comme une machine inhumaine, vorace et cruelle, mais dans le particulier, quand on s'y rend et qu'on entre personnellement en contact avec les Prussiens et les Allemands, ils donnent souvent l'impression d'être tout à

fait sympathiques, humains, inoffensifs et gentils. Si la nation allemande mène une double vie, c'est que chaque Allemand, ou presque, mène une double vie. » (*Op. cit.*, Actes Sud, 2002, p. 150. Ce texte a, semble-t-il, été rédigé en 1939.)

47. « Quant à l'origine rationnelle de ce penchant au mal, elle demeure pour nous insondable parce qu'elle doit nous être imputée… il n'existe donc pas pour nous de raison compréhensible pour savoir d'où le mal moral aurait pu d'abord nous venir ». Kant, *La Religion*, cité *in* M. Revault d'Allonnes, *Ce que l'homme fait à l'homme. Essai sur le mal politique*, Le Seuil, 1995 ; réédition Champs Flammarion, 1999 (p. 53).

48. Radical au sens de consubstantiel à l'humanité, attribut même de la liberté de choix de l'être humain.

49. Après avoir beaucoup tergiversé, la Grande-Bretagne, puissance mandataire en Palestine, décide en mai 1939, par le Livre Blanc, de n'autoriser qu'une immigration limitée (75 000 personnes) et étalée dans le temps (cinq ans) aux Juifs. Après quoi la Palestine sera fermée à toute immigration juive. Le Livre Blanc prévoyait également la création d'un État arabe de Palestine (et non de deux États, comme le préconisait le rapport de la commission Peel en 1937) dans les dix ans.

III

Un enseignement
politique et civique

L'histoire de la Shoah n'est pas seulement une connaissance, elle pose des questions qui touchent à l'essence même de l'« être politique » dès lors qu'Auschwitz a cassé les catégories traditionnelles du comportement social (ce que Hannah Arendt entendait par les mots de « tradition rompue »). C'est pourquoi une mémoire fondée sur la seule émotion nous apparaît fragile et politiquement vaine si elle prétend dissocier l'inhumanité de l'humanité.

L'enseignement doit mettre en lumière la façon dont la mémoire collective opère par reconstructions, télescopages et omissions. Il doit montrer comment la réalité *idéologique* (la France, « pays des droits de l'homme ») conduit parfois à gommer la réalité *réelle*. Ainsi en va-t-il de l'ordonnance gaullienne du 9 août 1944 qui fait passer à la trappe de l'histoire le régime de Vichy[1]. Ce non-lieu de mémoire fait de l'État français une parenthèse. Or, Vichy s'enracine dans la tradition contre-révolutionnaire française (depuis 1789), comme il s'inspire aussi des années de l'ordre moral mac mahonien (1873-1879) [2]. À défaut d'autonomie politique, le régime maréchaliste eut une grande marge d'autonomie idéologique et, sur ce terrain-là, on ne saurait le réduire à la seule répression antisémite.

Noircir inutilement le passé est un autre travers de la mémoire. Or, le sauvetage des persécutés fut une réalité. Encore faut-il l'expliquer en évoquant les cas de symbiose entre la société juive et la société environnante (Italie et Danemark [3]) ; et souligner, sans amoindrir en cela la bravoure, voire l'héroïsme des uns et des autres, le rôle essentiel de la géographie : en France, trois quarts des Juifs furent sauvés ; aux Pays-Bas, trois quarts des Juifs ont péri. Vaste pays au relief montagneux, couvert de forêts, et dont la moitié sud ne fut occupée que vingt-deux mois durant, la France offrait de nombreuses possibilités pour se cacher. Dans un pays plat, occupé plus de cinquante mois durant, sans relief susceptible d'abriter aucun maquis, malgré la sympathie dont ils firent souvent preuve envers les Juifs, les Néerlandais n'ont guère pu sauver leurs concitoyens persécutés.

Enfin, le dévouement fut parfois de règle même dans les jours de terreur. Si le pessimisme ambiant conclut à l'obscurité générale, il n'aide pas à comprendre une situation hors normes, et, loin de condamner le crime, il le banalise en déresponsabilisant ses auteurs.

Mais s'il s'agissait seulement d'enseigner les « Lumières » et la « raison », la leçon d'Histoire tournerait rapidement à l'apologie morale et à l'appel à la tolérance, en une mémoire close sur elle-même, opposant hier à aujourd'hui. L'horreur d'hier étant supposée nous « servir de leçon » pour ne pas « recommencer » aujourd'hui, etc. L'effort pédagogique doit au contraire poser les questions qui n'ont plus cours quand l'ordre des choses apparaît naturel. Le fonctionnement de notre monde interroge le passé et non l'inverse. En examinant les structures de notre présent, la « mémoire d'Auschwitz » est une mémoire vivante, déconnectée du seul martyrologe. Elle enseigne la défiance vis-à-vis de l'autorité et du groupe, comme la critique vis-à-vis des ordres institués. Elle interroge les pratiques sociales de toute sorte et tente de mettre en lumière les liens du crime à la normalité.

La plupart des témoins ont interrogé le nazisme. Mais peu d'entre eux, au premier rang desquels, Robert Antelme, l'auteur de *L'Espèce humaine*, ont sondé une normalité dont certains aspects, exacerbés, apparaissent proches du cheminement stigmatisé[4]. La commémoration, comme l'enseignement, tourne à vide si elle n'interroge que l'horreur. Leur portée réside dans la réévaluation *politique* et non *moralisante* de notre civilisation. C'est en ce sens que toute pédagogie est un regard à *déshabituer* sur ce qui va de soi. Car l'horreur se donne rarement à voir en bloc, elle se présente le plus souvent sous la forme de mesures graduées qui, prises isolément, peuvent aussi participer de ce « qui va de soi ».

La Shoah est malheureusement l'une des formes de la rationalité du monde, mais elle décourage l'entendement. Pourtant, c'est par la raison seule qu'il faut tenter d'élucider cet enfer, d'en décrire les linéaments et les cheminements, et de montrer comment une civilisation a pu inscrire le crime dans son fonctionnement quotidien. Au XVIIIᵉ siècle, Gianbatista Vico[5] considérait comme une « vérité incontestable » qu'un monde fait par les hommes était « un monde que les hommes pouvaient comprendre ». C'est en ce sens que la raison doit tenter de rendre compte de l'enfer. La désolation et le chagrin ressortissent au domaine de l'intime ; ils sont cantonnés à ce moment où, après avoir fermé les livres et les portes, nous nous prenons à songer à ce désastre infini.

Une leçon d'Histoire peut montrer qu'en toutes circonstances se sont manifestées des capacités de penser, de refuser et de dire non. Que partout, et toujours, des voix même marginales se sont élevées sur la place publique : « Conscience ! Conscience ! Instinct divin, immortelle et céleste voix ; guide assuré d'un être ignorant et borné, mais intelligent et libre ; juge infaillible du bien et du mal (...) . La conscience est timide, elle aime la retraite et la paix ; le monde et le bruit l'épouvantent : les préjugés dont on la fait naître sont ses plus cruels ennemis ; elle fuit ou se tait devant eux : leur voix bruyante étouffe la sienne et l'empêche de se faire entendre ; le fanatisme ose la contrefaire, et dicter le crime en son nom. »[6]

L'éloge du refus et de la conscience dans les temps difficiles nous aide à endiguer le flux montant du consensus et du « penser grégaire ». Il faut opposer la réflexion au réflexe, et la pensée à l'émotion, laquelle fait le lit des violences collectives et des exclusions consensuelles. Le devoir de raison passe par l'éloge de la conscience individuelle[7], par l'effort de juger et de penser contre le groupe s'il le faut, par l'éloge de l'individu contre l'appartenance de clan, c'est-à-dire, *in fine*, par l'acceptation d'une certaine solitude. C'est à partir de ces postulats que peut être envisagée une « éducation après Auschwitz ». Construire une solidarité et une citoyenneté *à partir* de l'éloge d'une certaine solitude contre la grégarité qui renonce à penser.

***

On désespère de pouvoir jamais imaginer cette mort ignominieuse. Il y a un avant et un après, mais la chambre à gaz et l'asphyxie échappent à toute représentation. Ce meurtre de masse pulvérise la catégorie classique de l'histoire entendue comme un récit. Ici, il n'y a rien à raconter, seulement des portes qui se ferment sur une béance noire, puis se rouvrent un temps plus tard. Entre les deux moments se situe ce que le cardinal Jean-Marie Lustiger nomme le « soleil noir de la Shoah ».

Ce « soleil noir » n'est pas représentable. Son image en édulcorerait l'abîme. On ne peut montrer sans artifice la réalité de Babi Yar, de Treblinka, et

des camions de Chelmno. Représenter le crime,
c'est toujours prendre le risque d'en diluer l'épouvante. Le voyeurisme du cadavre participe à l'atteinte portée à la notion de *personne*. Montrer à
quoi des êtres humains furent réduits, et en quoi
des personnes furent transformées, n'aide pas à
comprendre le cheminement du crime d'État.
Montrer l'image de l'horreur et l'être humain
transformé en débris d'humanité en jouant sur la
seule émotion (légitime) du spectateur, c'est mani-
fester un douteux attrait pour cette transgression,
mais c'est aussi participer, par le regard, à cette
négation de l'humanité. L'intérêt porté à l'histoire
de la Shoah est souvent empreint d'ambiguïté :
sous ce que l'on veut voir comme une sorte de
« vaccin civique » se dissimule parfois un attrait
trouble pour la violence infligée à autrui et, au-
delà, pour la violation des normes élémentaires de
civilisation. L'optimisme pédagogique ne prend
pas assez en compte la part de sadisme latent qui
dort en chacun, et la fascination pour l'assassin
qui l'inflige. Ruth Klüger, qui parle d'un « voyeurisme sublimé »[8], note que… « l'idée du pouvoir
absolu sur l'autre éveille la lubricité »[9]. Il y a parfois, chez ceux qui se complaisent dans le récit
poignant, une sorte de jubilation des larmes,
comme une pornographie du chagrin qui aime à se
donner à voir. Cet « intérêt manifesté par les
élèves » dont nous parlent nombre de pédagogues
et l'« émotion » dont ils font état ne nous protègent
de rien.

Peut-on refuser pour autant toute fiction sur ce sujet quand bien même nous savons que l'image tue l'imagination et fait entrer la Shoah dans le cadre du représentable, autrement dit de la « bonne conscience », cet autre nom de la conscience irraisonnée ? Mais pour dire cela, est-il besoin de sacrifier au langage religieux qu'on réserve d'ordinaire à l'irreprésentable de Dieu [10] ?

Pour de nombreux critiques (Yehuda Bauer, Tzvetan Todorov, etc.), en effet, l'attitude qui vise à réfuter l'analyse historique en prétendant qu'on ne saurait rendre compte de la Shoah « que par les œuvres » comme aime à le dire Claude Lanzmann revient à faire du génocide des Juifs un « mystère inexplicable » [11] : « Dire que l'Holocauste est inexplicable revient, au bout du compte, à le justifier », note Yehuda Bauer [12]. Les formulations péremptoires qui interdisent de se pencher sur la Shoah autrement que « par les œuvres » sont d'abord des assertions d'autorité qui interdisent toute réflexion politique embrassant l'humanité entière. Il est vrai que la compassion, au sens du regard porté à une autre souffrance que la sienne, n'est pas le fort d'un certain nombre de ces commentateurs [13] arc-boutés sur l'unicité (réelle) de la Shoah, non comme sur une analyse historique (fondée en raison), mais sur une sorte d'identité élective destinée à donner corps à une judéité imaginaire.

Dans l'historiographie de la Shoah, le film éponyme de Claude Lanzmann fut un moment décisif.

Cette grande œuvre, tournée à la fin des années soixante-dix et au début des années quatre-vingt s'inscrit dans la continuité du *Chagrin et la Pitié* de Marcel Ophuls. Mais sa problématique historique date de l'immédiat après-guerre. En ignorant le « programme T4 », par exemple, Claude Lanzmann fait de la Shoah l'aboutissement empoisonné du tête-à-tête Juifs-chrétiens. Il occulte, ce faisant, la réflexion, menée ailleurs, et largement, sur le terreau intellectuel d'Occident hostile aux Lumières et au christianisme qui a pavé le chemin du meurtre de masse. En isolant le génocide dans l'Histoire, en le ramenant à la plus monstrueuse des tueries pogromistes, ce que la Shoah, précisément, ne fut pas, ni dans sa conception ni dans sa mise en œuvre, Lanzmann réalise un grand film *religieux*.

« Face à la Shoah, il y a une obscénité absolue de comprendre », affirme-t-il sans entendre qu'évoquer la Shoah dans ces termes, c'est contribuer à déshistoriser un *fait d'Histoire*. Le jour où les contemporains de ce désastre auront disparu, cette sortie de l'Histoire rendra plus aisée une banalisation qu'on sent déjà à l'œuvre. En quête d'une « mémoire immémoriale », le cinéaste perpétue une vision métaphysique de l'Histoire, il prône une Histoire « hors Histoire » comme le fait remarquer Régine Robin [14], en ouvrant ainsi grand la route à une mémoire privée d'avenir.

Au nom de irreprésentabilité de la Shoah à l'image, Lanzmann verse dans un discours historiquement vain. « Et si j'avais trouvé un film existant,

déclare-t-il au journal *Le Monde* le 3 mars 1994 [15]
– un film secret parce que c'était strictement interdit – tourné par un SS et montrant comment
3 000 Juifs, femmes, hommes, enfants, mouraient
ensemble, asphyxiés dans une chambre à gaz du
crématoire 2 d'Auschwitz, si j'avais trouvé cela, non
seulement je ne l'aurais pas montré, mais je l'aurais
détruit. »

Le cinéaste se refuse à toute comparaison en
matière de génocides, alors que le comparatisme
demeure la seule garantie de pouvoir, demain,
enseigner l'histoire de la Shoah aux générations à
venir. Lui emboîtant le pas, certains de ses épigones
finissent par ne plus entendre la spécificité de la
Shoah dont ils se réclament pourtant avec des
accents encolérés de gardiens du Temple [16].

***

L'enseignement de ce passé nous importe parce
que l'avenir seul nous occupe. Cette histoire
marque un tournant irréversible de notre temps,
non tant dans le massacre et le déploiement de violence, que dans la destruction du substrat qui fait
un homme. Cette césure a modifié l'avenir politique
de l'espèce humaine. La notion de personne est née
et s'est épanouie dans la société démocratique.
Mais, contradictoirement, elle s'est aussi progressivement diluée dans la société de masse. C'est pourquoi la tendance à l'oubli est lourde d'avenir, et si,
pour y parer, le récit historien demeure une néces-

sité, l'émotion et le culte désordonné de la « mémoire », seront, quant à eux, de peu de poids. L'impératif historien est le seul qui puisse s'ajuster à la destruction radicale des traces mêmes de la vie[17]. Ce devoir d'histoire est synonyme de devoir d'humanité tant notre rapport au passé est aussi ce qui nous fonde comme *être humain en projet*.

Jadis, la raison éclairait l'événement ; aujourd'hui, c'est à l'événement d'éclairer la raison, d'interroger nos pratiques sociales, nos langages et nos codes, et l'usage banal des mots qui nous font. La normalité de nos sociétés éclaire autrement le nazisme, et ce regard historien nous permet de comprendre qu'à notre insu nous raisonnons le plus souvent en instituant des seuils d'humanité.

Notes du chapitre III

1. L'ordonnance du 9 août 1944 considère comme nul et non avenu le régime du gouvernement de Vichy. La France ne se trouve donc aucunement engagée par ce qui fut fait en son nom entre 1940 et 1944. C'est sur cette fiction que repose, du moins jusqu'à la déclaration du président de la République Jacques Chirac, en juillet 1995, le désengagement officiel de toute responsabilité française dans la déportation des Juifs de France.

2. Le général Mac Mahon, président *monarchiste* (1873-1879) d'une IIIe République tout juste naissante, doit finalement se démettre en janvier 1879 suite aux victoires répétées du camp républicain. Le régime qu'il a présidé, fait d'autoritarisme, de conservatisme et de réaction cléricale, peut être considéré comme l'une des racines idéologiques des premiers temps de l'État français (1940-1941).

3. Outre l'absence d'antisémitisme populaire en Italie, l'armée italienne a tenté de protéger les Juifs pourchassés où elle l'a pu, en Europe occupée (Grèce, France). Au Danemark, c'est le gouvernement lui-même qui, en octobre 1943, a organisé le sauvetage de la modeste communauté juive en l'évacuant nuitamment vers la Suède voisine et neutre.

4. En 1948, dans la revue *Jeunesse de l'Église* (n° 9, septembre 1948), sous le titre « Pauvre-Prolétaire-Déporté », Robert Antelme écrivait : « On aura découvert ou reconnu qu'il n'y a pas de différence de nature entre le régime "normal" d'exploitation de l'homme et celui des camps. Que le camp est simplement l'image nette de l'enfer plus ou moins voilé dans lequel vivent encore tant de peuples. Que la morale qui recouvre l'exploitation camoufle le mépris qui est le ressort réel de cette exploitation » (*in Textes inédits*, Gallimard, 1996, p. 32).

5. Historien et philosophe italien (1668-1744), *cf. Œuvres Complètes*, Fayard.

6. Jean-Jacques Rousseau, *Émile (Profession de foi du vicaire savoyard)*, 1762.

7. Quand on essaie de cerner le profil des Justes polonais (4 688 personnes récompensées par l'institution israélienne de Yad Vashem), on n'y parvient guère, nous apprend Nathan Weinstock. Elles échappent, nous dit-il, aux classifications usuelles. Aucune classe sociale n'y est prépondérante. Non seulement figurent là toute sorte de gens, de toutes origines, mais on trouve également parmi eux des antisémites d'avant-guerre. En d'autres termes, au pied de l'épreuve, seule est décisive la valeur individuelle de chaque personne. Ni le choix idéologique ni l'appartenance sociale ou politique n'interviennent dans les attitudes fondamentales d'humanité (*cf. Du fond de l'abîme. Journal du ghetto de Varsovie de Hillel Seidman*, Plon, Terre humaine, 1998).

8. *In Refus de témoigner, op. cit.* (p. 216).

9. *Ibid.* (p. 268).

10. « Élie Wiesel exprime fréquemment sa crainte, écrit Yehuda Bauer, que les générations futures n'oublient l'Holocauste – prophétie qui risque de se réaliser si la mystique répandue par lui et par beaucoup d'autres finit par l'emporter. » (*in* Y. Bauer, *Repenser l'Holocauste*, éditions Autrement, 2002, p. 28).

11. *In* Y. Bauer, *Repenser l'Holocauste, op. cit.* (p. 50).

12. *Ibid.* (p. 50).

13. C'est à ce type d'« artiste » qui ne trouve mot que pour la souffrance des siens que s'applique la parabole de la cigogne, cet animal qu'on nomme en hébreu *Hassida*, l'« affectueuse », parce qu'elle protège ses proches et les comble d'amour. Pourtant, la tradition juive range la cigogne dans la catégorie des animaux impurs, car elle ne dispense son amour qu'aux siens...

14. *La Mémoire saturée*, Stock, 2003 (p. 313).

15. « Holocauste, la représentation impossible ».

16. Témoin de cette pose intellectuelle, un certain Gérard Wacjman qui écrit dans *Les Temps modernes*, la revue dirigée par Claude Lanzmann, n° 613, mars-avril 2001 (p. 53). « Ce qui fait l'unicité de la Shoah, c'est d'abord qu'on a inventé pour ce crime cet instrument spécifique de mort que sont les chambres à gaz. » Que le moyen du meurtre signe le crime, nous en sommes les premiers convaincus (*cf. supra*). Mais c'est mal entendre la spécificité que de la *réduire* au moyen du crime. C'est ignorer aussi que la chambre à gaz a été mise au point

bien avant 1941 pour exécuter des condamnés à mort aux
États-Unis et plus encore pour perpétrer, depuis septembre 1939, en Allemagne, le « programme T4 » d'élimination des « vies sans valeur de vie ».

17. Vladimir Jankélévitch : « Et ainsi quelque chose nous
incombe. Ces innombrables morts, ces massacrés, ces torturés,
ces piétinés, ces offensés sont notre affaire à nous. Qui en par-
lerait si nous n'en parlions pas ? (...) Les morts dépendent
entièrement de notre fidélité. »

IV

Un questionnement politique

> « Nous avons désespérément
> besoin, pour l'avenir, de l'histoire vraie
> de cet enfer construit par les nazis. Non
> seulement parce que ces faits ont
> changé et empoisonné l'air même que
> nous respirons, non seulement parce
> qu'ils peuplent nos cauchemars et
> imprègnent nos pensées jour et nuit,
> mais aussi parce qu'ils sont devenus
> l'expérience fondamentale de notre
> époque et sa détresse fondamentale. Ce
> n'est qu'à partir de ce fondement sur
> lequel reposera une connaissance nou-
> velle de l'homme que nos nouvelles
> perspectives, nos nouveaux souvenirs,
> nos nouvelles actions pourront prendre
> leur point de départ. »
>
> HANNAH ARENDT [1]

Les droits de l'homme ne peuvent pas être assé-
nés comme le dogme d'une nouvelle foi sans
réflexion ni critique. Ils ne peuvent pas être tenus
pour cette panacée universelle qui nous protégerait
d'un retour (?) de l'horreur. Comme si, à notre corps
défendant, le nazisme nous avait imposé une nouvelle norme à l'aune de laquelle nous jugerions

aujourd'hui de tous les crimes politiques commis sur la planète. Il y a quelque naïveté à voir nos sociétés « moins intolérantes » à l'« expression des particularismes » : c'est prendre la cohabitation pour la symbiose, l'indifférence pour de la tolérance, *a fortiori* comme lorsqu'en France aujourd'hui, plus qu'ailleurs en Europe occidentale (Belgique exceptée), la société est minée par le retour d'un antisémitisme qui demeure en grande partie le fait d'une minorité d'origine arabo-maghrébine.

Les Lumières ont été le laboratoire de notre modernité, de nos représentations de la vie et du monde ; c'est pourquoi l'enseignement de la Shoah passe obligatoirement par la mise en évidence des cheminements politiques qui depuis deux siècles ont constitué le monde occidental dans lequel nous vivons.

Nous nous persuadons aussi qu'un enseignement enté sur les « droits de l'homme » se suffit à lui-même. Et nous vivons, à cet égard, sur l'histoire mythique d'une France « patrie des droits de l'homme », bienheureuse illusion que dément l'histoire de l'internement dans notre pays. C'est en France que le bagne, ce lieu de négation de tout droit, a longtemps perduré. Un bagne qui ne fut fermé qu'en 1946, *après* la découverte du monde concentrationnaire. Pour des raisons historiques similaires, l'internement asilaire a commencé à craquer *après* 1945. Les camps d'internement français, quant à eux, furent longtemps absents de tout enseignement. Les Groupes de travailleurs étrangers par exemple (GTE), et les camps disciplinaires, en particulier celui du Vernet dans l'Ariège, furent des lieux de non-droit fort peu en accord avec l'image de la « patrie des droits de la personne humaine ». Dès lors qu'ils sont assimilés aux droits nationaux, l'État-nation nie les droits de l'homme dans le même temps qu'ils apparaissent. La « dénationalisation », c'est-à-dire la dénaturalisation, est l'arme suprême de l'État, et si le national seul peut être citoyen, tous les crimes d'État sont possibles. Instrument de la loi, l'État est devenu l'instrument de la nation : l'abandon de l'apatride en marque le triomphe.

Le sort du réfugié révèle la dilution de la notion de « droits de l'homme », comme il met en lumière l'ascendant pris par les institutions policières sur l'État de droit. L'« homme » apparu au XVIIIe siècle « disparaît en même temps pour devenir membre d'un peuple »[2]. Si la perte des droits nationaux entraîne la perte des droits humains, comment peut-on parler encore de « droits naturels » ? L'humanité entière pourrait s'aviser un jour, et de façon organisée, d'exclure telle ou telle partie d'elle-même : « Le monde n'a rien vu de sacré dans la nudité abstraite d'un être humain, écrivait il y a un demi-siècle Hannah Arendt (...). Le danger mortel pour la civilisation n'est plus désormais un danger qui viendrait de l'extérieur (...). Le danger est qu'une civilisation globale, coordonnée à l'échelle

universelle, se mette un jour à produire des barbares nés de son propre sein à force d'avoir imposé
à des millions de gens des conditions de vie qui, en
dépit des apparences, sont les conditions de vie de
sauvages. » [3]

Avant la Première Guerre mondiale, l'une des
questions politiques capitales était de savoir si nous
étions des sujets libres et citoyens. Dans nos sociétés de masse, nous nous bornons surtout à savoir si
nous sommes encore des êtres humains. Ce n'est
plus tant notre statut politique qui est en question
que notre statut d'être humain tout simplement. Ce
déplacement du clivage politique signe une barbarie
où nous ne sommes pas seulement menacés de
perdre notre liberté mais, prioritairement, notre
humanité.

Mais au-delà de la perte des droits humains, il
faut aussi enseigner l'histoire de ce sismographe
social qu'est l'antisémitisme en évitant de verser
dans un récit linéaire et essentialiste sur le « rejet
des Juifs ». Un récit positiviste qui se contenterait
d'accumuler les exemples de persécutions n'inter-
rogerait pas la nature de cette haine protéiforme et
rebelle au temps, qui fonctionne de façon récurrente, resurgit et rebondit lorsqu'on la croit hors
course ou « disqualifiée » (après la Seconde Guerre
mondiale, par exemple). Aux yeux de l'antisémite,
le Juif c'est l'altérité faite homme, quand notre
modernité fait toujours en sorte, au contraire, que
prévale l'homogène [4]. L'enseignement doit mettre en

lumière le biais par lequel l'antisémitisme a partie liée avec les peurs identitaires les plus anciennes, il doit éclairer le fonctionnement de ce code social. Il doit expliquer aussi comment, par le canal de cet amour de l'identique et de ce refus du semblable (au sens où autrui est mon semblable dans le *genre humain*), comme par son rejet viscéral de l'altérité, l'antisémitisme participe des mythologies basiques du fascisme, étant entendu qu'on aura alors cessé de contempler le présent dans le rétroviseur de l'Histoire pour percevoir enfin, sur la ligne de notre proche horizon, les nouvelles formes de fascisme qui nous menacent.

En témoigne par exemple, et au premier chef même, le déferlement de haine antisémite qui traverse aujourd'hui le monde arabe, et, par extension, une partie de nos pays où réside une importante communauté d'origine arabo-maghrébine. La haine antisémite s'y dévoile parfois à l'état nu comme la cristallisation d'un malaise identitaire et d'un ressentiment cuisant, conséquences (partielles) de la « nouvelle question sociale ». Mais diagnostiquer le mal n'est pas l'excuser au nom de ce compassionisme, un rien teinté de mépris (« Il faut les comprendre ») à l'endroit de ceux qu'on ne tient pas tout à fait pour nos égaux en citoyenneté. Il permet seulement d'essayer de voir clair dans ce maëlstrom d'invectives et d'anathèmes.

L'antisémitisme pourtant n'épuise pas le sens de l'événement[5]. Auschwitz s'inscrit dans une histoire européenne de longue durée, l'histoire d'une modernité instrumentale où la science et l'économie sont les fins ultimes du devenir humain. Cette modernité-là a engendré l'hygiénisme, l'eugénisme[6] et le racisme comme politique d'État. Elle a nourri ces anti-Lumières qui triomphèrent en Europe vers 1900, et dont les plus hautes figures (Paul de Lagarde, Jules Soury, Georges Vacher de Lapouge, par exemple) demeurent quasiment absentes de l'histoire scolaire[7]. En ignorant ce terreau intellectuel, l'enseignement fait accroire qu'Auschwitz est un « dérapage » sans autre signification qu'une brutale poussée d'« intolérance raciste ». Si les années 1880-1914 nous sont constamment présentées comme celles d'un progrès matériel continu (à l'évidence) et d'une expansion de la raison et des Lumières, les années 1930-1945, isolées de leur soubassement idéologique, deviennent un « accident » de l'Histoire.

Si le IIIe Reich et Auschwitz demeurent des isolats, sans rime ni raison, aucun enseignement n'en est ni possible, ni même nécessaire. Cette histoire s'enracine, *en même temps* qu'elle rompt un continuum européen, et plus largement, occidental. La leçon habituelle se fait inopérante quand elle oppose la normalité au crime. Précisons : au *crime,* et non à la barbarie, ce mot propre à une tradition surrannée, et aujourd'hui impuissant à rendre compte des politiques exterminationnistes menées par certains États au XXe siècle. Cette impuissance est encore aggravée lorsqu'on prétend appliquer au génocide des Juifs une grille d'explication centrée sur la rationalité économique. Dès lors qu'on se persuade que rien ne saurait échapper au froid calcul de l'utile, on mésestime la part du fantasme et de la peur, voire leur autonomie comme force politique agissante et non comme simple « reflet » des conflits matériels entre les hommes. Cramponné à des schémas de causalité, celui qui tenterait de « rendre compte » de la Shoah par l'économie se heurterait rapidement à l'irrationalité qui sous-tend cette mise à mort programmée. Ainsi, dès la mi-décembre 1941, le régime national-socialiste ne tient plus aucun compte de considérations économiques quand il s'agit des Juifs. Le 18 décembre 1941, Otto Bräutigam, chef de la Section politique générale au ministère de l'Est, adresse le message suivant au commissaire du Reich pour l'Ostland, Heinrich Lohse : « Fondamentalement, il ne faut pas tenir compte des intérêts économiques dans le règlement du problème. » Deux jours plus tôt, à Cracovie, Hans Frank, Gauleiter du Gouvernement général (Pologne occupée et non annexée), tenait à ses ministres le discours suivant : « Avec les Juifs, je veux vous le dire très ouvertement, il faut en finir d'une manière ou d'une autre. » Le 5 septembre 1942, alors que la majorité des Juifs polonais avait déjà été assassinée dans le cadre de l'« Aktion Reinhardt », Keitel ordonnait le remplacement de tous les ouvriers juifs par des ouvriers polonais. Ainsi, jusqu'au bout, l'idéologie l'aura emporté sur la rationalité économique.

***

Une leçon de morale dégradée en moralisme laisse dans l'ombre le milieu dans lequel a germé la programmation de l'exclusion criminelle. Comme un enseignement qui ne questionne pas notre présent est voué à devenir une sorte de catéchisme antifasciste pour bien-pensants. L'exposé des crimes nazis ne fait pas à lui seul une leçon d'Histoire s'il lui manque l'archéologie intellectuelle et politique sans laquelle nous pensons ce passé comme un fait *révolu*. Il faut montrer la marge étroite qui dans nos sociétés sépare la quotidienneté, la normalité et le crime. Et montrer également comment des sociétés désenchantées, qui placent au plus haut des valeurs la production et l'efficacité, ravalent de fait l'individu au rang de moyen. Il s'agit de montrer enfin comment le crime d'État, pour anti-économique qu'il soit, est lié à la modernité utilitaire. À commencer par la généralisation du « travail en miettes » qui participe à la mise en œuvre d'une conscience clivée, d'une sorte de « schizophrénie sociale » (Todorov) engendrant ces « êtres bicéphales »[8] dans lesquels coexistent le « bon époux », le « bon père », le « travailleur consciencieux » et l'assassin de masse (telle la figure de Franz Stangl, commandant de Treblinka[9]).

Le siècle des génocides est celui de la toute-puissance de l'État, depuis le génocide des Arméniens jusqu'à celui des Tutsis du Rwanda en passant par les massacres génocidaires commis contre les Kurdes par l'Irak de Saddam Hussein entre mars 1987 et avril 1989[10].

Au-delà du consensus sur les progrès de la
« liberté » et des « droits de l'homme », ce siècle est
aussi celui de la gestion des populations par le bio-
pouvoir. Il est des moments où l'Histoire bascule. La
Première Guerre mondiale fut l'un d'entre eux, qui
apparaît aujourd'hui comme une césure essentielle,
le début de la mort de masse programmée et anonyme d'hommes transformés en citoyens-soldats
broyés par la raison d'État. Sur plus de quatre années,
des États modernes, souvent soutenus par de larges
parts des opinions publiques (mais pas toujours, loin
s'en faut), ont mené une politique d'abattoir industriel qui a *accoutumé* les esprits, les plus jeunes en
particulier, à cette violence de masse[11]. Bien avant
Mussolini et Hitler, la Grande Guerre était qualifiée
de « guerre totale ». C'est cette accoutumance à la violence collective qu'on retrouve imprégnant les men-
talités des années trente. On s'est progressivement
habitué à la mort des tranchées, à ces grands abat-
toirs. Maurice Genevoix notait dans *Nuits de guerre*
(1917) : « Puisque la guerre, décidément, s'accroche
au monde comme un chancre, qui sait si ne viendra
un temps où le monde aura pris l'habitude de continuer à vivre avec cette saleté sur lui ? Les choses
iraient leur train, comprends-tu, la guerre étant là,
tolérée, acceptée. Et ce serait le train normal des
choses que les hommes jeunes fussent condamnés à
mort. »[12] Et dans un autre ouvrage, postérieur à la
guerre celui-là, *La Boue* (1921), Genevoix implorait :
« Pitié (...) pour nous qui étions des hommes et qui
désespérons de jamais le redevenir ! »[13]

Les charniers de 1914-1918 en appellent d'autres. La description de cette mort met en lumière le lien de ces hécatombes au meurtre de masse. Elle éclaire un temps où la personne humaine n'est pas seulement l'objet du pouvoir, mais où, plus radicalement encore, elle semble être *en trop.* C'est en ce sens que le nihilisme nazi est témoin de notre monde, qu'il en est à la fois l'excroissance et le soubassement. Qu'on relise la description du charnier dans *Les Éparges*[14] (1923) : « Il était bien ; il pérorait ; et il nous disait l'amoncellement des cadavres, les pioches s'enfonçant dans des crânes, crevant des entrailles gonflées, les membres qui sortaient de terre, la puanteur grandissante qui flottait sur ce charnier. »[15]

Le lien étroit qui va des tueries de la Première Guerre mondiale à la Shoah tient aussi, peut-être surtout, à la façon dont la société d'après-guerre s'est représenté cette violence. A-t-elle suscité dégoût, répulsion, ou fascination pour le meurtre, ou les deux à la fois, et concomitamment, semblable à une sorte de « fascination répulsive » que l'on trouve à l'œuvre dans nombre d'attitudes contemporaines ? Si la Grande Guerre a guéri le plus grand nombre, et à jamais, de l'idée de guerre, elle a nourri et entretenu chez d'autres des fantasmes meurtriers. En Allemagne, la défaite de 1918 a joué un rôle capital dans l'élaboration intellectuelle du génocide par la mise en avant, le jour venu, de la volonté de punir les « responsables de la défaite » – mais pas seulement ceux-ci : le fantasme génocidaire était déjà présent dans une Europe où prospérait une pensée eugéniste rêvant d'éliminer les « vies inutiles ». La vision biologisante de la vie et du politique était monnaie courante avant 1945. En focalisant la lumière sur les Juifs et sur l'Allemagne, certaine historiographie de la Shoah occulte deux faits essentiels : les structures criminelles de notre modernité ne sont pas le propre de la seule Allemagne (même si l'Allemagne, par le biais du *Sonderweg*, y a joué un rôle crucial), et la pensée exterminationniste, corrélative du bio-pouvoir, n'a pas seulement visé les Juifs. De surcroît, l'aspect industriel de la tuerie n'est pas le seul lien entre la Première Guerre mondiale et le génocide des Juifs ; est prépondérante l'idée que la tuerie de masse changera un monde perçu comme un organisme malade dont il s'agit d'extraire le corps atrophié ou débile. Il faut exterminer l'adversaire (*cf.* les gaz de combat utilisés en 1915) pour se sauver soi-même. Le lien qui va des tranchées de 1914-1918 aux massacres de 1941-1945 court ainsi en filigrane dans cette peur biologique d'un ennemi massifié.

La Première Guerre mondiale révèle les sociétés de masse à elles-mêmes et met en lumière le recul général des libertés que masque l'invocation constante des « droits de l'homme ». Lesquels occultent la puissance de l'État, le souci étatique de contrôle et de normalisation. On n'imagine plus guère aujourd'hui de monde sans visas ni passeports. Mais le fait est récent qui traduit l'emprise progressive de l'État sur la liberté du simple citoyen. « Et j'étais forcé de me souvenir sans cesse, écrit Stefan Zweig dans *Le Monde d'hier*, de ce que m'avait dit, des années plus tôt, un exilé russe : "Autrefois, l'homme n'avait qu'un corps et une âme. Aujourd'hui, il lui faut en plus un passeport, sinon il n'est pas traité comme un homme". » [16] Quelques années plus tard, l'analyse que fait Hannah Arendt de la condition d'apatride répond à ces lignes comme en écho : « Seule une humanité complètement organisée pouvait faire que la perte de résidence et de statut politique revienne à être expulsé de l'humanité entière. (...) Il semble qu'un homme qui n'est rien d'autre qu'un homme a précisément perdu les qualités qui permettent aux autres de le traiter comme leur semblable. » [17]

C'est en ce sens qu'une leçon d'Histoire sur le génocide des Juifs doit amorcer la critique d'une civilisation où le spectacle seul fédère des agrégats solitaires. Ou comment une société développée et *anomiée* engendre les conditions qui rendent possible, et bientôt acceptable, le crime institué en politique d'État.

***

La leçon d'Histoire met en lumière une pulsion de « meurtre des Juifs » qui court dans l'imaginaire allemand et européen bien avant 1917 [18]. Elle relie le IIIe Reich aux bouleversements induits par la révolution urbaine et industrielle, et montre comment le crime d'État dans un système de pouvoir totalitaire a compénétré la vie quotidienne. La topographie du camp de concentration, comme l'explique l'ancienne déportée politique Germaine Tillion, en témoigne : « À la limite du camp, écrit-elle dans *Ravensbrück*, se trouvent les résidences des officiers SS qui y "vivent bourgeoisement"[19], "avec femmes, enfants, jardins et 'bonnes à tout faire'". C'est à la limite de cette normalité, comme s'il n'en était qu'un sous-produit, que commence le camp proprement dit et, avec lui, l'institutionnalisation du crime, ses "sélections" et ses "transports noirs". » L'ethnologue rescapée de Ravensbrück note à propos de notre civilisation que c'est aussi celle des médecins d'Hartheim, d'Hadamard[20] et de quelques autres lieux : « Une "civilisation" si évidemment monstrueuse et en même temps identique dans les apparences matérielles à celle dans laquelle j'avais toujours vécu, fabriquant comme elle des professeurs, des autos, des journaux, des cinémas, des congrès, des médecins. Ces médecins… »[21]

Si fort peu d'assassins ont reconnu leurs actes, cela ne tient pas seulement à une banale volonté de nier leur crime, mais bien davantage au fait que leur passé ne leur paraît pas criminel. Le bio-pouvoir et l'élimination des « vies indignes d'être vécues », comme l'assassinat de masse du peuple juif, ont fini par participer d'une certaine normalité. S'il n'existe certes pas de continuité linéaire qui mènerait des Croisades et de l'Inquisition au génocide, ces précédents constituèrent toutefois un terreau idéologique et un cadre de référence. Pourtant, la Shoah demeure, elle, une entreprise d'une autre nature. Il est ainsi probable qu'un certain nombre d'agents du crime n'éprouvaient pas forcément de la haine[22] à l'endroit des Juifs. Tout au plus étaient-ils mus par le désir de bien faire, par la nécessité du devoir et le souci de leur carrière. Les questions relatives au crime d'État, au cœur du judéocide, ne relèvent pas forcément de la passion antisémite tant elles mettent en lumière, au contraire, un assassinat de masse bureaucratisé, administratif, industriel et distancié. C'est en ce sens que la leçon d'Histoire sur la Shoah doit, à défaut de l'approfondir, évoquer au moins le lien qui relie la sécularisation désenchantée de notre temps et le processus d'*anomie* propre à nos sociétés. Comme elle doit aussi interroger un culte de l'individualisme qui, *via* la sérialisation, aboutit à l'exacerbation du conformisme.

Graduées et diluées en transitions imperceptibles, les mesures d'exclusion sont rendues acceptables, alors que prises ensemble elles suscitent le rejet. Or, l'accoutumance joue un rôle capital dans toute politique d'exclusion. Les esprits s'habituent lentement à un rejet qui devient bientôt une norme sociale. Tout n'est plus qu'affaire de temps et de vocabulaire. Le meurtre de masse a été rendu possible, au premier chef, par le caractère gradué de la politique d'exclusion mise en œuvre à partir de 1933. En ce sens, les bureaucrates «modérés» ont œuvré plus efficacement que les nazis convaincus.

En mettant sur pied en 1938 la mesure obligeant les Juifs allemands à ajouter à leur patronyme le prénom de Sarah pour les femmes, d'Israël pour les hommes, le haut fonctionnaire Hans Globke (*cf. supra*) a mieux que quiconque formé les esprits à la relégation[23] d'une partie de la population. L'exclusion sociale remet en cause l'appartenance commune à l'espèce humaine. Il faut alors justifier la mise à l'écart de la victime pour lever la culpabilité qui taraude l'assassin en puissance : tuer ceux qui ne sont pas des hommes légitime l'exclusion et soulage la conscience du bourreau.

À propos de la traque des Juifs polonais réfugiés dans les forêts, les Allemands du 101e bataillon de police de Hambourg parlaient de « *Judenjagd* » (« chasse aux Juifs »). Même si l'antisémitisme n'a joué qu'un rôle secondaire dans la démarche d'adhésion au NSDAP, il a néanmoins participé de ce terreau intellectuel qui a fait l'« Allemagne moyenne ». À cet égard, on ne saurait minimiser le rôle crucial joué par la passion antisémite d'Adolf Hitler, en particulier après la défaite de 1918. Dans le brouillon de *Mein Kampf*, il fait référence trois fois plus souvent aux Juifs qu'au bolchevisme/communisme/marxisme. Son antisémitisme détermine son antibolchevisme, et non l'inverse comme le soutient aujourd'hui l'historien allemand Ernst Nolte.

Considérer les Juifs comme des bêtes traquées constitue le point d'aboutissement d'un délire verbal. Vingt ans après les faits, un Allemand qui a participé à ces massacres explique aux enquêteurs la

façon dont son unité procédait : « Lorsque la cour
de ferme et les logements des Juifs pouvaient être
atteints rapidement, je débouchais à grande vitesse
sur la cour. Les policiers bondissaient dehors et se
précipitaient aussitôt sur les logements des Juifs.
Tous les Juifs présents étaient ensuite emmenés et
fusillés dans la cour de la ferme près d'une meule
de foin, une réserve de pommes de terre ou un tas
de fumier. Les victimes étaient presque toujours
dénudées, couchées face à terre et achevées d'une
balle dans la nuque. »[24]

L'imaginaire de l'antisémitisme prépare le terrain : le jour où la réalité rejoint le fantasme, elle
choque d'autant moins qu'elle a été précédée d'une
longue imprégnation idéologique. Si les mots ne
conduisent pas toujours et fatalement au meurtre,
le cas échéant, ils abaissent la vigilance, abolissent
le discernement moral et, ce faisant, ils facilitent le
pire. Comme le dit un Allemand de ce temps
(novembre 1942), la « chasse aux Juifs » en Pologne,
« c'était plus ou moins notre pain quotidien ». Au
cours de cette même année 1942, la femme du lieutenant Brand, officier du 101e bataillon de police,
rend visite à son mari stationné en Pologne. Elle
témoigne à sa façon de ce que le crime était devenu
la norme : « Un matin, je prenais mon petit déjeu-
ner avec mon mari dans le jardin de notre maison,
lorsqu'un simple policier de la section de mon mari
s'est présenté, s'est mis au garde-à-vous et a
déclaré : "Herr Leutnant, je n'ai pas encore eu mon
petit-déjeuner." Comme mon mari le regardait d'un

air interrogateur, il a ajouté : "Je n'ai pas encore tué de Juifs". » [25]

Ces « chasses aux Juifs » opérées par des unités dispersées dans le milieu rural polonais, ukrainien, russe et biélorusse illustrent la force de l'accoutumance et le processus psychique d'autoprotection : on n'y parle plus d'êtres humains, mais de gibier nuisible, « mâle et femelle ». Car, à l'inverse de la chambre à gaz, cette « chasse » est une confrontation directe entre le tueur et sa victime, qui renvoie chacun à lui-même. Que seule une poignée d'hommes ait dit non quand le choix restait possible pose avec plus d'acuité encore le problème de l'immense majorité qui a acquiescé [26].

Le crime de masse est d'abord pensé par des bureaucrates consciencieux. La « conférence » de Wannsee, le 20 janvier 1942 (qui n'a pas « décidé » la « solution finale », comme on le lit à tort), n'a pas créé une structure particulière destinée à planifier l'assassinat de masse. La « solution finale » s'est glissée dans les interstices de l'administration ordinaire. Le génocide ne fut pas l'œuvre d'une équipe de tueurs et de psychopathes dévoyés, il fut l'œuvre d'une société moderne et bureaucratique qui mobilisa à cette fin, dans un secret très relatif, toute une population civile. Ainsi, par exemple, les exécutants du « programme T4 » furent-ils payés par leur administration d'origine, recevant des bulletins de salaire en bonne et due forme pour ce travail de mise à mort.

Lorsque après guerre on évoquait le crime de masse, la propension était alors grande d'oublier le qualificatif *allemand* au profit du terme *nazi* : conséquence de la guerre froide et de la construction européenne. Pour réconcilier les peuples, pour combattre le danger communiste à l'Est, il valait mieux, pensait-on en haut lieu, « ne pas insister » sur le génocide des Juifs. Près de soixante ans plus tard, pourquoi nos contemporains demeureraient-ils encore les dupes de cet escamotage intellectuel ? Pourquoi les Juifs d'Europe (et d'ailleurs) devraient-ils accepter que les comptes se soldent une fois encore à leur détriment ? Pourquoi devraient-ils, comme souvent, avaliser l'abandon de la puissance publique pour prix de la paix civile ?

Oui, une partie de l'Allemagne ordinaire a trempé dans le crime de masse : une Allemagne tétanisée et terrorisée, dit-on, au point de ne plus seulement murmurer ? Mais quand le Parti nazi a voulu procéder au retrait des crucifix dans les écoles de Bavière, le tollé fut général, et Berlin dut céder. Lorsqu'en août 1941, l'évêque de Münster, von Galen, tonna en chaire contre le « programme T4 », le régime, qui redoutait le moindre écornement du consensus national alors que la guerre venait de commencer à l'Est, fit mine de s'incliner. Von Galen ne fut pas inquiété. Après lui, pourtant, aucune grande voix de l'Église allemande ne s'est levée pour parler haut quand il s'est agi du massacre des Juifs. En mars 1943, des centaines de femmes allemandes (« aryennes ») manifestent devant le siège de la Gestapo à Berlin, exigeant qu'on leur rende leurs maris juifs emprisonnés. Himmler cède : elles obtiennent gain de cause. Qui, par ailleurs, a jamais pu citer le cas d'un seul Allemand (hormis les membres actifs de la résistance allemande au nazisme) emprisonné ou exécuté pour avoir refusé de participer aux tueries ? Par peur sans doute, et par lâcheté plus que par conviction c'est entendu, nombre d'Allemands, placés dans des situations extrêmes, ont consenti au pire. Mais faire l'impasse sur ce constat historique ne peut que contribuer à nourrir un récit enchanté du passé.

Dans le domaine du pillage des biens juifs, les consciences se sont aussi beaucoup assoupies, et les regards se sont pudiquement détournés tant l'appât d'un gain facile l'a emporté. À Hambourg, où la politique d'« aryanisation » a été minutieusement étudiée[27], de nombreux entrepreneurs « aryens » se sont emparés à bas prix de 1 500 usines, commerces et sociétés de service. Près de 100 000 familles hambourgeoises ont récupéré des biens juifs (venus de Hambourg ou d'ailleurs, en particulier des Pays-Bas). Ici, comme en d'autres lieux d'Allemagne et d'Autriche, le pillage des biens juifs a nourri la complicité objective des acteurs et des comparses du génocide. Par milliers, des places se sont libérées qui ont assuré autant de promotions rapides, en particulier à l'Université, au barreau et dans le corps médical. Là comme ailleurs, la « culture »[28] n'a pas constitué ce viatique contre la barbarie qu'on invoque rituellement.

***

L'assassinat a été normalisé au nom d'un impératif biologique, et c'est dans ce cadre qu'il faut expliquer le lien puissant qui unit le racisme et la pratique de l'État moderne[29]. Le meurtre de masse ne se contente pas de tuer, il « fabrique des cadavres » (Hannah Arendt). Plus que des monstres sadiques (et il y en eut), il met en scène des bureaucrates amoraux. Stangl, commandant de Treblinka, est sans haine vis-à-vis des victimes. Tout au plus éprouve-t-il à leur endroit surprise et mépris. « Des lemmings », dit-il des convois de Juifs. À la question de Gitta Sereny[30] qui lui demande s'il lui arrivait de considérer les futures victimes comme des êtres humains, il répond : « C'était une cargaison. Une cargaison. » Un peu plus tard, il ajoute : « Je les ai rarement perçus comme des individus. C'était toujours une énorme masse. »

L'assassin de bureau relève de la normalité moderne, c'est un bon travailleur, dont la conscience du travail bien fait garantit l'efficacité d'un « crime sans criminel ». Il n'*a* plus une fonction, il *est* une fonction, et cette fonction le possède. Il est le rouage d'une décision fragmentée qui dilue la responsabilité.

En fonctionnarisant l'assassinat, et en le mettant à distance, notre modernité évacue en effet toute responsabilité directe. De leurs bureaux de Berlin, les planificateurs du « programme T4 » n'ont jamais vu leurs victimes, elles n'ont même jamais vu les lieux où se commettaient « proprement » les tueries (Hartheim, Hadamard, etc.). La chambre à gaz, qui abolit le contact direct entre l'assassin et sa victime, est à l'image de cette distanciation. Eichmann déclarait lors de son procès qu'il avait toujours refusé de voir ce spectacle, que « les jambes allaient lui manquer ». De fait, la chambre à gaz marque le triomphe d'une forme moderne de la sensibilité qui prend la précaution d'organiser le crime par le biais de la bureaucratie et de la technique, et épargne ainsi à ses commanditaires une émotion insupportable. Le moyen du meurtre n'est pas un « à-côté » du génocide, c'est au contraire l'aboutissement d'un long processus au sein duquel se condensent la rationalité et la sensibilité occidentales.

La rationalité technique couplée à la bureaucratie constitue la condition nécessaire de l'État criminel. L'assassinat fonctionnarisé, dont Höss[31], Eichmann, Stangl sont devenus les techniciens, exclut l'expression trop voyante et barbare du meurtre. Ainsi, Himmler exige-t-il qu'on évince les sadiques de la SS. En 1944, Speer[32] lit dans un journal anglais un portrait de lui-même qui ne lui plaît guère. Le journaliste écrivait : « Il symbolise un type qui prend une importance croissante dans tous les États en guerre : celui du pur technicien, de l'homme brillant qui n'appartient à aucune classe et ne se rattache à aucune tradition, qui ne connaît d'autre but que de faire son chemin dans le monde à l'aide de ses seules capacités de technicien et d'or-

ganisateur (...). Leur heure est venue. Nous pour-
rons être délivrés des Hitler et des Himmler, mais
les Speer resteront encore longtemps parmi nous,
quel que soit le sort qui sera réservé à cet homme
en particulier. » [33] On ne peut pas ne pas penser ici à
Maurice Papon ou bien, plus encore, au portrait de
René Bousquet, responsable de la police de l'État
français de Vichy, tel que le dessina jadis Pascale
Froment [34].

Speer et Stangl marquent le triomphe de la pensée
instrumentale, c'est-à-dire de ce primat de la fonction sur la conscience qui donne le jour à un homme
« instrumentalisé », prêt à accepter tous les ordres
pour autant qu'ils soient en conformité avec la rationalité bureaucratique et l'orthodoxie idéologique. La
dépersonnalisation qui fait de ces individus les purs
produits de la société de masse permet ainsi d'accepter la déshumanisation de ceux qui ont été dési-
gnés comme les victimes et les ennemis du groupe.

Le mode d'organisation de la société industrielle
a envahi la société dans son entier : vies fragmentées, tâches fragmentées, conscience fragmentée...
Un lien étroit unit la rationalité technique à la schizophrénie sociale et morale des assassins. Eichmann, Stangl et les autres furent des maillons dans
une chaîne de meurtres, ils n'envisagèrent le plus
souvent leur tâche que comme un problème pure-
ment technique. Cette compartimentation de l'action, cette spécialisation bureaucratique fondent
l'absence de sentiment de responsabilité qui caractérise tant d'assassins et leurs complices. Action

publique, conscience privée : la survie de l'éthique dans la sphère privée rassure sur soi-même ; soupape partielle, elle permet de persévérer dans l'action criminelle et publique. Le clivage renforce l'horreur. Le bon père en privé, qui est en même temps un salaud public, est plus efficace dans le mal qu'un salaud intégral. Au nom de l'efficacité, l'éthique est ravalée en dessous d'une fonction[35] qui a envahi l'individu tout entier. Dans *Au fond des ténèbres*[36], le fils de l'ancien SS de Treblinka, Munzberger, dit de son père après la guerre : « J'imagine très bien qu'il a dû aborder Treblinka aussi consciencieusement qu'il entame son ouvrage de charpentier à la maison ; c'était sa principale qualité comme artisan. » À la question : « Hors routine, qu'est-ce qui vous semblait intéressant à Treblinka ? », Stangl répond : « Ce qui m'intéressait, c'était de découvrir les tricheurs (...). Ma morale professionnelle disait que quand une faute était commise, il fallait la découvrir. C'était mon métier, j'aimais le faire, ça me satisfaisait. » La distance critique avec la finalité de la tâche à accomplir n'est plus possible. Pour le fonctionnaire comme pour la victime. Richard Glazar, rescapé de Treblinka, déclare à Gitta Sereny[37] : « L'adaptation totale, voyez-vous, ça voulait dire l'acceptation. Et à partir de l'instant où l'on acceptait, on était moralement et physiquement perdu. »

Auschwitz illustre une modernité mécanique déconnectée de la modernité économique[38]. À Bir-

kenau, le gaz est apporté de l'extérieur par une voi-
ture de la Croix-Rouge. Il ne s'agit pas là d'un procédé inspiré du seul cynisme : pour l'Allemagne
nazie, l'assassinat est en effet un « procédé
médical » [39] qui ressort d'une logique rationnelle.
Un peuple ravalé à l'état de bacille appelle sur lui le
traitement idoine. Mais, *en même temps*, le génocide est aux antipodes de notre modernité économique tant son aspect « contre-productif » est
frappant. Quand notre temps pense d'abord en
termes de « producteurs » et de « consommateurs »,
le nazisme voit des existences inutiles au regard de
la « pureté des origines ». La conjonction de l'irrationnel idéologique et de la rationalité technique
caractérise l'entreprise génocidaire tout entière.

Notre difficulté à comprendre le système du
camp de concentration et le centre de mise à mort,
deux réalités différentes, révèle l'aspect obsolète de
nos schémas d'analyse : ni la modernité économique, ni moins encore la modernité politique issue
des Lumières ne rendent compte du génocide. La
raison, pierre angulaire de notre effort d'éducation,
semble de peu de pouvoir face aux délirants en
proie à une croyance fanatique, telle celle qu'inspire le millénarisme d'apocalypse. La psychopatho-
logie collective de l'antisémitisme a toujours partie
liée avec l'extermination. Or, son fonctionnement et
les mythes sur lesquels s'appuie cette maladie
sociale, les relais qu'elle trouve dans la passivité du
grand nombre, n'incitent pas à l'optimisme sur l'ef-
ficience de l'éducation et de la raison comme bar-

rière à la barbarie de masse. La vision sur laquelle nous avons longtemps vécu, celle d'une histoire émergeant des ténèbres pour aller vers plus de lumière, nous apparaît aujourd'hui caduque. Si le nazisme n'avait été qu'un archaïsme idéologique, nous aurions lieu d'être tranquilles. Mais dans le fonctionnement quotidien du crime, le nazisme fut *moderne*. L'assassinat comme processus de production, l'atomisation des victimes, la sérialisation propre à la société de masse, la déresponsabilisation du bureaucrate ne nous parlent nullement d'un passé révolu.

Auschwitz, « parenthèse du siècle » ou « mémoire du siècle »[40] ? Accident ou syndrome ? Comment le génocide a-t-il été rendu possible dans une société apparemment dominée par l'esprit rationnel et dans un pays, ajoute-t-on rituellement, « de haute culture » ? Selon Jacques Ellul[41], trois facteurs ont convergé pour former, ensemble, un terrain propice à l'horreur : la bureaucratisation, la technique, et l'individualisme négatif, ce processus né de l'anomie sociale et générateur de conformisme, tant est grande la soif d'identité qu'il induit. Cette conjonction, qui est l'une des faces sombres de notre modernité, en constitue aussi l'échec le plus grave. Parce que le nazisme s'est implanté dans ces structures, il est aussi moderne. Or, peu ou prou, ce terreau-là demeure encore le nôtre. L'angoisse d'Auschwitz n'exprime donc pas seulement l'horreur rétrospective de ce passé, elle dit aussi la crainte de l'avenir. « Cette paix ne me dit rien qui

vaille, écrivait Jean Améry en 1965[42] (...). Privé de
confiance dans le monde, je me retrouve en tant que
juif, étranger et solitaire face aux autres (...). Aujour-
d'hui encore et chaque jour je me réveille dans la
solitude.»

Le discours du rejet, si vivace dans la culture
allemande, a imprégné, et imprègne encore probablement, mais par des biais plus détournés, l'Europe entière. L'utilitarisme, l'eugénisme, le
darwinisme social et racial, qui furent des données
courantes dans l'Europe du premier tiers du siècle,
ont pavé le chemin du «programme T4», en même
temps qu'un autre discours, d'essence religieuse et
beaucoup plus ancien celui-là, allant des Pères de
l'Église jusqu'à nos jours, a tenu sa part dans les
fondements de la catastrophe en diabolisant le
peuple juif. La convergence de ces deux discours,
fondamentalement antinomiques au départ, a sous-
tendu l'idée d'une «extermination» vécue comme
une «purification».

Mais, nous l'avons dit, le génocide ne fut pas
forcément perpétré par des antisémites fanatiques,
du type de Julius Streicher[43]. C'est à dessein que
Primo Levi refuse le terme de «bourreaux», et c'est
avec insistance que Jorge Semprun[44] met en avant
l'humanité du mal absolu, c'est-à-dire l'inhumanité
consubstantielle à notre humanité. La notion de
limite et de loi qui est à la base d'une éducation
éthique pose un regard lucide sur l'inhumanité qui
nous fonde. La banalité des assassins, comme la
banalisation du mal, nous apprend que tout est

possible dans une société de masse où la réification des rapports humains, la bureaucratisation et la technicisation de la vie, l'atomisation sociale enfin abolissent la faculté de jugement et isolent l'individu. De là, chez beaucoup, l'explosion d'un individualisme inséparable d'une certaine amoralité, paradoxalement conjugué à un amour de l'identique, quand tout le processus de civilisation, lui, tente, au contraire, de nous faire passer de l'identique (la fusion) au semblable (l'individuation). La modernité de masse induit l'amour d'un conformisme dans lequel se dissout l'angoisse de vivre. Être identique et conforme, c'est s'enfermer dans l'amour du particulier (peu importe la façon dont on le nomme, groupe, clan, tribu, ethnie ou race) et dans le rejet de l'universel. L'idéologie hitlérienne est une idéologie de symbiose. En refusant l'altérité en soi, elle la refuse ailleurs et cristallise sa violence sur cette part maudite d'Occident, « le Juif »... Parmi nos contemporains, Pierre Legendre est sans doute celui qui met le mieux en lumière le caractère post-hitlérien de nos sociétés. Parce qu'ils nous séparent de nous-mêmes en nous permettant d'exister et de prendre place dans la filiation, le Texte et le tiers nous instituent comme sujets, explique-t-il. Or, le nihilisme qui s'en prit jadis à cette Loi qui refuse l'amour du seul semblable et la fusion qui en résulte, imprime toujours sa marque sur notre monde. Pourtant, convaincus de vivre « le temps des droits de l'homme », nous entendons avec difficulté celui qui nous parle d'un saccage de la Loi ininterrompu depuis 1945. C'est parce que nous avons hérité de ce nihilisme-là, qu'intellectuellement nous n'en avons pas fini avec Auschwitz.

Comme d'autres traits de la modernité politique, la bureaucratie et l'État présentent deux visages. La montée en puissance des administrations étatiques est liée à la croissance des droits individuels (droit à l'école, droit du travail, protection sociale, protection sanitaire, etc.). Si la bureaucratie s'immisce, fouille et contrôle, c'est elle aussi qui défend et protège. Ce visage a toutefois sa contrepartie. La bureaucratie est aussi le terreau d'une amoralité civique dans laquelle se dilue la responsabilité, et qui, par le truchement d'un anonymat rendu plus facile, encourage l'émergence de ce qu'on nomme aujourd'hui le « criminel de bureau »[45]. Des responsables allemands du génocide, qui est coupable? Est-ce celui qui ordonne, celui qui recense, celui qui rassemble, celui qui dépouille, celui qui planifie les « trains spéciaux »? Est-ce celui qui convoie, celui qui ferme la porte de la chambre à gaz ou celui qui y jette par l'orifice le Zyklon B? Entre 1940 et 1945, l'assassinat de masse du peuple juif, en particulier en Europe orientale, s'est constamment accompagné d'un processus de déculpabilisation. L'enfermement dans les ghettos et la misère effrayante qui y régnait conduit les assassins, *par humanité*[46], à liquider des vies qui, *entre leurs mains* et à leurs yeux, sont devenues des « enveloppes humaines vides ».

Les « grands fauves » dont parlait Primo Levi (Hitler, Himmler, etc.) ne sont pas l'épicentre de la leçon d'Histoire, les « individus ordinaires » nous importent davantage. La mise à distance de la vic-time, et sa mise préalable hors de l'humanité, ont permis de considérer comme un travail *banal* l'es-corte d'un convoi de déportation. Ainsi, lit-on au point 8 de ce rapport relatif à la déportation de Juifs viennois vers le centre de mise à mort de Sobibor, en Pologne, le 14 juin 1942 : « À l'avenir, il sera nécessaire de fournir aux hommes du commando de transport des rations de route, car les rations froides ne se conservent pas pendant les mois d'été. Le saucisson – c'était un saucisson mou – était déjà ouvert et coupé lors de sa remise, le 15 juin, et il a fallu le consommer au plus tard le troisième jour de peur qu'il ne se gâte. Le quatrième jour, les hommes ont dû se contenter de marmelade, le beurre ayant déjà été rance à cause de la chaleur terrible du wagon. Par ailleurs, ces rations étaient plutôt maigres. » [47] Le rapport sur un convoi dirigé de Lwov (Lemberg) à Belzec, en septembre 1942, pré-cise que « ce transport a été livré à Belzec sans inci-dent notable » [48].

Dans les récits allemands du génocide, amalga-més en une masse anonyme, les Juifs ont perdu toute caractéristique humaine. Cette vision est favo-risée par la segmentation des tâches (protection, transfert, fusillades dans le cas des *einsatzkom-mandos* de 1941-1942) : la division du travail a une vertu d'insensibilisation. Le général SS Odilo

Globocknik, responsable de l'« Aktion Reinhardt », a pour mission d'assassiner le judaïsme polonais (plus de 3 millions de personnes) avec un effectif parfois inférieur à 2 000 hommes, auxquels il faut certes ajouter les volontaires lettons, ukrainiens, lituaniens dénommés *Hiwis.* Le centre de mise à mort emprunte aux chaînes de production industrielle : le travail y est fragmenté, et l'assassinat de masse, parcellisé comme tout autre travail, produit en bout de course des cadavres. C'est en ce sens aussi que le génocide perpétré par l'Allemagne s'est épanoui dans la normalité ambiante, qu'il a compénétré la société allemande.

Entre 1933 et 1939, la dégradation par étapes du sort des Juifs d'Allemagne fut pour le régime nazi un test (réussi) sur le bâillonnement des principes moraux. Le silence qui, en Allemagne au moins, accompagna leur calvaire fut interprété comme un feu vert par les responsables du Reich. L'exclusion d'un demi-million de Juifs parfaitement intégrés à la société allemande supposait cependant une profonde déchirure du tissu social à laquelle, souvent à leur corps défendant, un grand nombre d'Allemands ont participé, à commencer par ces prêtres, ces pasteurs ou ces employés des services de l'état-civil qui devaient fournir aux non-Juifs des certificats d'« aryanisme »....

Après guerre, le souvenir de cette horreur collective fut refoulé. C'est dans ce cadre qu'il faut entendre la volonté, récurrente, de réduire Auschwitz à ce qu'il n'est pas. Procéder par analogie demeure, en effet, le plus sûr moyen de ne pas comprendre la nouveauté d'une situation. Mais dans le cas de la Shoah, il ne s'agit pas d'une simple erreur de méthode. L'amalgame permanent d'Auschwitz aux horreurs passées (et présentes) atténue l'angoisse et la culpabilité[49]. Là se situe l'un des dangers à venir pour toute éducation relative à la déportation et au génocide. Le cercle des relativistes ira demain en s'élargissant, incapable d'entendre la spécificité de la Shoah. Ni l'antisémitisme, ni l'antisionisme, ni les nouvelles formes de judéophobie, latente ou inavouée, ne rendront compte, *à eux seuls*, des blocages intellectuels de nos contemporains dont la faculté d'entendement demeure *sidérée* devant une réalité aussi irrationnelle qu'angoissante.

La criminalité d'État caractérise nos sociétés, en particulier depuis les tranchées de la Première Guerre mondiale, cette matrice de nos misères, ce terreau où ont pris forme nombre des crimes de notre siècle. Or, l'aspect policé de notre société rend le citoyen plus vulnérable face à une violence d'État bureaucratique et anonyme, et sans le concours de laquelle aucune politique génocidaire n'est réalisable. La réflexion sur l'État, dont l'omniscience et l'omnipotence se sont le plus souvent bâties au détriment du citoyen, est inséparable de la réflexion sur le crime de masse organisé.

La mise en œuvre du génocide a mêlé archaïsme et modernisme. L'archaïsme, d'abord, par les récurrences antijuives et millénaristes du discours de ces

« fanatiques de l'Apocalypse »[50] qu'on retrouve, quasi inchangé, dans la paranoïa raciste du nazisme. Le modernisme, ensuite, dans la vision eugéniste, utilitariste et technicienne du monde.

En intitulant *Croisade et Fichier* un chapitre de son ouvrage *L'Allemagne nazie et les Juifs* (1997)[51], Saul Friedländer met en lumière ce mélange de passion irrationnelle et de méthode bureaucratique, de millénarisme et d'administration *raisonnable* qui fait ce crime d'État. La modernité nazie réside dans la convergence et la rencontre de ces contraires. La mise en place des persécutions, puis la perpétration du massacre, ont mêlé le banal (les hommes) à l'exceptionnel (le régime), le légalisme à la barbarie, le pragmatisme au fanatisme. L'Allemagne hitlérienne a conjugué l'archaïsme politique des anti-Lumières, des structures mentales imprégnées de millénarisme médiéval, et l'hyper-modernité industrielle. La conjonction de ces caractéristiques participe aussi de ce qu'on nomme le *Sonderweg*. Il y eut, certes, ailleurs qu'en Allemagne et en Autriche, des persécutions, des relégations, des statuts d'infériorité et minorants, voire d'épouvantables massacres. Mais on n'y vit pas se réaliser en même temps un projet millénariste et purificateur basé sur la « religion du sang », une prémisse qui souligne assez le non-sens qui consiste à voir dans cette démonologie menant à la Shoah l'un des aboutissements de notre modernité. La « religion du sang », antirationnelle, antilibérale et antihumaniste, est aux antipodes du logos grec, de la Renaissance et des

Lumières. La Shoah fut une entreprise religieuse de « purification du monde », une entreprise de virginisation par le sang pour qu'advienne la fin des temps (le « Reich de mille ans »). Cette vision mystique, d'essence magique et médiévale, est l'antithèse, voire la négation radicale, du monde moderne des Lumières.

Mais, à rebours, l'Allemagne nazie interroge aussi les formes modernes du pouvoir propres à un monde dans lequel la technicisation des rapports sociaux et l'atomisation des individus ont conforté l'instinct grégaire. Ce sont ces chemins de l'obéissance au crime qu'il faut interroger. L'Allemagne a ignoré la révolution politique libérale du XIXᵉ siècle[52]. Le crime d'État a prospéré sur cet échec des Lumières. Alors qu'en France, 1789 puis la culture républicaine née à sa suite ont placé le citoyen et le débat au centre de la chose politique, outre-Rhin, ont prévalu le sujet, le groupe et l'autorité.

Notes du chapitre IV

1. « L'image de l'enfer », septembre 1946 *in Auschwitz et Jérusalem*, Presses Pocket, 1993 (p. 154).

2. *In* Hannah Arendt, *L'Impérialisme*, Points-Politique (p. 272).

3. *Op. cit.* (pp. 287-292).

4. *Cf.* Pierre Drieu La Rochelle : « Les Juifs, c'est nous-mêmes rendus grimaçants par la vie des grandes villes », *in Journal*, 26 juillet 1943.

5. « L'événement illumine son propre passé, mais ne peut jamais en être déduit », écrivait Hannah Arendt en 1954.

6. On pense à la brochure publiée à Leipzig en 1920 par le psychiatre Binding et le juriste Hoche : *Des vies indignes d'être vécues.*

7. Sans oublier Gustave Le Bon dont l'influence, considérable, est rarement mentionnée.

8. Le commandant du camp d'internement de Récébédou, près de Toulouse, déclarait en août 1942, à des déportés en instance de départ vers Drancy, qu'en tant que commandant du camp il exécutait les ordres, mais qu'en tant qu'homme et en tant que chrétien, il se désolidarisait de ces actions.

9. *In* Gitta Sereny, *Au fond des ténèbres*, Denoël, 1975.

10. Début 2003, l'ONG Human Rights Watch publiait un rapport de plus de quatre cents pages sur les actes génocidaires commis par le régime irakien contre les Kurdes. Ali Hassan Al-Madjid, cousin de Saddam Hussein, fut sur le terrain le principal responsable des épouvantables violences perpétrées lors de l'opération *Anfal* (butin, en arabe). Des dizaines de milliers de morts, l'utilisation de l'arme chimique, 2 000 villages et près d'une douzaine de villes et de centres administratifs détruits. Human Rights Watch compare la terreur pratiquée par le régime arabe contre les Kurdes d'Irak aux procédés mis en œuvre par les *Einsatzgruppen* allemands contre les Juifs d'Europe orientale à partir de juin 1941. Tout aussi importante est la

mise en lumière du rôle clé joué par l'appareil d'État dans ces actes génocidaires, c'est-à-dire par une puissante bureaucratie aux niveaux national, régional et local.

11. Dans son récit autobiographique *Histoire d'un Allemand. Souvenirs 1914-1933* (Actes Sud, 2002, 1ʳᵉ édition allemande, 2000), Sebastian Haffner raconte l'empreinte laissée par la Grande Guerre sur le jeune garçon berlinois qu'il était alors : « Bien des éléments ont contribué plus tard à la victoire du nazisme et en ont modifié l'essence. Mais c'est là que se trouvent ses racines. Non, comme on pourrait le croire, dans l'expérience des tranchées, mais dans la guerre telle que l'ont vécue les écoliers allemands. La génération des tranchées dans son ensemble a fourni peu de véritables nazis ; aujourd'hui encore (Note : S.H. écrit en 1938-1939) elle fournit plutôt les mécontents et les râleurs. (…) La génération nazie proprement dite est née entre 1900 et 1910. Ce sont les enfants qui ont vécu la guerre comme un grand jeu, sans être le moins du monde perturbés par sa réalité. » (pp. 35-36.)

12. Maurice Genevoix, *in Nuits de guerre* (1917). Repris *in Ceux de 14*, Le Seuil, Points (p. 303).

13. *Ibid.* (p. 539).

14. *Ibid.* (p. 738).

15. *Id.*, *in Les Éparges* (1923). Repris *in Ceux de 14*, *op. cit.* (p. 738).

16. *Le Monde d'hier. Souvenirs d'un Européen*, Le Livre de poche (p. 476).

17. Hannah Arendt, *L'Impérialisme* (1951), Le Seuil, Points (pp. 282 et 288).

18. *Cf.* Norman Cohn, *Les Fanatiques de l'Apocalypse*, Payot, 1963.

19. *Op. cit.*, Le Seuil, 1988 (p. 107).

20. Ce sont quelques-uns des principaux centres d'assassinats perpétrés dans le cadre du « programme T4 ».

21. *Ibid.* (p. 120).

22. « Le comble de l'inhumanité (…) : la guerre sans haine », écrit Theodor W. Adorno dans *Minima Moralia*.

23. Trente ans auparavant, et dans un tout autre contexte, Charles Péguy écrivait dans *Notre Jeunesse* (1910) que « le pire n'est pas d'avoir une âme perverse, c'est d'avoir une âme habituée ».

24. *In* Christopher Browning, *op. cit.* (pp. 167-168).

25. *Ibid.* (p. 170).

26. Si Trapp est exécuté en décembre 1948, les autres policiers, eux, poursuivent leur carrière. Leur procès ne s'ouvre qu'en décembre 1967. Le verdict est rendu en avril 1968, les plus lourdes condamnations se montent à huit années de prison. Jusqu'en 1972 une longue série d'appels dispense les condamnés d'incarcération dans la presque totalité des cas. Au-delà de la période du génocide proprement dit, c'est là l'une des figures de l'abandon vécu par les Juifs.

27. *Cf.* Frank Bajohr, « *Arisierung* » *in Hamburg. Die Verdrängung der jüdischer Unternehmer 1933-1945*, Hans Christians Verlag, 1997. (L'« Aryanisation » à Hambourg. L'expulsion des entrepreneurs juifs, 1933-1945).

28. Thomas Mann note dans son Journal que la déjudaïsation n'« était pas en fin de compte un grand malheur ».

29. *Cf.* ch. 5.

30. *In Au fond des ténèbres*, Denoël, 1975.

31. Commandant du camp d'Auschwitz.

32. Haut responsable nazi, ministre de l'Armement à partir de 1942. Condamné à vingt ans de détention au procès de Nuremberg en 1946.

33. Cité par Tzvetan Todorov *in Face à l'extrême*, Le Seuil 1992 (p. 191).

34. *Cf. Bousquet*, Stock, 1994.

35. Bruno Bettelheim notait dans *Survivre* : « La fascination de la compétence technique a étouffé le sens humain. » Dans le même ouvrage, il notait aussi que « ce type d'orgueil professionnel qui rendait ces hommes si dangereux est toujours d'actualité : il est caractéristique de la société moderne ».

36. Gitta Sereny, *op. cit.*

37. *Op. cit.* (p. 196).

38. Au sens où la modernité mécanique sait tuer rationnellement ; au sens où la modernité économique s'interdit de détruire une force productive.

39. C'est ce que déclare Mᵉ Servatius, avocat d'Eichmann, lors du procès de Jérusalem en 1961 : « Tuer est aussi un procédé médical. »

40. L'expression est de Hannah Arendt.

41. *In* « Penser Auschwitz », *Pardès*, 1989.

42. *In Par-delà le crime et le châtiment, op. cit.* (p. 158).

43. Julius Streicher (1885-1946), directeur de 1923 à 1945

du journal antisémite *Der Stürmer*, est le plus important représentant d'un antisémitisme nazi populacier et ordurier.

44. *L'Écriture ou la Vie*, Gallimard, 1994.

45. Lors du procès de Maurice Papon qui s'est tenu à Bordeaux en 1997-1998, Me Michel Zaoui, l'un des avocats de la partie civile, avait remarquablement analysé cette notion.

46. Dans le film allemand *Existence sans vie* (1935), le « programme T 4 » est par avance justifié de la même manière.

47. *In* Christopher Browning, *Des hommes ordinaires*, 1994 (p. 47).

48. *Op. cit.*

49. Ce qui est particulièrement vrai dans la démarche des révisionnistes allemands.

50. *Cf.* Norman Cohn, *Les Fanatiques de l'Apocalypse*, Payot, 1963.

51. *L'Allemagne nazie et les Juifs. Tome I : Les années de persécution*, Le Seuil, 1997.

52. Le 1er novembre 1916, l'Allemagne organise un recensement général des soldats juifs (et d'eux seuls : l'emprise du confessionnel dans l'Allemagne du temps ne peut être invoquée ici) présents sur le front. Imagine-t-on, à l'épreuve de Verdun et de la Somme, un recensement similaire dans les armées de la République française ?

V

Une nouvelle « vision des vaincus » [1] ?

> « En vérité, nous ne regardons la
> réalité dans les yeux qu'en de très rares
> moments de notre vie. »
> JEAN AMÉRY,
> *Par-delà le crime et le châtiment* [2]

> « Lorsqu'on regarde l'homme dans
> les yeux – alors on regarde une nuit qui
> devient effroyable – ici vous tombe des-
> sus la nuit du monde. »
> GEORG W.F. HEGEL [3]

En Israël, au mémorial de Yad Vashem, les milieux religieux (*haredim*) ont protesté contre la publication de photos montrant des femmes juives nues, au bord des fosses, sur le point d'être fusillées par les *Einsatzkommandos* allemands. Au nom de l'image et de l'impératif de la « transmission », la religion de la mémoire l'avait ici emporté sur le souvenir d'existences assassinées dont on avait fini par oublier qu'avant d'être des victimes, il s'agissait d'êtres humains dans la plénitude de leurs droits. Or, la commémoration a précisément pour mission de rappeler l'humanité de *chaque* victime du meurtre de masse.

Toutefois, c'est sur un autre plan encore que la commémoration réitérée de la Shoah risque à long terme de fragiliser l'identité juive en mettant en exergue une « vision des vaincus » et un naufrage sans rémission. Même si l'effort d'enseignement doit tendre à nous « réconcilier avec le monde »[4], la « confiance dans le monde »[5], ébranlée puis détruite par les coups reçus, se restaure difficilement. En confortant à la longue une identité de victime, le culte mémoriel de la Shoah met la nation juive en danger. Parce qu'il risque d'offrir au monde l'image d'un judaïsme réduite à celle de la Shoah, une image supérieure en occurrences à celle de la foi, de la langue, de la culture ou de l'État moderne d'Israël, et dans laquelle le Juif n'est plus seulement l'être-du-rejet mais devient la victime sanglante et sans défense offerte à la violence des nations. Aux yeux de la force brute, la victime semble ainsi toute désignée et vouée, par essence, à catalyser la violence. Ainsi exposée à la réflexion des peuples et à leur vigilance civique, la « victimologie juive » finit par cristalliser toute la force du ressentiment[6]. C'est pourquoi répéter à satiété des récits de désespérance et de déréliction sans les interroger politiquement (quel est le rapport des Juifs à l'Histoire ? à la violence ? à l'État ?) finit par désarmer moralement un peuple et par étioler sa capacité de résistance. Aucune génération nouvelle ne peut grandir sur ce terreau-là ; à y cantonner l'identité juive, on prend le risque d'en saper à la base les fondements.

Quelle image les nouvelles générations juives peuvent-elles avoir d'elles-mêmes quand les faits évoqués constituent une telle transgression au regard des normes humaines? «Celui qui a été soumis à la torture est désormais incapable de se sentir chez soi dans le monde», écrit Jean Améry. Au nom de la nécessaire réconciliation entre les hommes, et pour qui sait qu'on ne peut «habiter seul» la planète, la haine est proscrite. Mais cette interdiction majeure a fini par enfermer la victime dans sa situation, et par pérenniser son rejet. Ayez la souffrance discrète, lui a-t-on conseillé, ayez le souvenir calme et la revendication muette, car il s'agit d'assurer le bonheur de l'humanité... Ainsi, la douleur est-elle sacrifiée au souci de la paix civile, et le malheur accumulé des générations n'est plus qu'une scorie de l'Histoire, un à-côté du politique, un résidu dans la marche du monde. Or, la société, on le sait, n'a pas en charge les victimes, elle ne s'intéresse qu'à la paix entre ses composantes présentes. Le malheur tombe nécessairement dans ces lambeaux regrettables inhérents à l'histoire des hommes : des vies détruites, une civilisation saccagée, des descendants de descendants dont la vie, aujourd'hui encore, et pour longtemps, est ponctuée de cauchemars.

L'expérience de la persécution, et les conseils de discrétion prodigués dans l'expression de la douleur, n'ont pas réconcilié les victimes avec le monde, elles les en ont même séparés au contraire tant le sentiment de déréliction a été réactivé encore. L'abandon du monde à l'heure du plus grand désastre de l'histoire juive a cassé la confiance propre au métier de vivre. C'est pourquoi la justice était nécessaire non seulement pour les victimes, mais pour la société tout entière, car elle seule, en jugeant le crime, pouvait énoncer la loi qui sépare la civilisation de la négation de la personne humaine. Mais la société a mal jugé le crime. Elle a voulu en faire l'exaction d'une poignée d'assassins quand il fut au contraire celui d'une collectivité. Et ce, à un triple titre :

— le crime d'une histoire occidentale qui a fait de la haine des Juifs l'un de ses fondements religieux, voire identitaires, quand fut venu le temps de la sécularisation ;

— le crime d'une normalité occidentale où se sont entrelacées l'optimisation de la vie et les conditions de son anéantissement. Si progrès et barbarie s'opposent, notre modernité nous apprend qu'ils ne s'excluent pas ;

— le crime, enfin, d'une société civile allemande qui a, peu ou prou, travaillé à l'anéantissement d'un peuple.

Cela n'annule pas pour autant le fait que les Allemands furent les premières victimes du nazisme, après toutefois qu'une large partie d'entre eux en eut assuré le succès. Mais cette réalité n'empêche pas qu'un crime d'une telle ampleur a requis le concours de la société ordinaire. Or, plusieurs décennies durant, il ne fut pas de bon ton de parler

de « crime allemand »[7], et si malgré tout l'on persé-
vérait dans cette voie, l'accusé n'était plus le criminel mais sa victime qui s'entêtait à parler de la
« faute collective » d'une société. Pour des raisons
déjà évoquées, le propos paraissait inconvenant, en
particulier à gauche où l'on semblait craindre de
donner prise à quelque douteux antigermanisme,
corollaire d'une antique et décriée psychologie collective des peuples.

Demain, le danger sera moins la négation du
crime que ce processus diffus de banalisation qui
a déjà commencé. On fera du IIIe Reich un « accident historique » sans signification. Et à l'image de
ces convives qui évitent de troubler la paix des
repas de famille par le rappel d'un épisode ancien
et peu glorieux de la mémoire du groupe, on finira
par occulter ce fait incontournable mais gênant :
cela s'est passé en Allemagne et nulle part ailleurs.
« Tout sera englouti dans un sommaire "siècle de
barbarie", écrivait déjà Jean Améry en 1965. Et
nous serons laissés pour compte, nous les incorri-
gibles, les irréconciliables, les ennemis de l'Histoire, les réactionnaires dans l'acception exacte du
terme, nous les victimes... »[8] Si la Shoah est omniprésente dans l'actualité médiatique, concourant
même à ce tumulte mémoriel qui transforme le tragique en spectacle, la volonté de « tourner la page »
s'exprimera néanmoins de plus en plus ouvertement. Car, pour l'Europe, cette histoire est à l'image
de ce mort qui n'en finit pas de mourir, elle est
comme le spectre d'une civilisation engloutie qui

revient dire sur les lieux même de l'anéantissement ce que fut ce crime.

La douleur juive est aujourd'hui exposée au tout-venant. Elle se donne en spectacle. Voyeur impuni et vertueux, chacun peut venir contempler les marques d'infamie laissées sur un peuple dont les assassins ont, pour longtemps, brisé l'image de lui-même. On ne peut *impunément* relater cette histoire et la montrer aux yeux du monde. Y voir un vaccin contre la violence et l'antisémitisme, quelque pare-feu bienvenu contre les pulsions géno-cidaires relève, au mieux, du vœu pieux, au pire, de la cécité politique. Tel est pourtant le travers de tant d'exégètes contemporains qui fondent leur réflexion sur la Shoah en termes moraux, quand c'est en termes politiques qu'il convient d'aborder une his-toire qui n'est synonyme, dans le passé comme aujourd'hui, que de désolation. On ne peut commé-morer la Shoah sans questionner l'exclusion de masse, et si cette mémoire, aujourd'hui tant média-tisée, ne fait pas lien à notre présent, elle figurera, demain, comme une mémoire sans avenir. Pire encore, et suprême injustice, eu égard aux aban-donnés de jadis, elle risquera d'apparaître comme la mémoire particulière du conformisme de notre temps.

À vouloir à toute force montrer au monde leur douleur, les Juifs ont oublié l'adage ancien : « Mal-heur aux vaincus ! » Car le monde a, au mieux, pitié et, au pire, dégoût à l'égard de celui qui montre sans retenue l'affront d'humanité auquel il fut exposé. Le voyeurisme du crime ne protège de rien, et c'est à bon compte, et en toute bonne conscience, qu'est décrit un spectacle où l'indignation le dispute secrètement au plaisir sadique, voire à la jouissance coupable devant cet amoncellement de malheurs. Le malheur juif n'aurait pas seulement dû en appeler aux nations, mais susciter, en son sein même, une réflexion politique. Et là où le fin mot fut la violence, le mépris, et l'humiliation assassine, la réponse juive d'après-guerre ne fut le plus souvent qu'une invocation à la « tolérance » et un appel au « devoir sacré de mémoire ».

Certes, pour continuer à vivre, il fallait « se réconcilier avec le monde ». Cette mémoire du désastre, toutefois, fut en même temps ce qui fit lien (on ne voulut retenir que cet aspect), et ce qui sépara les Juifs de leurs contemporains. Car ce qui fut fait aux Juifs a pour longtemps empoisonné leurs relations à l'Europe, et peut-être plus largement, au monde occidental tout entier. Mais en ce domaine comme en d'autres, la bienséance demeure d'usage : on ne dit pas de « telles choses ». Tandis que le récit de l'horreur, lui, ne semble jamais malséant : on veut voir dans l'exposition des cadavres une œuvre pédagogique, un enseignement civique, un vrai vaccin démocratique. Alors qu'une réflexion politique sur le désastre subi, en rupture avec un rituel commémoratif ponctué de « plus jamais ça », est perçue comme une froide leçon d'Histoire, sans âme ni émotion, quasi attentatoire même à la mémoire des victimes.

Loin des analyses byzantines propres à ceux qui entendent distinguer l'« antisémitisme modéré » de l'« antisémitisme outrancier », il eût été préférable de comprendre que toute manifestation d'antisémitisme vaut condamnation à mort. Que l'amputation, même vénielle, d'une dignité que la société seule est à même de reconnaître constitue une menace de mort. La déréliction des années d'avant-guerre, comme l'abandon quasi général du monde occidental aux mains des assassins allemands et de leurs complices européens, aurait dû conduire à analyser autrement ces temps-là. De même qu'il eût fallu réfléchir plus avant au fait que dans le camp de concentration, chaque détenu avait intégré l'idée que les Juifs étaient le dernier échelon du bas.

Contre une amputation de dignité [9] aussi massive, l'autorevendication personnelle n'est pas d'un grand secours. L'absence réitérée de reconnaissance dans le monde social que nous expérimentons chaque jour constitue la forme terrestre de l'enfer. Se persuader soi-même de sa propre dignité est un combat certes nécessaire, mais pourtant insuffisant. « Mais lorsqu'on meurt à la société, on perd souvent la principale raison qu'on a de vivre », écrivait Maurice Halbwachs en 1930 [10]. On peut difficilement faire fi du regard qu'une grande part de la civilisation occidentale a longtemps porté sur les Juifs. Si le monde a souscrit par son silence à cet abaissement collectif d'humanité, apprendre l'usage de la force pour sortir du statut d'objet balloté de l'Histoire était la seule forme possible d'une reconquête de la dignité. C'était là, loin de tout dolorisme, la seule possibilité d'assumer une identité jadis piétinée et toujours menacée. La violence apprise et maîtrisée, au sens d'une reconquête de l'autonomie et d'un retour à soi, constituait l'un des rares moyens de reconstruire une personnalité abîmée par l'accumulation des outrages et des coups. Une violence constructive liée au désir, à la vie et à la nécessité de se défendre[11], et dont le refus érigé en système incite à se demander s'il ne signe pas, aussi, la mort spirituelle d'un peuple. La revendication de sa qualité d'être humain face à ceux qui vous la refusent ne suffit pas. Seule la révolte permet de reconstituer la part détruite en soi[12], une révolte qui passe moins par le « devoir de mémoire » que par l'apprentissage de la violence[13], cet alphabet du monde[14].

Le culte mémoriel de la Shoah a induit dans le monde juif des effets pervers, inséparables d'une certaine cécité politique propre à ceux qui n'entendent le monde qu'en termes d'amour (« Sommes-nous aimés ? »). Cette religion de la mémoire a entretenu un sentiment diffus de culpabilité dans le monde occidental. Le rejet dont l'État d'Israël est aujourd'hui la victime en est, *pour partie*, un effet second. Si nul ne peut récuser la Shoah, du moins chacun se sent-il le droit de récuser l'État juif dont on entend faire de la naissance une conséquence directe de la catastrophe. Ainsi canalise-t-on, sinon

tente-t-on d'atténuer, le sentiment de culpabilité.
On n'en finira pas de reprocher Auschwitz aux
Juifs, tel est l'un des soubassements de la haine présente. La faute qu'on se reproche, explique le psy-
chanalyste Daniel Sibony[15], on s'en débarrasse en
la projetant sur « le Juif » accusé d'avoir « laissé faire
cela ». « C'est un trait typique de certains : laver sur
le dos des Juifs leur honte envers les Juifs »[16], ajoute
Sibony.

Quand le sens commun s'évertue à considérer
que « les Juifs » ne pourront jamais pardonner à
leurs assassins, la politique souterraine du ressentiment nous dit, au contraire, qu'« on » ne leur par-
donnera jamais la Shoah[17]. Le concept d'innocence
des victimes d'un génocide[18] a été détourné de son
sens initial. Dans l'affrontement qui met aujourd'hui
aux prises Israéliens et Palestiniens, ces derniers
constituent à l'évidence la figure de la victime[19]. Le
culte du Juif victime, figure quasi christique de la
Shoah, a paradoxalement fait du Palestinien le nouveau visage du martyr. L'image de force véhiculée
dans le monde par l'armée israélienne a détruit un
équilibre ancien. L'État d'Israël moderne et son
armée[20] ne correspondent plus à l'image du Juif que
la conscience chrétienne – que la conscience de
gauche aussi – s'étaient depuis longtemps fabriquée
en Occident[21]. De là, cette récusation brutale de
l'État juif au nom même de la Shoah.

Quand le moralisme tient lieu de réflexion politique, il faut s'interroger sur la propension de nombreux Juifs à commémorer d'abondance le souvenir

de la tragédie. Et se demander si, ce faisant, ils n'élèvent pas en même temps un monument à la faiblesse juive en ancrant progressivement dans les esprits l'équation judéité-fragilité. En essentialisant le Juif en victime, un certain aveuglement politique a *peut-être*, et à son corps défendant, favorisé le passage à l'acte hostile.

***

L'antisémitisme est-il encore l'affaire des Juifs ? Et la Shoah du même coup n'est-elle pas d'abord l'affaire des autres, comme se le demandait jadis le philosophe israélien Yeshayahou Leibowitz ? Est-ce aux Juifs qu'il revient de découvrir les « logiques » qui ont conduit au massacre ? À double titre, il nous semble que non : d'une part, parce qu'à vouloir découvrir la cause du passage à l'acte, on verse dans un déterminisme réducteur qui finit, *nolens volens*, par disculper l'assassin. D'autre part, parce que, si l'antisémitisme est un mal social et un symptôme morbide, c'est au premier chef à la société qui a si longtemps accepté cet enseignement du mépris, de s'interroger sur le rôle joué par cette matrice du crime.

Mais cet enseignement est limité : aucun témoin n'est jamais revenu du fond de l'horreur pour en parler. Nul n'est jamais sorti des chambres à gaz pour raconter l'inracontable, alors que quelques rescapés du génocide des Arméniens ou de celui des Tutsis du Rwanda sont parvenus jusqu'à nous pour témoi-

gner. De surcroît, le témoignage du survivant est
piégé par le fait même d'avoir survécu : « Cela a l'air
d'accorder au lecteur un droit à une remise, déduc-
tible de l'énorme dette », écrit Ruth Klüger [22]. Enfin,
les ressources de la langue demeurent bien pauvres
pour rendre compte d'un pareil gouffre [23]. L'enseignement de la Shoah ne peut pas non plus se borner
à ramener l'identité juive contemporaine à l'histoire
de cette catastrophe. En chaque Juif, fût-il le plus
éloigné du génocide par l'histoire, par la géographie
et par l'âge, la « confiance dans le monde » a été brisée. Chaque jour renouvelé, ce constat n'est pourtant
pas une incitation à la mélancolie, mais un appel à
la réflexion politique. Il ne s'agit pas de larmoyer,
mais de réfléchir à partir de cette précarité qu'Auschwitz nous a laissée en héritage. En rappelant que
le souvenir de la catastrophe comme la crainte d'un
cataclysme à venir sont les premiers facteurs à nourrir l'obsession juive de la « mémoire ». En soulignant
ensuite l'illusion de l'économisme, inopérant dans
l'histoire de la Shoah [24]. En insistant enfin sur l'idéa-
lisme de tant d'intellectuels juifs qui peinent à
accepter la primauté du politique [25], c'est-à-dire la
prise en compte de la violence comme relation
essentielle entre les hommes, et de la guerre comme
toile de fond des sociétés les plus pacifiées [26].

✳ ✳ ✳

Nous devons composer avec une histoire de victimes. Et la dépasser pourtant tant elle met en péril

notre identité. Contre les partisans de la réconciliation, contre ceux pour lesquels le crime n'est plus
qu'objet d'Histoire, passion éteinte, dont le rappel
paraît inconvenant à l'heure de la construction de
l'Europe, Jean Améry revendiquait jadis la légitimité de son ressentiment. Trente ans avaient passé
qu'on l'assurait déjà que « le peuple allemand ne
gardait aucune rancune au peuple juif ». Dans *Santa
Fe*, deuxième volet de la trilogie filmique d'Axel
Corti, un Juif autrichien exilé aux États-Unis, déclarait à un ami : « Ils ne nous pardonneront pas le mal
qu'ils nous ont fait. »

En prenant connaissance des lois de Nuremberg
en 1935, Jean Améry, qui se nommait alors Hans
Maier, comprend qu'il n'est qu'un mort en sursis,
que la dignité n'est pas une affirmation intérieure,
mais d'abord une reconnaissance sociale. Cette
reconnaissance n'est pas venue, et Jean Améry a
appris à rendre les coups reçus : tel est le point central de sa reconquête intérieure. Apprendre l'usage
de la force, la « muraille de fer » dont parlait jadis
Jabotinsky, d'un monde en proie au délire eût sans
doute dû devenir le point nodal de l'éducation juive
d'après la catastrophe, le fait incontournable d'une
nouvelle identité. Contre l'aliénation et l'humiliation d'un monde qui a participé à la tuerie, ou qui a
laissé faire, l'humanité qu'on revendique à part soi
sert de peu. Seul l'apprentissage de la révolte participe de la nécessaire reconquête intérieure de qui a
perdu confiance dans le monde. On peut, certes,
continuer à rêver dans l'illusion doucereuse du

« Plus jamais ça ! », et oublier que ces années d'après-guerre ne furent au bout du compte qu'une parenthèse. Mais l'histoire de la catastrophe juive conditionne notre identité, elle nous force de vivre avec l'inquiétude et l'incertitude si dures à entendre pour ceux qui, depuis toujours, savent « qui ils sont et ce qu'ils sont » [27]. L'éducation d'après Auschwitz doit composer avec la précarité d'une existence qu'aucun tabou moral ne protège à jamais. Il faut apprendre à faire sienne cette conviction que le possible est de l'ordre du probable, et que la réalité historique a dépassé hier comme elle dépassera demain nos imaginations demeurées si pauvres à l'aune de la violence du monde.

« Les Juifs sont le sismographe des libertés publiques. » « Quand les Juifs sont menacés, c'est la société tout entière qui... » Vieille illusion. « Ce n'est pas seulement le peuple juif qui est en péril. Si les Juifs succombent, le chrétien, le démocrate et le libéral sont condamnés à subir le même sort : la liberté est indivisible. » Ces propos qu'on croirait actuels sont ceux d'un délégué au Congrès juif mondial, Perlzweig, et ils datent d'*avril 1939*. Quand les Juifs sont menacés, eux seuls le sont dans la plupart des cas. Si tous les combats sont liés, si le sort des Juifs est effectivement un indicateur essentiel des libertés publiques, le persécuté, lui, vit le plus souvent son sort dans la solitude. Pour une infime minorité d'hommes et de femmes de courage, l'immense majorité demeure amorphe, avec de surcroît un soupçon de lâcheté, voire dans le comportement

d'une petite minorité, un zeste de franche crapule-
rie. Telle est la froide vérité vécue par les victimes,
leur souffrance n'empêche personne de continuer à
vivre comme si de rien n'était. Pourtant, cette vérité
nue que les Juifs comme d'autres persécutés ont
expérimentée mille fois, ils ne peuvent la regarder
dans les yeux. L'expérience du malheur ne guérit
pas de l'illusion démocratique qui continue à affirmer : « Quand les Juifs sont menacés, c'est la démocratie qui recule… » C'est vrai, mais d'une vérité qui
n'a pas d'incidence sur la marche du quotidien.

Le Juif démocrate ajoute à cette illusion l'angoisse d'être pris en défaut de « particularisme communautaire ». Aurait-il abandonné la « mission
d'Israël », son « exigence d'universel » qu'il se la
rappelle volontiers avant qu'on la lui rappelle d'autorité. Ainsi, alors qu'en France, la gangrène antisémite gagne du terrain, il devra toujours accoler les
mots racisme et antisémitisme, et condamner ces
deux délits d'un même mouvement. Même si les
Juifs représentent dans la France de 2002 la cible de
62 % des actes de violence raciste, même si le
nombre de violences dont ils sont les victimes est
supérieur à celui dont souffrent nos concitoyens
d'origine arabe pourtant huit à dix fois plus nombreux qu'eux. C'est cette même timidité devant le
terrorisme intellectuel exercé par le « parti du Bien »
qui pousse le Juif démocrate à accoler systématiquement les mots « génocide tsigane » à ceux de
« génocide juif ». Au mépris de la vérité historique [28]. La vieille « peur juive », cette compagne

aliénante de leur vie, pousse encore nombre d'entre eux à adopter cette posture d'humilité de la victime qui semble s'excuser d'être toujours là. Elle rappelle, en écho, la colère d'Ahad Ha'am, l'un des pères du sionisme russe, qui, victime des pogroms et du silence des progressistes russes de son temps sur cette abjection d'origine (souvent) populaire, refusait que son « sang ne soit rouge qu'à la condition d'être mélangé au sang des autres ».

L'éducation doit composer aussi avec ce que l'on nomme la « passivité des victimes », une réalité qui n'est pas synonyme de jugement de valeur. La focalisation de la mémoire juive sur la révolte du ghetto de Varsovie [29] occulte la réalité massive d'une quasi-absence de vengeance juive [30]. Selon Raul Hilberg, seuls quatre SS auraient été assassinés par des Juifs. Alors que ces faits sont connus de tous les historiens, chacun prend pourtant soin de ne les rappeler qu'en murmurant. Et ce silence fait écho à la remarque d'Emmanuel Ringelblum qui, dans sa *Chronique,* juste après les déportations varsoviennes de l'été 1942, note brièvement : « Maintenant, nous avons honte de nous-mêmes, nous sommes dégradés à nos propres yeux et aux yeux du monde. » [31]

La catastrophe aurait dû faire en sorte que nous nous interrogions aussi davantage sur nous-mêmes. Or, la violence subie a surtout, et sans doute à raison, interrogé les assassins. Ainsi a-t-on assisté à un étrange détournement de sens : dans *Les Livres du Souvenir*, Itzhok Niborski et Annette Wieviorka remarquent que le *Yzkor Buch*[32] « n'est pas une affaire entre bourreaux et victimes, mais une affaire entre victimes du même cataclysme »[33]. Notre histoire est tissée de mythes, et l'insistance mise sur la résistance juive en participe. La passivité de la plupart des victimes n'implique aucun jugement tant on sait que les conditions imposées par les assassins visèrent d'abord à détruire physiquement (en particulier, par la faim) et psychologiquement les Juifs, et à les sérialiser : « Nous avons été transformés en une masse », note Hillel Seidman dans son *Journal*[34]. Il n'empêche, la passivité des victimes demeure un tabou majeur, un interdit qui rend peut-être compte du tumulte organisé ces dernières années autour du thème de la « résistance juive ». Comme si interféraient ici à la fois l'angoisse et la honte d'avoir été ainsi conduits à la mort, et, pour certains, la honte de n'avoir pas massivement cherché à se venger, *a contrario* de cette mince frange des survivants arméniens du génocide[35] qui assassinèrent à Berlin, en 1919, Talaat Pacha, l'un des principaux responsables turcs du massacre. « Si la vengeance s'abat sur nous, les temps seront durs », déclarait un chauffeur allemand témoin des premières tueries en Lituanie, début juillet 1941[36]. Mais pour les assassins, on le sait, les temps d'après-guerre furent rien moins que « durs ».

Nous avons du mal à regarder cette vérité en face. Bruno Bettelheim et Jean Améry constataient déjà dans les années soixante que le « principe d'inertie », le poids de l'habitude et l'incapacité de penser une réalité nouvelle l'avaient emporté. Ce qui était vrai du temps de l'événement l'est aujourd'hui encore. Tout ne fut pas fait pour sauver ce qui pouvait l'être, ont affirmé de nombreux contemporains, et tout ne fut pas fait pour *se sauver* : comme une gangue psychique, la mentalité traditionnelle a retenu prisonnier jusqu'au bout de l'épreuve. On a cherché à amadouer le persécuteur comme on le faisait jadis, par le biais de la loi et du contrat, lesquels restreignaient les libertés, mais assuraient en même temps une sécurité relative. Or, en URSS jusqu'à l'automne 1941, et dans le reste de l'Europe jusqu'au printemps 1942, nul ne pouvait comprendre encore que ce persécuteur-là était d'une autre nature. Si des siècles de conditionnement et de misère psychologique ont sans doute facilité le désastre, en quoi le fait d'en convenir aujourd'hui porterait-il atteinte à la mémoire des victimes ?

Au cœur de la tourmente, dans la clandestinité, un Juif polonais, Calel Perechodnik, entreprend de relater ce qu'il est advenu de lui-même et des siens depuis septembre 1939. Il écrit caché dans la partie « aryenne » de Varsovie, alors que la révolte du ghetto vient d'être brisée. Tué à son tour en 1944 lors de l'insurrection générale de la ville [37], son manuscrit est sauvé du désastre et publié en français, en 1995, sous le titre *Suis-je un meurtrier ?* [38] Son témoignage doit être lu dans le contexte de désespoir d'un homme qui vient de perdre sa femme et sa fille unique au cours des mises à mort des ghettos de Varsovie et d'Otwock [39], en

août 1942 ; qui voit sa communauté détruite dans
l'abandon du monde, et dans l'abjection de la
grande majorité des témoins polonais. Nonobstant
ces conditions exceptionnelles, le jugement de
Perechodnik mérite d'être médité. Refuser de l'entendre sous le prétexte que la « douleur l'égare »,
comme le veut la pieuse formule, reviendrait à
l'écarter du monde une seconde fois.

Oui, explique-t-il, les Juifs ont manifesté peu de
sens politique. Il est vrai qu'il leur a manqué le
cadre étatique qui eût pu les former. L'apprentissage de la violence fut longtemps absent de leur
vie, et, selon ses dires, le refus des armes aurait été
« quasi-constant » même lorsque, exceptionnelle-
ment, il leur fut possible de s'en procurer. En militant sioniste (révisionniste [40]) qu'il demeure, il
affirme que la peur est au soubassement de l'être
juif diasporique ; que celle-ci mine toute idée de
résistance et toute idée d'autodéfense, bien davantage encore qu'elle ne récuse l'usage de la violence.
À plusieurs reprises, Perechodnik [41] évoque « la
peur panique des esclaves », une peur récurrente,
larvée ou exprimée, retenue ou défaite, dans
laquelle se lit un incommensurable mépris de soi-
même [42] : « Es-tu un homme ? », se demande-t-il à
plusieurs reprises, et cette question vaut évidemment pour d'autres que lui-même. Alors qu'à plusieurs reprises les assassins se trouvent isolés face à
une centaine de Juifs, souvent des hommes valides,
nul ne bouge ni même n'esquisse un geste de résistance... « Maudit soit le peuple juif, il est déjà

vieux, il n'a plus la force de combattre l'adversité »[43], tonne Perechodnik.

Mais cette peur est partie intégrante du système allemand d'écrasement du ghetto. Elle est planifiée et systématique, elle explose souvent en bouffées de fureur massacrante, en passants roués de coups, en quidams anonymes, abattus, en pleine rue, d'une balle dans la tête à bout portant, en enfants agenouillés auxquels un SS fait ouvrir la bouche pour leur tirer, à chacun, une balle en pleine gorge[44]. Ces récits sont sans fin. Qui oublie cet arrière-fond oublie que la peur et la faim sont les seuls maîtres du ghetto. Qui l'oublie ne comprend pas la parole hébétée de l'émissaire de la Résistance polonaise, Jan Karski, qui s'introduit deux fois dans le ghetto de Varsovie et raconte ensuite dans le film *Shoah* : « Ce n'était pas le monde, ce n'était pas l'humanité »….

Dans ces circonstances, ce refus de la violence est moins un fait culturel qu'il ne dit la réalité d'hommes psychologiquement et physiquement brisés. Mais il est peut-être aussi lié aux illusions humanitaires quand, face à une hostilité qui, depuis les pogroms de 1881[45] jusqu'aux massacres de 1941, n'avait jamais désarmé, la démocratie dont rêvaient les Juifs ne pouvait se révéler qu'*illusoire*. L'« humanisme juif », nous dit Perechodnik, a entravé les réactions à la fureur du génocide. Certaine « démarche juive » écrit-il, et en particulier ce fameux optimisme qui vise magiquement à détourner l'orage de nos têtes, ou à penser, qu'une fois passé, il ne reviendra pas, a gêné la perception de

cette horreur : « Pour prévoir la suite des événements, il aurait fallu avoir du sang des anciens
Huns dans les veines ; on ne peut y parvenir par une
démarche juive. » [46] Cette démarche qui marie, selon
lui, optimisme et fatalité, aurait facilité le chemin
de la soumission et de la passivité. Quoi qu'il
arrive, on pourra ainsi remercier Dieu, le sort, le
destin, la chance ou le hasard... car cela aurait pu
être pire...

Selon Perechodnik, la religion juive aurait favorisé un « climat émollient », elle « nous (aurait)
coupé du monde », accuse-t-il. Si ces questions
n'appellent évidemment pas de réponse tranchée,
elles ont du moins le mérite d'aider à appréhender
autrement l'histoire d'un crime qui se perpétue au-
delà des morts, qui affecte la vie des survivants
comme celle de leurs descendants et jusqu'à l'existence des contemporains dont l'image d'eux-mêmes
demeure altérée pour longtemps. Le monde juif n'a
pas seulement été détruit par la froide logique d'un
appareil d'État. Il a aussi été assassiné avec sadisme
et cruauté, avec acharnement et raffinement de tor-
tures. La renaissance communautaire, comme
l'éveil national et étatique, peuvent sembler solides.
Pourtant, pour nous tous, à jamais contemporains
du génocide, le danger demeure d'être des exilés
d'un exil sans retour, et dont la catastrophe passée,
pour certains d'entre nous, fait figure de véritable
terre natale. En prenant le risque d'« habiter seul »
encore dans le monde, et de refaire chaque jour ce
même constat de solitude.

***

Quand la mémoire a toujours à voir avec une forme de piété et de recueillement, l'Histoire, aboutissement d'un long processus séculier, participe d'une forme d'impiété, au sens où Michelet écrivait jadis de l'historien qu'il avait « pour premier devoir de perdre le respect ». Cet irrespect de profession[47] n'entame pourtant pas sa détermination à se faire l'historien de la Shoah plutôt que l'historien des invasions normandes ou du commerce atlantique à la fin du Moyen Âge. C'est qu'au-delà du récit de l'événement, il doit montrer à son public la face sombre des « espaces criminels »[48] que nous habitons toujours.

Au-delà des invocations à la « mémoire », le rapport des Juifs à la chose politique pose problème. Entre 1940 et 1944, pourquoi si peu de Juifs de France ont-ils conçu une action sur le terrain politique? Pourquoi ont-ils focalisé leur énergie résistante sur l'action humanitaire? Si l'action politique supposait d'avoir déjà affronté le problème du rapport à la violence et à l'État moderne[49], l'expérience juive, sur ces deux questions, était inexistante ou atrophiée. Comme si la pensée politique juive, longtemps cantonnée à la *morale*, peinait à appréhender une violence dont elle était la victime désignée. Jusqu'à l'émergence du mouvement sioniste, cette faiblesse du politique fut probablement constitutive de l'identité juive moderne[50]. Elle contribua sans doute à mal poser les problèmes relatifs à la persécution antisémite en France sous l'Occupation. En concentrant leur attention sur la question des rapports entre le régime de Vichy et les Juifs, de nombreux Juifs ont perdu de vue que le pays était occupé, partiellement jusqu'en 1942, puis totalement à partir du 11 novembre 1942. Ils ont négligé le fait que les Juifs ne constituaient qu'un aspect de la « Révolution nationale » du maréchal Pétain. Que les camps d'internement avaient été créés longtemps avant la Seconde Guerre mondiale, ailleurs qu'en Europe (dès 1898, à Cuba), et pour d'autres que les Juifs. Enfin, nombreux furent également ceux qui oublièrent que la politique menée par Laval et Bousquet en 1942 fut une *politique d'État*, et non l'aboutissement d'une passion antisémite : qu'il s'agissait pour ces hommes (du moins le croyaient-ils), de récupérer l'autonomie de l'appareil administratif français. Parce que les Allemands leur demandaient de sacrifier telle ou telle catégorie de la population, ils obtempérèrent sans état d'âme. Mais d'autant plus facilement *aussi* qu'il s'agissait de Juifs.

***

L'enseignement humaniste est miné par une contradiction essentielle. Notre organisation économique et sociale est en effet fondée sur des critères d'efficacité et d'utilité que l'humanisme récuse. Dans son fonctionnement quotidien, notre société est aux antipodes de ce que nous enseignons. L'antinomie est éclatante entre le message politique porté par la leçon d'Histoire sur la Shoah et la normalité sociale à laquelle l'école est censée préparer.

Dans les circonstances normales de la vie, les « hommes ordinaires » sont tous dotés d'une conscience, et il n'y a pas forcément « défaillance du sens moral » comme le soulignent à l'envi ceux qui réduisent l'histoire du génocide juif à une leçon de moralisme. En revanche, notre normalité sociale, marquée par la précarisation et son corollaire, la peur, est au fondement des conduites de soumission. Le monde social accoutume chacun à la souffrance d'autrui. Si le discours sur Auschwitz reste cantonné au domaine d'une « morale » dégradée ici en moralisme, si le lien n'est pas fait avec une réalité quotidienne qui, le jour venu, permet à des « hommes ordinaires » de se transformer en salauds, la leçon tourne à vide. Nous nous confortons dans l'idée qu'à l'instar des pieuses édifications de jadis, le « devoir de mémoire » nous a rendu vertueux, quand nous savons en réalité que si notre cadre de vie devait par malheur être bouleversé, la digue serait bien frêle qui nous protégerait de la « banalisation du mal »[51].

L'enseignement de la Shoah peut facilement verser dans l'anthropologie négative et égrener des lamentations sur la « force du mal » qui ne concourent pas à élucider l'expérience cardinale de notre temps, comme le voyeurisme qui entre souvent dans l'exposé des atrocités ne participe pas à la pédagogie de cette catastrophe. Le triomphe du mal

n'a pas seulement un effet repoussoir, ce peut être
aussi une forme de jouissance, née d'une transgression toujours rêvée et jamais accomplie. L'enseignement de la Shoah met en lumière l'une des plus
graves impasses de la pédagogie lorsqu'elle sous-
estime, voire ignore carrément, la fascination communément répandue pour le mal et la souffrance
infligée à autrui. Tuer révulse, mais pour nombre
d'hommes c'est en même temps un secret objet de
fascination. Tuer contrevient au premier des commandements bibliques, mais cet acte de toute puissance sur autrui donne à beaucoup l'illusion d'avoir
brisé leurs limites, d'avoir vaincu leur peur de leur
mort, voire leur mort elle-même. [52]

Le pathos et la sensiblerie sont l'autre face de la
cruauté. Le sentimentalisme s'accommode de l'in-
tolérable comme le montre une Allemagne qui dans
les années trente était le pays le plus avancé du
monde en matière de protection des animaux. On
peut craindre une mémoire où l'émotion participe
du spectacle auquel toute activité humaine est
réduite dans nos sociétés. Or, à la longue, le spectacle phagocyte le message politique. Et le spectacle, ce sera nous repoussant les monstres, nous
qui apparaîtrons d'autant plus vertueux que notre
indignation marquera la limite entre le bien (nous)
et le mal (eux). Nous aimons nous voir stigmatiser
l'horreur, laquelle aura disparu comme objet de
réflexion politique derrière le spectacle de notre
vertu.

La raison raisonnante fait le fond de notre enseignement, mais elle apparaît souvent désarmée face à un événement qui heurte nos schémas rationnels. À certains égards, en effet, le nazisme fut un archaïsme[53], et le génocide une entreprise anti-économique. Il nous faut pourtant saisir d'un même mouvement ces réalités contradictoires où se mêlent modernisme et archaïsme, rationalité technique et millénarisme médiéval, et penser globalement ces oppositions supposées. De la même façon qu'opposer l'humain à l'inhumain relève de l'artifice pédagogique quand notre humanité n'est pensable, au contraire, qu'à la condition d'intégrer sa part d'inhumanité.

L'illusion pédagogique répond morale en lieu et place du politique. Le cheminement idéologique et bureaucratique du meurtre de masse et du crime d'État, ces réalités conjointes, ne saurait se limiter à ces incantations à la « tolérance mutuelle » et à l'« amour du prochain dans sa différence »... Les bonnes intentions pédagogiques peuvent verser dans la banalisation qu'elles prétendent éviter. Voir Auschwitz en germe dans les faits les plus ténus de notre quotidien – en particulier à l'école –, en voir les linéaments par exemple dans « la gifle donnée à un enfant »[54], c'est ne plus rien entendre à la réalité historique[55].

Le moralisme sert de peu face au soleil noir du siècle. L'analyse politique dont nous avons besoin porte sur l'amont du crime d'État (le cheminement idéologique, les structures de la société de masse,

le rôle de la bureaucratie dans la préparation et
l'exécution du crime) et sur son aval (la force insi-
dieuse de l'accoutumance au rejet, l'identité
humaine après le génocide, nos pratiques sociales
actuelles). Mais parce que la catastrophe concentrationnaire est, pensons-nous, chose *passée*, nous
nous assoupissons sur nos constats de victoire politique : Nuremberg et Tokyo [56] auraient inauguré
l'âge moral de l'humanité. Or, jamais autant qu'aujourd'hui la désolation politique n'aura si fortement
marqué notre monde. Jamais une telle solitude
n'aura autant isolé des individus étrangers les uns
aux autres et qui n'ont plus de citoyen que le nom,
évoqué à intervalles réguliers lors des « consulta-
tions électorales ». Partout, sous nos yeux, se mêlent
l'optimisation de la vie et les conditions de sa
déchéance. Partout le bio-pouvoir régit efficacement
la vie de centaines de millions d'individus. Jamais
l'écart ne fut aussi grand entre la religion des
« droits de l'homme » et la déréliction civique du
plus grand nombre, jamais l'écart ne fut plus large
entre le triomphe apparent de la démocratie, cette
« idéologie universelle » ouverte à l'avenir du
monde, et cet éparpillement de solitudes qui constitue notre présent. À société de masse, ordre massifié. Sur cette solitude compacte où s'agrègent, sans
communiquer, tant de vies étrangères à elles-mêmes
et aux autres, prospère un pouvoir dont le maillage
enserre nos existences et décide de nos vies.

Nos sociétés post-hitlériennes et scientistes sont
marquées, comme jadis l'hitlérisme, par une désins-

titutionalisation qui ouvre la route à la barbarie :
« La filiation n'est pas d'essence biologique dans
l'humanité, explique Pierre Legendre, mais symbolique, et c'est bien là-dessus qu'il y a de nos jours
méprise. Dans les sociétés post-hitlériennes, l'idéologie bio-logicienne triomphe, nous sommes sous
l'emprise d'une conception bouchère de la filiation. » [57] Quand l'institution est assimilée à la tyrannie, c'est la tyrannie du sujet-roi qui menace, et
avec elle l'obscurantisme et la régression. Modelées
par les désastres totalitaires du XXe siècle, nos sociétés font fi de la raison qui par le biais de l'Interdit
est seule à même de civiliser le sujet. Nous n'avons
pas été sauvés du naufrage politique d'Occident en
1945, et « les condamnations du nazisme sont
comme une coque vide, un discours obligé, il n'y a
aucune pensée là-dedans, quant à la nature de la
subversion qui affecte la fonction normative en
Occident. Pour me faire bien comprendre, je répète
souvent que les nazis ont été vaincus par les armes,
non par des arguments. Autrement dit, nous
sommes restés accrochés à leur défaite militaire,
sans aller plus loin, sans analyser le fond des
choses » [58]. Une analyse de la Shoah réduite à une
condamnation des « Allemands » pour antisémitisme atavique (*cf.* D. J. Goldhagen, *Les Bourreaux
volontaires de Hitler*, Le Seuil, 1997), ou à la mise
en exergue de la « mauvaise nature de l'homme »,
ne débouche sur aucune problématique politique,
elle ne nous aide pas à interroger une société qui
génère des crimes sans criminels. Le lendemain ins-

titutionnel de la Shoah réside dans cette « désym-
bolisation généralisée dont sont victimes les nouvelles générations d'Occident ». [59] En pointant du
doigt notre misère intellectuelle, Pierre Legendre
sonne l'alarme devant « un hitlérisme sans nom
(qui) est à l'œuvre, un néototalitarisme de facture
libérale (qui) véhicule, au cœur de la civilisation
du droit civil, l'idéologie de la non-limite et
son accompagnement, lui aussi sous-analysé, le
scientisme » [60].

L'Europe rappelle l'enseignement de la Shoah
dans le même temps qu'elle veut l'enfouir. À l'antienne selon laquelle le passé éclaire le présent, il
faut ajouter, pierre d'angle d'une politique de la
transmission, que notre présent éclaire ce passé.

Mais à projeter systématiquement l'image
d'Auschwitz sur notre présent, certain enseignement de la Shoah peut faire obstacle à la compréhension de notre monde, comme il contrarie
également notre analyse du passé en occultant des
événements antérieurs désormais considérés
comme « secondaires » par rapport au meurtre de
masse. Alors même qu'à Varsovie, entre le 22 juillet
et le 20 septembre 1942 se déroulait la déportation
de la plus grande communauté juive d'Europe, les
victimes plaquaient des faits anciens (les massacres
de 1648 ou le précédent, plus lointain, de la première croisade) sur la tragédie qu'elles étaient en
train de vivre. La répétition du malheur juif proté-
geait sans doute la raison de l'impensable, mais elle

en occultait du même coup l'entendement. Faire d'Auschwitz l'aune des malheurs du temps et ne pas penser ce passé comme *passé*, c'est contribuer à relativiser toute violence antérieure à la Shoah. C'est verser dans un discours moralisateur peu à même de mettre en lumière la césure que constitue ce crime biologique perpétré contre un peuple coupable d'habiter la planète. En télescopant passé et présent, en amalgamant avec les meilleures intentions du monde des faits dissemblables, une pédagogie centrée sur Auschwitz aboutit à l'inverse du but recherché, elle noie la radicale singularité de l'événement dans un lamento éploré sur ce « siècle de fer ».

De là, l'oubli relatif de traumatismes anciens qui furent pourtant vécus par les contemporains comme des moments d'intense rupture. Trois exemples : la vague de pogroms déclenchée en Russie entre 1881 et 1884 fut un déchirement pour nombre de *maskilim* (partisans de la *Haskala*, les Lumières du monde juif) qui firent alors le choix du nationalisme juif. En 1903, le pogrom de Kichinev, qui fit 49 victimes, suscita une réaction horrifiée tant dans l'opinion juive que dans l'opinion occidentale. Ce traumatisme dont rend compte l'immense écho du poème-manifeste de Bialik, *Dans la ville du massacre*, est pourtant occulté aujourd'hui par la dimension incommensurable des crimes commis depuis lors. Les mêmes raisons, enfin, ont laissé dans l'ombre les violences antisémites perpétrées dans la Pologne d'*avant* la Seconde Guerre mondiale, où l'extrême droite nationaliste (*Endeks*) massacra entre 1935 et 1938 plusieurs centaines de Juifs et en blessa près de 1 300 autres.

L'immensité d'Auschwitz a jeté un voile sur ces jalons du désastre. La catastrophe à venir nous empêche de voir ce passé-là en particulier, lorsque l'enseignement de la Shoah participe d'un registre moraliste (le « triomphe du mal »), par définition peu à même de mettre en lumière le « chemin particulier » (*Sonderweg*) suivi par l'Allemagne moderne.

Le devoir de *comprendre* l'univers mental des assassins ne s'oppose pas à la nécessaire compassion pour les victimes. En mettant en lumière la rupture de civilisation que fut le meurtre de masse, le travail historien préservera peut-être le souvenir *singulier* de cette catastrophe. C'est pourquoi le devoir d'Histoire prime le devoir de mémoire. À lui de déterminer si cette barbarie fut un dérapage ou l'expression d'une virtualité de notre civilisation. En éclairant l'avant et l'après-Shoah, sans télescopage ni amalgame, en mettant en relief la spécificité de chaque événement, l'Histoire évitera la relativisation du meurtre de masse. Alors que le « sens commun », habitué à l'arithmétique des souffrances, juge « secondaire » face aux 12 000 assassinats quotidiens de l'été 1944 à Auschwitz-Birkenau les pogroms de Kichinev (1903) et de Kielce, où, *après* la guerre, fut perpétré en juillet 1946 le plus grave massacre antijuif commis par des Polonais.

À elles seules, la compassion et la piété pour les victimes ne préserveront pas le souvenir de ce désastre. Dans la litanie des malheurs d'un temps désenchanté, l'histoire de la Shoah ne fournirait plus alors qu'une raison *parmi d'autres* de déplorer, selon les mots consacrés, la « barbarie du siècle écoulé »…..

La « relativisation » de la Shoah apparaît à long terme plus dangereuse que toutes les sectes négationnistes. Mais cette relativisation est aussi le corollaire d'une idéologie de consensus au nom de laquelle toute différence et tout conflit sont à proscrire… Animé de la volonté de ramener l'ensemble des hommes dans le genre humain, ce « consensualisme » verse dans le relativisme, en amalgamant des faits dissemblables (la Shoah est ainsi assimilée à la « purification ethnique » dans l'ex-Yougoslavie ; le ghetto de Varsovie, affamé et assassiné entre 1940 et 1943, est comparé au siège de Sarajevo par les forces serbes entre 1992 et 1995, etc.), en universalisant unilatéralement la tragédie des Juifs d'Europe et en en faisant disparaître la dimension spécifiquement juive. Or, dès qu'ils se penchent sur cette histoire, les Juifs d'aujourd'hui apprennent que personne ne s'est battu pour eux et que, mises à part quelques initiatives ponctuelles, les Alliés les ont globalement abandonnés à leur sort. Progressivement ou brutalement, durant la Seconde Guerre mondiale, les Juifs furent retranchés de leurs com-

munautés nationales d'origine. Des États aussi différents par leur nature politique et leurs idéaux que
le Vatican, l'Empire britannique et l'URSS, ont peu
ou prou pratiqué une même politique d'abandon.
C'est pourquoi, nos contemporains juifs doivent
vivre aujourd'hui avec le souvenir d'avoir été, un
jour, réduits par d'autres hommes à l'état de « débris
humains ». L'effort de raison doit tenir la balance
égale entre l'atteinte spécifique et irréversible portée
au peuple juif, et à ce seul peuple durant la
Seconde Guerre mondiale, et la dimension universelle du crime commis. Reste qu'à mettre à part un
groupe humain qui fut la victime cardinale de ce
déni d'humanité, le risque existe de redonner
vigueur à l'antienne du « peuple qui habite seul ».
C'est pourquoi la leçon d'Histoire doit être *politiquement* pensée, sinon, une fois encore, le particularisme l'emportera sur l'enseignement des
Lumières.

***

L'enseignement a pour but d'éclairer ces jalons
du crime que nul ne repère par temps calme. Nos
sociétés occidentales occultent les rouages poten-
tiellement assassins qui sont les leurs, au premier
rang desquels il faut citer les techniques de contrôle
et de gestion des hommes. À partir de la fin du
XVIIIᵉ siècle, toute une technologie du pouvoir crée
le concept nouveau de « population ». Une population qu'il s'agit de contrôler et de planifier par la

naissance, l'hygiène, la maladie, la production, et la mort… C'est là la naissance de la bio-politique qui consiste à gérer les hommes comme un *stock*, la naissance d'un bio-pouvoir qui quantifie la vie et ne s'intéresse pas au corps individuel, mais à la *population*. Pour ce nouveau regard normatif, n'existent plus que des unités humaines comptabilisées, enregistrées, classées et répertoriées en vue de produire des tableaux statistiques sans fin.

En tant qu'elle vaut la peine d'être vécue (*bios* en grec), la vie humaine est la vie du sujet libre qui s'assigne des valeurs. Cette vie qui se déroule dans un cadre temporel et spatial ritualisé, n'est pas assimilable au seul processus biologique (*zoé* en grec). La distinction que faisaient les Anciens entre *bios* et *zoé* est devenue aujourd'hui un divorce. Nous ne croyons plus à l'enfer, et nous savons qu'il ne hantera pas notre mort puisqu'il a déjà empoisonné notre présent. Car l'enfer réside précisément dans cette disparition de la vie humaine quand la vie biologique, elle, se maintient.

« Comment est-il possible d'appréhender ce qui ne doit pas être compris », demande Myriam Revault d'Allonnes[61]? S'interroger sur la spécificité du mal ne consiste pas à entrer par empathie dans la peau de l'assassin, et moins encore à justifier son crime. Si l'« espèce humaine est ce que nous voulons la faire », comme le dit l'abbé Raynal[62], nous comprenons mieux en quoi Auschwitz qui marque l'aboutissement d'un cheminement intellectuel propre à l'Allemagne, et plus largement à l'Occident, a cassé les repères traditionnels du jugement. Si l'homme ne s'origine plus que de lui-même, les conditions sont réunies pour que seule subsiste la vie biologique quand la vie humaine a disparu. Au-delà du seul peuple juif, la catastrophe d'Auschwitz apprend à tous les hommes qu'anéantir l'humanité de la personne humaine n'empêche pas la vie nue de se perpétuer. Et qu'il n'y a plus concordance entre le politique et la conservation d'une vie d'*êtres humains* quand le politique n'est plus que le gestionnaire d'une vie réduite au biologique.

Auschwitz signe la prétention au remodelage de l'espèce humaine quand la créature, autoinstituée créatrice, décrète « inutile au monde » une partie de la création. Auschwitz ne représente aucun « déjà-connu » dans l'histoire du mal que l'homme inflige à son semblable, estime Richard Figuier[63], mais marque au contraire l'irruption d'une « omniprésence active de l'ingénierie génétique (la toute-puissance productrice qui transforme la *zoé* en marchandise) »[64]. À l'échelle d'une grande nation, le nazisme constitue ainsi la première réalisation du bio-pouvoir. Désormais placée au poste de commande du politique, la biologie annule en chaque homme la *vie humaine* pour ne laisser subsister en lui que sa « vie nue ».

Comprendre le monde, c'est accorder notre respiration à la sienne dans cet effort d'harmonie qui, jadis, enflammait Camus à Tipasa[65]. Mais la Shoah nous a fait divorcer d'avec cet été-là, elle a fait de nous des étrangers sur la terre. Elle nous a appris l'abîme d'inhumanité dans lequel furent plongés victimes et assassins. Les victimes d'abord, dont l'humanité fut niée avant leur mise à mort biologique puisqu'en les tuant comme de l'ordure qu'on élimine, on ne leur aura laissé au seuil des chambres à gaz que la vie nue. Les assassins ensuite dont l'inhumanité résulte de l'usage qu'ils ont fait de leur liberté d'homme en se refusant à penser la portée de leurs actes. Si l'humanité se pense comme matrice, elle peut tout aussi bien se prendre pour fin, en particulier quand elle entend redresser le « bois tordu de l'humanité » (Kant). Un génocide prétend toujours remodeler l'espèce. Poussée dans la Shoah à son paroxysme, cette prétention transforme le politique en théodicée sanglante.

Si le pouvoir qui régule la vie et l'enregistre comme un objet de science n'a plus pour fonction de tuer, le racisme réintroduit dans l'État moderne une coupure entre ce qui doit vivre et ce qui doit mourir. Par le biais du classement et de la hiérarchie (une vie en vaut-elle une autre ?), il réintroduit le pouvoir de mort. Entre moi et l'autre, la relation n'est plus guerrière mais biologisée : pour que je vive, il doit mourir. C'est là le début de l'eugénisme mis au service de l'État. Biologiser l'ennemi, telle est la condition pour le faire disparaître. Le racisme n'est donc pas une « simple » haine des races les unes envers les autres, ou l'expression exacerbée d'un mépris. Ce n'est pas non plus une nouvelle idéologie : lié au pouvoir sur la vie, il en est la face meurtrière la plus directe. C'est pourquoi, le constat

moral ou les appels réitérés à la « tolérance » et à la
« compréhension entre les hommes » sont certes respectables, mais ils laissent dans l'ombre nos structures de fonctionnement les plus masquées et les
plus intériorisées.

***

Il est souvent difficile de se maintenir sur le terrain de la raison tant le génocide du peuple juif
relève, *aussi,* d'une vision millénariste. L'effort de
raison ne consiste pas à mettre en place une causalité linéaire. Pourtant, ce déterminisme un peu plat
nous rassure. Nous avons tendance à construire un
cheminement qui rende compte du génocide, à
l'instar de Raul Hilberg qui voit dans les persécutions antisémites du passé un modèle et une
continuité *logique* allant des premières croisades (à
la fin du XIᵉ siècle) jusqu'à la législation antisémite
de l'Allemagne nazie. Psychologiquement apai-
sante, cette reconstruction est pourtant le plus souvent erronée sur le plan historique. Ainsi, par
exemple, évoquons-nous communément une
« montée de l'antisémitisme » dans la France de
l'entre-deux-guerres, alors que, malgré la crise des
années trente, la réalité est plus nuancée. La certitude d'une « montée de l'antisémitisme », paradoxalement, nous tranquillise parce qu'elle permet
de rendre compte de l'explosion de l'antisémitisme
d'État français entre 1940 et 1944. Si nous mon-
trions en revanche les lents mais indéniables pro-

grès de l'intégration, puis l'émergence brutale, à la faveur de la défaite, d'un antisémitisme foncièrement national, cela nous obligerait à repenser de fond en comble le vieux schéma de l'assimilation/intégration.

L'effort de raison incite au comparatisme historique. Mais cette démarche bute au moins sur trois écueils : la confusion historique, la banalisation qui ramène un événement impensé en terrain de connaissance, la relativisation, enfin, qui sous couvert d'exposé scientifique, met sur le même plan la mort et le meurtre, et fait disparaître les victimes derrière l'exposé de la seule technique. Tel fut d'ailleurs, il y a quelques années, le dernier avatar d'un positivisme dont on pensait naïvement qu'il ferait « taire les négationnistes ». Ainsi, selon Jean-Claude Pressac[66], le « programme T4 » se situerait-il dans la même logique intellectuelle que les exécutions de condamnés à mort par injection aux États-Unis, ou que les morts de faim dans les asiles d'aliénés, en France, entre 1940 et 1944...

Il n'y a pas de continuité linéaire du pogrom à la Shoah ; prétendre le contraire, c'est introduire une rationalité logique là où prime l'idéologie qui caractérise à la fois l'âge totalitaire et la catastrophe génocidaire entreprise en son nom seul. L'absence d'éclairage historique sur le terreau intellectuel de ce désastre, et en particulier sur le XIXᵉ siècle darwinien et eugéniste, induit à conclure à l'impossibilité d'une approche rationnelle des faits, comme si la Shoah survenait *ex nihilo* en 1941 dans le ciel de l'Europe. Le refus d'une approche historienne cautionne l'idée de la « parenthèse historique », il empêche le questionnement politique sur l'amont, sur le présent et sur l'aval du crime. Si le génocide juif provoque sans doute une « paralysie de l'Histoire »[67] cette dernière fut jadis la première alliée des criminels comme elle est, aujourd'hui, le plus sûr soutien des négationnistes[68]. Les assassins allemands, les premiers, le savaient : l'immensité du crime a facilité l'absence de réflexion. L'impensable n'a longtemps pu être pensé, ni l'inconcevable être conçu.

Le discours rationnel ne peut pourtant pas se contenter de décrire la technique du crime sans le questionner. L'exposé sur le gazage n'entre pas dans la catégorie de l'effort de raison, car ce n'est pas le gaz qui tue, mais des hommes qui se servent du gaz. Reste que la façon dont ces gens ont été tués importe à l'essentiel. La chambre à gaz et le camion à gaz sont la signature ontologique du crime de masse. Enfermer des personnes dans des lieux conçus à cet effet, les asphyxier comme on désinsectise, c'est dénier aux victimes toute qualité humaine. En cassant la chaîne de la responsabilité (dans le processus industriel de l'assassinat de masse, qui est coupable ?), le moyen du meurtre déshumanise aussi l'assassin. L'assassinat de masse néantise les victimes avant de les asphyxier, mais il tente aussi de faire sortir les assassins de la communauté humaine dans laquelle chacun est responsable de ses actes.

La chambre à gaz traduit l'atteinte portée à la condition d'homme. Depuis ce temps, ce crime nous est laissé en héritage, car ce qui a été commis contre le peuple juif, et à travers lui contre la condition d'être humain, rejaillit sur les générations suivantes. En entamant les droits fondamentaux de la personne, le moyen du crime, loin d'être un détail de l'Histoire, contribue à constituer cette histoire elle-même.

« Comprendre » ne consiste pas à trouver un « sens » à Auschwitz, mais doit tendre, au contraire, à mettre en lumière en quoi il constitue une césure de civilisation. C'est ce que Hannah Arendt exprimait en écrivant qu'« Auschwitz n'aurait pas *dû* [69] se produire ». Loin de concourir à la banalisation, apprendre et comprendre entretiennent la révolte contre le crime. C'est par la connaissance historique de ce désastre que la barrière éthique sera de quelque secours. « Plus nous expliquons historiquement, plus nous sommes indignés ; plus nous sommes frappés par l'horreur, plus nous cherchons à comprendre », note Paul Ricœur [70]. Loin de refermer le trou noir de civilisation, l'étude du cataclysme le laisse intact, impossible à combler, tout à la force des questions qu'il génère.

« Penser c'est se déprendre du connu », écrivait jadis Michel Foucault : si la Shoah ne répète rien de connu à ce jour, il faut accepter d'être confronté à la désarmante question du « pourquoi ? ». La tentation est alors grande d'aligner une série de causalités là

où, précisément, il n'y a pas forcément de continuité. En interrogeant le «comment» du processus,
l'accent est mis sur l'appareil d'État, la bureaucratie,
la sérialisation des individus et l'anomie sociale. En
interrogeant le «pourquoi», la lumière est projetée
sur cette part d'ombre que la raison occidentale,
rationnelle et démocratique, a tant de mal à saisir.
L'effort de raison voit dans la réalisation du génocide, à la fois un archaïsme militant (l'aspect purificateur et millénariste d'un délire collectif), et le rêve
moderne du bio-pouvoir poussé en ses dernières
extrémités. Cette névrose assassine qu'est l'antisémitisme est capable d'impulser des bouffées de violence meurtrière, mais seul l'État peut transformer
cette névrose en politique génocidaire. Ainsi le
meurtre de masse est-il toujours lié à un appareil
d'État moderne (l'Allemagne), ou en voie de moder-
nisation et de structuration (la Turquie au début de
ce siècle et le Rwanda des années 1980-1990). La
pédagogie du crime contre l'humanité doit mettre au
premier plan ce triomphe de l'État sur le pouvoir fragile du citoyen. Parce que cette emprise étatique
s'est partout renforcée, nos vies personnelles sont
désormais *politiques* de part en part. Nous ne
sommes plus tout à fait assurés de la pertinence de
la vieille opposition vie publique/vie privée.

La puissance de l'État est inséparable de l'avènement d'une pensée technicienne et économiste,
comme elle est inséparable de l'émergence du bio-
pouvoir. Le «programme T4» et le génocide du
peuple juif sont des crimes conjoints liés à la bio-

cratie naissante, ils sont menés au nom d'une vision biologique du monde. Les « dérives » de la pensée médicale relèvent d'une politique d'État sans laquelle le meurtre de masse ne serait pas possible. Comment les États modernes déterminent-ils ces politiques meurtrières et quels droits les citoyens peuvent-ils aujourd'hui leur opposer ?

Ainsi, l'essentiel ne revient pas à interroger les « dérives » de la médecine ou de la science, mais à comprendre comment le pouvoir d'État les canalise. Les crimes des médecins allemands, connus sous le nom d'« expériences médicales et expérimentations », illustrent ce processus. Le procès des médecins expérimentateurs s'est ouvert à Nuremberg le 21 novembre 1946 : il y avait 23 accusés dans le box dont 20 médecins. Le verdict était rendu le 21 août 1947 : 7 condamnations à mort (exécutées en 1948). Ce 21 août 1947, le Tribunal avait ainsi statué : « Ces expériences n'étaient pas isolées, ce n'étaient pas des actes ponctuels et isolés exécutés par des scientifiques et des médecins travaillant seulement sous leur propre responsabilité, mais c'était le produit de politiques et de planifications coordonnées au plus haut niveau du gouvernement, de l'armée, du Parti nazi, et menées comme faisant part intégrale d'un effort de guerre total. Elles ont été ordonnées, sanctionnées, permises et approuvées par des personnes en position d'autorité qui, sous tous les principes de la loi, avaient le devoir de connaître ces expériences et de faire le nécessaire pour les arrêter ou les prévenir. »

Le Tribunal de 1947 avait compris le lien consubstantiel qui reliait le crime contre l'humanité à l'État. Ce n'est pas la médecine mais le pouvoir d'État qui, au premier chef, a glissé vers le meurtre de masse. Les expérimentations de Mengele questionnent d'abord *l'État criminel* et ensuite, seulement, la médecine et les médecins criminels. Dans le « programme T4 », la médecine est le moyen du meurtre d'État, et la « dérive » de la pensée médicale et biologique qui le sous-tend (ainsi de l'eugénisme négatif) eût été sans effet sans l'encadrement du pouvoir d'État.

La Shoah fut de bout en bout une entreprise couverte par la loi. Tout enseignement, comme toute « politique de la mémoire », doit donc accorder une place centrale à la question des droits du citoyen face à l'État. Les catastrophes de ce siècle ont toutes été générées par un État criminel (du génocide arménien au goulag, de la Shoah aux génocides cambodgien de 1976, rwandais de 1994, et aux massacres génocidaires des Kurdes par l'Irak de Saddam Hussein à la fin des années quatre-vingt). Il n'est de meurtre de masse à grande échelle que planifié par une bureaucratie étatique, et c'est la découverte du rôle joué par celle-ci qui, dès les années cinquante, fait comprendre à Raul Hilberg que le massacre des Juifs ne fut pas une atrocité au sens classique du terme.

L'appareil d'État cristallise la forme socialement acceptable du conformisme et de la grégarité. Il canalise en chacun l'angoisse de l'exclusion et de l'isolement. Tout pouvoir sait jouer de ces données élémentaires pour en faire, si besoin est, le jour venu, les rouages d'une politique de meurtre. Cette leçon d'Histoire est donc partie prenante de notre actualité, elle fait entendre la menace qui pèse sur notre statut d'être humain.

La « mémoire » est érigée aujourd'hui en devoir moral et en impératif civique. Ce culte mémoriel n'est pourtant pas synonyme d'un « vaccin politique » qui nous préserverait de l'horreur. D'une part, parce que le fonctionnement de notre vie quotidienne, et en particulier le déferlement médiatique, vise davantage à faire oublier qu'à faire connaître. D'autre part, parce que le souvenir entretenu ressortit le plus souvent d'une mémoire consensuelle et sélective.

Une mémoire qui se révèle sélective sur la nature même de la démocratie. La modernité démocratique intègre en même temps qu'elle exclut, mais la mémoire consensuelle ne parvient pas à penser dialectiquement ces réalités et à mettre en lumière l'entrelacement de l'anéantissement et de l'optimisation de la civilisation. La barbarie et le progrès s'opposent, mais ils ne s'excluent pas. L'inhumanisation est au cœur d'une modernité démocratique qui fabrique du sauvage et de l'exclu, lequel, parce qu'il est rejeté et diabolisé, s'abîme dans cette essence où il est confiné. Il s'y dégrade. Sa révolte contre la condition qui lui est faite confirme alors son essence malfaisante : il en va ainsi de l'Indien d'Amérique, du Noir dans le système esclavagiste, du Juif stigmatisé en Europe, comme du prolétaire dans la civilisation capitaliste, industrielle et bourgeoise. Toute oppression extrême fait de sa victime un sauvage, et cet ensauvagement légitime contre lui le recours à la violence. Le ghetto de Varsovie fut d'abord décrété par les Allemands « zone d'épidémie », puis en novembre 1940 « quartier juif » séparé du reste du monde, pour devenir bientôt un cimetière de vivants dont la dégradation physique et morale supposait que par *compassion* l'on vienne mettre fin à cette survie[71]...

La mémoire est sélective dès lors que la pensée commune fait des « camps » un intermède dans le cours « normal » de l'Histoire. Entendue en ce sens, la mémoire des « camps » est une forme d'oubli d'autant plus perverse qu'elle se revendique du « devoir de mémoire ». Or, le camp de concentration est une expérience majeure de notre modernité, il a ouvert une brèche impossible à refermer dans la tradition politique occidentale. Le système des « camps » met en lumière l'« homme en trop » sur la terre. Loin de disparaître en 1945, ce projet nihiliste s'est transformé, et notre présent demeure infesté par ce poison qui voit l'homme comme une présence inutile au monde ainsi que le manifeste chaque jour un ordre économique qui nous tient lieu de vie. Les « camps » marquent l'entrée dans un nouvel âge politique, celui de la fin possible de la civilisation et de l'espèce humaine. C'est en ce sens qu'Auschwitz, catastrophe cardinale du siècle, dépasse le cadre juif identitaire pour poser la question plus générale de la survie de l'humanité libre.

***

La commémoration est une vérification d'identité. C'est le moment où les citoyens constatent qu'ils partagent valeurs et principes communs. Si le souci historien n'est pas son propos, la commémoration, pourtant, aide aussi à écrire l'Histoire. Ainsi, dans le cas du génocide des Arméniens, la prise de conscience collective fut-elle accélérée en 1965 par le cinquantième anniversaire des événements de 1915. La mémoire, la commémoration et l'histoire se sont trouvées ici liées pour le meilleur. La mémoire de la catastrophe a permis la commémoration de 1965, laquelle a impulsé une recherche historique nouvelle qui aboutit à la fin du XXᵉ siècle à la reconnaissance quasi universelle du génocide perpétré par les Turcs.

Pour autant, la commémoration n'est pas synonyme de connaissance. Ainsi, par exemple, le voyage sur les lieux du meurtre de masse n'a pas, à lui seul, d'effet de connaissance tant l'émotion qui accompagne légitimement tout pèlerinage barre souvent l'effort d'entendement[72]. Élément capital de la mémoire faite religion civile, la commémoration est donc plus un ressourcement identitaire qu'une leçon d'Histoire, elle porte plus au rite qu'à la compréhension du passé. Souvent liée aux institutions et aux effets de pouvoir qui en émanent, elle est mal habilitée à entendre l'irrationalité des désastres politiques du siècle et les questions iconoclastes qu'ils soulèvent. Trop violente pour être dite, la réalité est euphémisée dans un rituel qui constitue une forme codifiée d'un oubli nécessaire au métier de vivre.

Le lieu de mémoire fait sens même s'il n'est pas toujours investi par les cérémonies commémoratives. On l'a dit des lieux du « programme T4 », encore peu connus, alors qu'ils relèvent au plus près de cette logique du bio-pouvoir. On peut le dire aussi des champs de bataille de la Première Guerre mondiale dont la filiation avec le meurtre de masse des années quarante demeure encore trop peu analysée. Désinvestir ces lieux, c'est priver l'histoire de la Shoah de quelques-unes de ses pistes d'analyse les plus fécondes.

Le désenchantement collectif qui caractérise les sociétés laïcisées opère sous nos yeux un transfert du sacré au profane. La quête de sens investit des lieux de mémoire qui prennent la place des lieux du sacré d'autrefois. Le rituel qui les entoure copie, point par point, la liturgie ancienne. Ainsi, la minute de silence fait-elle écho à la messe, comme l'invocation à la « vigilance » correspond à la prière. Dans le cas de la Shoah, le lieu de mémoire, de plus en plus souvent institutionnalisé, formule *in fine* des « parce que » à ce qui demeure un désastre et une énigme qui force le questionnement à rester ouvert. Il y a bien antinomie entre une mémoire institutionnalisée et une mémoire vivante, synonyme de rébellion contre les pouvoirs et les comportements grégaires.

Notes du chapitre V

1. En référence à l'ouvrage de Nathan Wachtel, *La Vision des vaincus*, Gallimard, 1971.

2. 1966. Traduction française Actes Sud, 1995.

3. Cité *in* Myriam Revault d'Allonnes, *Ce que l'homme fait à l'homme. Essai sur le mal politique*, Le Seuil, 1995.

4. Hannah Arendt.

5. Jean Améry, *op. cit.*

6. *Cf.* les dépositions, faites en juillet et en août 1996, des jeunes auteurs (d'extrême droite) de la profanation du cimetière juif de Carpentras perpétrée en mai 1990. La précarisation sociale qui gagne en ampleur, et l'absence de perspective mobilisatrice dans la France de ce début de siècle, concourent à cette cristallisation du rejet de la part de tous ceux qui sont, ou qui se sentent, des victimes de la misère du monde.

7. *Cf.* le tollé, souvent fondé scientifiquement, mais outrancier dans la forme, suscité par l'ouvrage de Daniel Jonah Goldhagen, *Les Bourreaux volontaires de Hitler* (Le Seuil, 1997).

8. Jean Améry, *Par-delà le crime et le châtiment*, Actes Sud, 1995 (p. 136).

9. « 26 mars 1940. C'était tout simplement une partie de chasse, dans laquelle les Juifs étaient chassés comme des animaux dans la forêt. Et pourquoi le nier ? Nous sommes des lâches ! », Haïm Kaplan, *in Chronique d'une agonie. Journal du Ghetto de Varsovie*, Calmann-Lévy, 1966 (p. 158).

10. *In Les Causes du suicide*, PUF, 2003 (p. 315); 1re édition, 1930.

11. « Étymologiquement », écrit le psychiatre Jean Bergeret dans *Psychologie pathologique*, Masson, 1994 (p. 84), « le terme de violence ne connote aucune intention agressive (...) La violence en soi ne comporte aucune volonté de nuire ; il ne faut pas confondre la violence naturelle et universelle, nécessaire même à la survie de l'individu (et présente dès la nais-

sance), avec la haine ou l'agressivité qui apparaissent chez l'être humain d'une façon plus tardive, et avec un statut plus complexe, au cours des différentes étapes tendant à constituer une personnalité spécifique à chaque être humain ».

12. Dans son *Journal du Ghetto de Varsovie*, Hillel Seidman, responsable des archives de la communauté, note à la date du 21 septembre 1942 : « Ainsi, la vengeance est un commandement hurlé ici par chaque maison, par chaque pierre des murs, par tous nos sens » (*in Du fond de l'abîme*, Plon, Terre Humaine, 1998, p. 98).

13. Dans l'ouvrage de Jeremy Rifkin, *La Fin du travail* (La Découverte, 1996), on apprend qu'après une année de chômage, la plupart des anciens employés commencent à retourner leur rage contre eux-mêmes (p. 267, *op. cit.* Poches-Découverte). Dans un monde où le travail est la seule valeur sociale reconnue, les travailleurs sont devenus inutiles, quasi obsolètes. Et leur *être-en-trop* entre ici en résonance avec l'*être-en-trop* de l'existence juive. Dans les deux cas de figure, la confiance dans le monde est brisée. C'est ce pourquoi la violence n'est pas possible qui est signe de vie, d'attente, de confiance retrouvée dans ce monde.

14. Comme par l'apprentissage de l'État, cette dimension si longtemps absente du monde juif.

15. Daniel Sibony, « Approche psychologique de l'antisionisme », *in Le Sionisme face à ses détracteurs*, éditions Raphaël, 2003 (p. 97).

16. *Ibid.* (p. 98).

17. Ce retournement est à l'œuvre chaque fois qu'il est question de ce « reste » en trop de l'humanité, diaspora ici, État d'Israël là. Il gêne. Il contrevient à ce rêve inavoué d'une humanité débarrassée de l'altérité maudite. De là la mutation, protéiforme et sophistiquée, d'un discours qui s'emploie à ne plus crier « Mort aux Juifs ! » mais à démontrer que « les Juifs ne sont pas morts », qu'ils sont bien vivants au contraire et se conduisent comme des nazis en Palestine.

18. *Cf.* Yves Ternon, *L'Innocence des victimes. Au siècle des génocides*, Desclée de Brouwer, 2001.

19. Dans un portrait consacré au grand poète palestinien Mahmoud Darwich (*Le Monde*, 4 avril 2003), Catherine Bédarida accumule les images saint-sulpiciennes du nouveau Christ en croix sur la terre même où est mort le Sauveur. Il y

est question d'exil et d'arrachement à sa terre natale, de déracinement, de douleur et d'absence – tous sentiments respectables. Mais en figure modèle de la bien-pensance, la journaliste ne s'est sans doute jamais demandé ce que l'auteur de ces lignes, comme 800 000 autres Juifs qui, depuis le Maroc jusqu'à l'Irak, furent déracinés de leurs patries millénaires, a pu éprouver quand jadis, enfant, tout comme Darwish, il a dû quitter son pays natal et sa terre, son ciel et ses arbres – pour user de ses mots – et sa maison familiale devenue la maison des autres, pour venir éprouver à plus de deux mille kilomètres de son ciel de naissance la douleur du déracinement, de la perte et de l'exil. On le savait déjà, les souffrances sont progressistes ou réactionnaires. L'exil d'un enfant juif, privé de sa patrie, dans le déracinement collectif de tout un peuple, fait à l'évidence partie des secondes.

20. Les massacres génocidaires perpétrés contre les Kurdes d'Irak, puis en 1991 le massacre de 300 000 Irakiens chiites dans le sud du pays, n'ont, semble-t-il, guère intéressé le progressisme occidental. Quelques années plus tard, en revanche, celui-ci focalisa davantage son attention sur le « génocide du peuple palestinien commis à Jénine par l'armée israélienne ». En août 2002, le rapport de l'Onu relatif aux combats qui, au cours du mois d'avril précédent, avaient mis aux prises Israéliens et Palestiniens, faisait état de 52 morts arabes et 23 morts israéliens.

21. Situation pire encore dans le monde arabo-musulman où l'image du Juif minoritaire, *dhimmi* méprisable (« Les Juifs sont nos chiens », scande la foule arabe dans la Palestine des années vingt), est incompatible avec un État juif souverain et victorieux. De là, aussi, le fait que l'État d'Israël constitue pour ce monde en crise un impensé radical.

22. *In Refus de témoigner, op. cit.* (p. 159).

23. « Sur des expériences aussi extrêmes, écrit encore Ruth Klüger, il y a fort peu à dire. Le langage humain a été inventé pour autre chose et il est destiné à autre chose. » (*op. cit.*, p. 213).

24. *Cf. supra.*

25. En 1942, alors que les déportations de masse ont vidé en grande partie le ghetto de Varsovie, Emmanuel Ringelblum note dans sa *Chronique des événements survenus* : « S'ils avaient pris en considération les facteurs économiques, ils

n'auraient pas envoyé si négligemment des milliers d'ouvriers hautement qualifiés à l'Umschlagplatz (...). Il reste que lorsqu'il s'agit de Juifs, les critères économiques ne jouent pas : seuls comptent les critères politiques. » (*In Chronique du Ghetto de Varsovie*, Payot, 1995, p. 335.)

26. *Cf.* Michel Foucault, *« Il faut défendre la société »*, cours au Collège de France, 1976, Gallimard-Seuil, 1997.

27. Jean Améry, *Par-delà le crime et le châtiment* (p. 166).

28. *Cf. supra.*

29. *Cf.* à cet égard, l'ouvrage essentiel d'Israël Gutman relatif au ghetto de Varsovie, *Jews in Varsaw 1939-1943 – Ghetto, Underground, Revolt*, Indiana University Press, 1982. Gutman consacre près de la moitié du livre à l'organisation clandestine de la résistance, puis aux combats de 1943...

30. *Cf.* Tom Segev, *Le Septième Million*, Liana Levi, 1993.

31. *Op. cit.* (p. 337).

32. Ouvrage-mémorial que les survivants de chaque communauté détruite rédigent en mémoire et en hommage à leurs disparus.

33. *Les Livres du souvenir*, Julliard-Gallimard, collection Archives, 1983 (p. 51).

34. *Op. cit.* (p. 151).

35. *Cf.* Yves Ternon *in Le Monde juif,* n° 156, janvier 1996.

36. Cité *in Pour eux, c'était le « bon temps »*, Plon, 1990.

37. À l'appel de la résistance polonaise, Varsovie se soulève contre l'occupant le 1er août 1944. La révolte est brisée au bout de deux mois. La ville est presque totalement détruite.

38. Liana Levi, 1995.

39. Otwock est située à une vingtaine de kilomètres de la capitale.

40. Le sionisme dit révisionniste est le courant sioniste de droite organisé politiquement par Zeev Jabotinsky à partir de 1925.

41. *Op. cit.* (p. 69).

42. « Le jour où on nous interdira de respirer, nous obéirons sans regimber », Haïm Kaplan, *op. cit.*, 22 octobre 1939.

43. *In Suis-je un meurtrier ?* (p. 78).

44. *Cf.* Shloymé Frank, Journal du ghetto de Lodz, *in Le Monde juif*, mai 1995.

45. À la suite de l'assassinat du tsar Alexandre II en mars 1881 par de jeunes révolutionnaires, une vague de

pogroms balaie l'empire russe de 1881 à 1884, parfois spontanés, parfois téléguidés par le pouvoir. Ces violences ouvrent la crise la plus grave du judaïsme russe, c'est-à-dire du cœur du monde juif de l'époque, et accélèrent la formation du sionisme politique.

46. *Ibid.* (p. 41).

47. ... qui fait écho au rôle dévolu à l'historien par Chateaubriand dans son fameux article du *Mercure* du 4 juillet 1807.

48. L'expression est de Claire Ambroselli dans la préface qu'elle a donnée au récit d'Adélaïde Hautval (*Médecine et crimes contre l'humanité. Témoignage.* Présentation et postface d'Anise Postel-Vinay, Actes Sud, 1991).

49. Ce qui était le cas des militants communistes juifs qui se tirèrent d'affaire souvent mieux que d'autres, rompus qu'ils étaient déjà à l'action clandestine.

50. Et sans doute plus encore en France où l'émancipation (« libres et égaux ») a cassé la nation, voire la communauté, pour ne laisser subsister que des individus confiants dans la loi et l'État de droit.

51. *Cf.* Christophe Dejours, *Souffrance en France. La banalisation de l'injustice sociale*, Le Seuil, 1998.

52. *Cf.* à cet égard l'ouvrage éclairant de Wolfgang Sofsky, *L'Ère de l'épouvante. Folie meurtrière, terreur, guerre*, Gallimard, NRF-Essais, 2002. L'auteur écrit notamment : « Tuer a toujours été l'une des jouissances les plus fortes de l'espèce humaine. Rien ne procure une vitalité plus forte que la possession de la mort. Celui qui dispose du pouvoir de tuer a soumis à sa volonté le pire des ennemis. (…) L'acte de tuer trouve donc son fondement dans l'illusion de l'immortalité. L'homme tue pour survivre aux autres. (…) Il prend part à la chasse à l'homme pour s'élever lui-même plus haut sans courir de danger. La soif de survie porte en elle-même la puissance de la violence » (*op. cit.*, p. 18).

53. Mais pas seulement, et c'est ce qui déroute. Ce fut aussi une entreprise *moderne* par la mise en actes du *biopouvoir*, moderne par la volonté de remodeler économiquement, démographiquement et biologiquement l'Europe orientale.

54. Jean-François Forges, *Éduquer contre Auschwitz*, ESF, 1997 (p. 128).

55. Il y a lieu de s'interroger sur l'accueil enthousiaste réservé par le monde communautaire juif à l'ouvrage en question. Au terme d'un catalogue de bonnes intentions dénué de toute réflexion sur le crime d'État (ainsi le « programme T4 » n'est pas même évoqué...), on lit ce prêche moralisateur situé aux antipodes de la réflexion politique qu'attendent les jeunes générations : « C'est qu'après Auschwitz présenté comme la majoration extrême et monstrueuse des petites attitudes de mépris quotidien, on ne peut plus commettre la plus petite humiliation sur le plus petit enfant, sans participer au crime d'Auschwitz ». (*Op. cit.* p. 128.)

56. Le procès de Tokyo, ouvert en mai 1946 et clôturé en avril 1948, organisé par un tribunal exclusivement américain, est souvent présenté comme le pendant asiatique du procès de Nuremberg.

57. Pierre Legendre, *Sur la Question dogmatique en Occident*, *op. cit.* (p. 174).

58. *Ibid.* (p. 182).

59. *Ibid.* (p. 345).

60. *Ibid.* (p. 346).

61. In *Ce que l'homme fait à l'homme, op. cit.* (p. 39).

62. Cité par Léo Strauss *in Droit naturel et Histoire*, Champs, 1986 (p. 235).

63. *Cf. Revue d'histoire de la Shoah*, n° 179, septembre 2003.

64. *Ibid.*

65. *Cf.* Albert Camus, *Noces* (1938).

66. « La technique des chambres à gaz », *in La Déportation. Le système concentrationnaire nazi*, sous la direction de François Bédarida, BDIC, 1995.

67. L'expression est de l'historien israélien Saül Friedländer.

68. C'est pourquoi la question du négationnisme fait partie intégrante d'une histoire de la Shoah. En parler d'emblée, en en montrant la fonction alors même que le massacre se perpétrait, c'est contribuer à désamorcer le péril.

69. C'est nous qui soulignons.

70. *Temps et Récit*, Le Seuil, 1985, tome III (p. 274).

71. *Cf.* dans une bibliographie conséquente : Adam Czerniakow, *Carnets du ghetto de Varsovie. 6 septembre 1939-23 juillet 1942*, La Découverte, 1996, réédition La Découverte/Poche, 2003.

Hillel Seidman, *Du Fond de l'abîme. Journal du ghetto de Varsovie*, Plon, Terre humaine, 1998 ; réédition Pocket-Terre humaine, 2002.

72. De surcroît, note Ruth Klüger, la visite sur les lieux du massacre comme la visite au musée forment une connaissance à jamais incomplète. Car le musée, écrit-elle, « sépare radicalement les spectateurs des victimes » (*in Refus de témoigner, op. cit.*, p. 97), et la visite à Auschwitz lui semble vaine parce qu'« il y faudrait en plus, au minimum, les exhalaisons des corps humains, l'odeur et l'irradiation de la peur, l'agressivité accumulée, la vie réduite à rien » (*ibid.*, p. 92).

Conclure ?

> « Ce fut là le vrai bouleversement.
> Auparavant, on se disait : eh bien ma
> foi nous avons des ennemis. C'est dans
> l'ordre des choses. Pourquoi un peuple
> n'aurait-il pas d'ennemis ? Mais il en a
> été tout autrement. C'était vraiment
> comme si l'abîme s'ouvrait devant
> nous, parce qu'on avait imaginé que
> tout le reste aurait pu d'une certaine
> manière s'arranger, comme cela peut
> toujours se produire en politique. Mais
> cette fois, non. Cela n'aurait jamais dû
> arriver. (...) Auschwitz n'aurait pas dû
> se produire. Il s'est passé là quelque
> chose que nous n'arrivons toujours pas
> à maîtriser. »
>
> HANNAH ARENDT [1]

Notre présent a été modelé par les désastres totalitaires du siècle. Ainsi vivons-nous un temps
désenchanté au sein duquel recherche de sens et
quête identitaire sont fortement imbriquées. La soif
d'Histoire taraude des sociétés en quête d'une
mythique unité perdue. Entendue en ce sens, l'Histoire est recouverte par la commémoration. Sommé
de dire le droit, l'historien se fait juge, et devient

même, plus largement, l'expert en « sens » d'un monde déboussolé². Sous ces couverts multiples, il lui revient la tâche d'intégrer, de relier, d'établir les filiations qui font barrage à la folie. Mais plus modestement, parce qu'il a pour seule fonction d'écrire le passé, l'historien libère quand il met des mots là où jadis le silence prévalait.

La destruction du substrat qui faisait jusque-là l'humanité d'un homme modifie l'avenir politique de l'espèce humaine. La notion de personne, progressivement diluée dans la société de masse, a été anéantie dans la Shoah. Alors même que l'événement se déroulait, l'impensable de la « solution finale » facilitait l'incrédulité. Les nazis le savaient qui affirmaient qu'aucun survivant, s'il y en avait, ne serait entendu. Cet impensable n'est pourtant pas le seul facteur d'oubli. La « solution finale » a transgressé en profondeur ce qui faisait jusque-là la trame des rapports entre les êtres humains. D'abord retranché de l'espèce, un groupe humain a ensuite été assassiné méthodiquement et éliminé de la surface de la terre comme on mène une entreprise d'« assainissement ». Ce délire froid, opéré *par principe*, nous déstabilise, il bouscule en nous les logiques intellectuelles qui nous ont faits. Il appelle le refoulement : il s'agit d'oublier un abîme qui nous met en péril par le seul fait que *cela a eu lieu.*

« C'est à la fureur de rendre compte du calme et de l'ordre. »³ La vérité du monde n'est pas dans la raison pacifiée mais dans le tumulte de l'Histoire. Par-delà le procès de Nuremberg, « les camps » nous parlent de notre présent. Au pédagogue d'éclairer comment, sous le pouvoir pacifique, sourd toujours un rapport belliqueux. Comment, sous la loi, la guerre fait rage à l'intérieur des mécanismes de pouvoir. Si, jadis, la raison éclairait l'événement, c'est à l'événement aujourd'hui d'éclairer notre raison[4], nos pratiques sociales, nos codes et l'usage banal des mots qui nous font. La normalité de nos sociétés éclaire le nazisme dans un mouvement d'élucidation inverse à celui qu'on pratique habituellement.

Comme toute *histoire*, la Shoah nous force à tenter de *comprendre* ce qui s'est passé. En l'occurrence, ici, à tenter de pénétrer l'univers mental de l'assassin. Et non de procéder seulement par compassion/identification aux victimes. L'enseignant peut opposer mémoire littérale et mémoire vivante. La première s'enferme dans la singularité de son épreuve. La seconde réfléchit politiquement au passé et en tire un *engagement* pour le présent. Ainsi David Rousset[5], rescapé du camp nazi, lutte-t-il dès 1947 contre les camps soviétiques et s'oppose trois ans plus tard au P.C.F. lors de son procès contre *Les Lettres françaises*[6]. Sa mémoire n'a pas fait écran aux malheurs du temps. La mémoire littérale, elle, menace de demeurer vaine. Leçon « de mémoire » ou « devoir de mémoire », le rituel tourne souvent à vide et devient discours convenu, propos obligatoire auquel nul notable ne saurait plus manquer. Dernière trahison des victimes ainsi momifiées dans la langue morte des propos de circonstance. Au printemps 1994, en visite en

Pologne, le Premier ministre français Édouard Balladur se rend à Auschwitz et y prononce de fortes paroles. Au même moment, se déroule le génocide des Tutsis du Rwanda dans lequel la France eut sa part de responsabilité...

Parce qu'elle est politique de bout en bout, la mémoire vivante s'empêche de considérer que barbarie et civilisation s'excluent. Si la barbarie est inhérente à notre civilisation, l'effort pédagogique tend à en éclairer le potentiel barbare. Si, comme le fait remarquer Emma Schnur[7], on ne peut guère éduquer *contre* Auschwitz, il faut se préoccuper d'éduquer *après* Auschwitz. Parce que nos paramètres anciens se sont effondrés, parce que c'est du cœur même d'une société civilisée qu'est issue cette histoire. En sachant que dans l'enseignement de la Shoah, l'essentiel du propos politique est dur, aride, et violent, et qu'il ne sert à rien d'enseigner cette histoire s'il s'agit de l'édulcorer.

Que peut-on faire dans des circonstances *extraordinaires* avec des hommes *ordinaires*? C'est par cette question que l'histoire de la Shoah n'est pas une somme de connaissances dans la plus pure tradition positiviste, un savoir ordinaire ni un savoir seul. Parce qu'elle nous questionne comme « êtres politiques », cette connaissance-là interroge en chacun sa part d'humanité, de médiocrité et d'héroïsme, sa part de conformisme et de refus. Elle transforme celui qui la fait sienne, c'est « la hache qui brise la mer gelée en nous »[8]. Cet événement ne constitue pas le énième récit du mal que l'homme fait à l'homme, il ne relève ni du pogrom, ni du massacre, mais d'un déni massif d'humanité envers un peuple dont l'assassinat n'est plus une mise à mort mais une « fabrication de cadavres » [9].

Quelles que soient ses difficultés, l'enseignement de l'histoire de la destruction des Juifs d'Europe pose les questions qui nous fondent comme sujets politiques. Il interroge l'archéologie de notre modernité, les structures disciplinaires d'enfermement et de rejet, le poids du conformisme dans une société individualiste de masse, il questionne le primat du biologique sur le politique, cet âge moderne du bio-pouvoir dans lequel nous sommes entrés. Il interroge les pratiques sociales, les langages et les codes qui nous régissent, il casse le sens commun de l'évidence et questionne ces espaces criminels que nous habitons toujours. Enfin, cet enseignement interroge l'État, car sans la loi qui exclut et sans la bureaucratie qui fiche, on est encore dans le massacre et dans le crime de guerre. Au Mémorial du Martyr juif inconnu, à Paris, où le « fichier juif » a été déposé en décembre 1997 au sein d'une enclave des Archives nationales, fiches et cendres de l'urne sont situées dans l'axe les unes des autres.

« Notre héritage n'est précédé d'aucun testament », écrivait René Char. Nous voici donc les dépositaires de ce legs étrange, de cette leçon de ténèbres de bout en bout *politique* parce que, depuis Auschwitz, c'est notre statut même d'être humain qui est désormais en question.

Notes de la conclusion

1. Entretien télévisé avec Günter Gaus, diffusé le 28 octobre 1964, sur la deuxième chaine de télévision allemande. Le texte de cet interview a été publié sous le titre « Seule demeure la langue maternelle » et repris en volume *in La Tradition cachée*, édition française 1987 (10-18 pour la présente citation, pp. 241-242).

2. C'est ce que Charles Péguy pressentait déjà dans ce texte de 1904 publié dans les *Cahiers de la Quinzaine* : « Telle est bien l'ambition inouïe du monde moderne ; ambition non encore éprouvée ; le savant chassant Dieu de partout, inconsidérément, aveuglément (...) ; Dieu chassé de l'Histoire ; et par une singulière ironie, par un nouveau retour, Dieu se retrouvant dans le savant historien, Dieu non chassé du savant historien, c'est-à-dire, littéralement, l'historien ayant conçu sa science selon une méthode qui requiert de lui exactement les qualités d'un Dieu. » (*in Œuvres en prose complètes*, Gallimard, La Pléiade, 1987, tome I, p. 1415.)

3. *In* Michel Foucault, *Il faut défendre la société*, cours du Collège de France, 21 janvier 1976, Gallimard/Le Seuil, 1997.

4. *Cf.* Claire Ambroselli, *L'Éthique médicale*, PUF, 1988.

5. Résistant, arrêté, déporté politique en Allemagne, David Rousset publie dans l'immédiat après-guerre deux textes essentiels sur la déportation : *L'Univers concentrationnaire* (1946) et *Les Jours de notre mort* (1947).

6. Hebdomadaire culturel du Parti communiste français.

7. *In Le Débat*, septembre-octobre 1997 : « Pédagogiser la Shoah ? »

8. Franz Kafka.

9. Hannah Arendt.

Brève histoire de la destruction des Juifs d'Europe

Introduction

Entre 1939 et 1945, l'Allemagne nazie, soutenue par de nombreuses complicités, a assassiné entre cinq et six millions de Juifs européens, soit plus de la moitié des communautés juives du Vieux Continent et près d'un tiers du peuple juif réparti dans le monde. Le génocide du peuple juif (en hébreu, Shoah, littéralement : tempête, catastrophe), décidé à la fin de l'été ou au début de l'automne 1941, a été planifié comme une entreprise industrielle. La mise à mort de tout un peuple raflé aux quatre coins du continent pour *être acheminé sur les lieux du massacre* est à ce jour sans équivalent dans l'histoire. Cette destruction collective est l'aboutissement rationnel et bureaucratique d'un délire idéologique qui plonge loin ses racines dans l'histoire de l'Occident.

Décidé en 1941, organisé en janvier 1942 à la réunion dite de Wannsee, le génocide du peuple juif ne court pas en droite ligne de 1933 à 1941. Et moins encore de l'antisémitisme chrétien à l'antisémitisme nazi. Même si, quoi qu'en dise la déclaration pontificale sur la Shoah publiée en mars 1998, l'antisémitisme chrétien, comme enseignement du mépris distillé sur plusieurs siècles, a fini par devenir l'arrière-fond intellectuel de l'Europe ; et par fournir, en matière d'exclusion, le cadre de référence à l'antisémitisme nazi au moins jusqu'en 1941. Toutefois, les racines de ce désastre ne se laissent pas enfermer dans une causalité linéaire, comme un simple rappel des faits le montre d'emblée.

I.
Le terreau du désastre

L'industrialisation, l'urbanisation rapide et l'exode rural en Europe occidentale au XIXᵉ siècle déstructurent les sociétés traditionnelles. L'antisémitisme[1] laïque et biologique (la race), qui se coule dans le moule de l'antisémitisme chrétien, prétend apporter une réponse aux désarrois du temps. En ce sens, le racisme européen de la fin du XIXᵉ siècle, et plus encore un antisémitisme habité par la hantise du « complot juif », sont l'expression d'une crise européenne de la modernité. Le « Juif », assimilé au pouvoir, canalise vers lui l'expression du ressentiment[2].

La fin du XIXᵉ siècle marque plus largement l'apogée des anti-Lumières où se mêlent darwinisme social et darwinisme racial, refus de la démocratie et de la modernité[3]. En Allemagne en particulier, bien avant 1914, le pangermanisme avait martelé l'idée d'une nation appelée à briser son encerclement et à dominer l'Europe, voire le monde. Lorsque survient la défaite de 1918, l'armée allemande, sans connaître une véritable débâcle, signe l'armistice du 11 novembre 1918 en terre *ennemie*. Sans tradition démocratique, une partie de l'Allemagne assimile le régime de Weimar à la défaite et à la trahison. Le rejet des Juifs, à peine assoupi, s'exacerbe dès la venue d'une crise politique, économique et sociale (1918-1923, puis 1930-1933). Le national-socialisme (en abrégé, et en allemand, nazisme) n'est dans un premier temps que l'héritier d'une longue tradition allemande de racisme biologique et de refus de la démocratie. Antidémocratique, antimarxiste et pangermaniste, il s'épanouit comme idéologie du ressentiment et de la violence. À partir de 1930, il va prospérer sur le terreau d'une crise sociale sans précédent. Le Parti ouvrier allemand, créé en 1919, restructuré par Adolf Hitler en 1921 en Parti national socialiste des travailleurs allemands (NSDAP), bien implanté en Bavière à la faveur du climat trouble de l'après-guerre, tente la prise du pouvoir par la force en novembre 1923 à Munich. C'est l'échec. Incarcéré brièvement en 1924, Hitler sort de prison convaincu de la nécessité d'une stratégie plus opportuniste, mêlant légalisme et terreur.

Le Parti nazi végète relativement jusqu'en 1929. Aux élections de 1928, il ne comptait encore que 12 députés (sur près de 500) au Reichstag. La crise sociale lui fournit le tremplin dont il avait besoin. Servi par ses qualités d'orateur, Hitler catalyse toute la force du ressentiment d'une Allemagne touchée brutalement par le marasme économique. Il cristallise des thèmes déjà anciens de la révolution conservatrice allemande conjugués à ceux, plus modernes, du racisme biologique. Les élections de septembre 1930 sont un coup de tonnerre pour la fragile démocratie allemande : le NSDAP passe de 12 à 107 députés et ne cesse plus de progresser jusqu'à l'été 1932. Il est servi en ce sens par l'aggravation de la crise (entre 1929 et 1933, le nombre de chômeurs passe de un à six millions de personnes), par les calculs des politiciens de droite qui croient pouvoir le canaliser et par la division de la gauche allemande. Aux élections législatives de juillet 1932, le NSDAP obtient 37,4 % des voix[4]. Le 30 janvier 1933, sur les conseils du politicien von Papen, le maréchal Hindenburg, président de la République, appelle Adolf Hitler au poste de chancelier d'Allemagne.

Contrairement à l'Italie où il ne tient quasiment aucune place, l'antisémitisme est un élément central du nazisme. L'impérialisme allemand et le pangermanisme sont fondés sur une conception de la nation comme émanation de la *race*, du *sang* et du *sol*, exaltation d'une « lutte pour la vie » qui écrase les ethnies les plus faibles. Ces thèses imprègnent la société allemande tout entière et expliquent qu'avant 1914, le racisme allemand, qui exalte la force, l'instinct et la sélection, place le « particularisme juif » au centre de ses préoccupations.

II.
L'exclusion légale

De 1933 à 1939, mesures d'exclusion, d'expropriation et d'exploitation économique se succèdent en Allemagne. Les Juifs sont progressivement exclus de la nation allemande (lois de Nuremberg, 1935). Puis ils sont *marqués* : depuis le prénom obligatoire (en août 1938, il est fait obligation aux Juifs d'ajouter à leur prénom courant le nom d'*Israël* pour les hommes, de *Sarah* pour les femmes) jusqu'à l'étoile jaune introduite fin 1941. Ces mesures, prises pour la plupart en temps de paix, suscitent protestation et indignation dans le monde, voire appel au boycott commercial (peu pratiqué jusqu'en novembre 1938), mais pas davantage. De cet abandon des Juifs à leur sort, Hitler conclut qu'il peut, le jour venu, aller plus loin.

Après les victoires de l'automne 1939 et du printemps 1940, l'Allemagne nazie se trouve en position de contrôler une grande part du judaïsme européen. Elle élabore en Europe orientale où réside l'immense majorité des Juifs du Vieux Continent une politique de concentration, constituant des ghettos afin d'y entraîner une extinction lente qui deviendra, à partir de l'été de 1941, une politique franchement génocidaire.

***

Les fonctionnaires juifs allemands sont révoqués dès le mois d'avril 1933. À la suite d'une mise en scène juridique, l'expropriation de la communauté juive (« aryanisation ») est pratiquée sur une grande échelle. Entreprises juives et travailleurs indépendants doivent cesser toute activité au 31 décembre 1938. Entre 1933 et 1938, les professions libérales (avocat, médecin) avaient déjà été progressivement interdites aux Juifs. Le 3 décembre 1938, les propriétaires juifs doivent vendre les biens qui leur restent. Entre 1933 et 1945, pour le seul territoire du Reich, le régime a édicté près de 2 000 ordonnances et décrets antijuifs.

Le décret de Nuremberg, dit « Loi pour la protection du sang et de l'honneur allemands », adopté le 15 septembre 1935 au cours du congrès du NSDAP, définit le « Juif » par ses ascendants. N'étant pas de « race aryenne », il ne peut être citoyen. Tout mariage (et plus largement toute relation sexuelle) entre Juif et non-Juif sont interdits (« crime de profanation raciale »). Ce n'est pas l'appartenance religieuse qui préoccupe l'idéologie nazie, mais le principe racial et biologique : la hantise de la « souillure du sang ».

À la demande du président américain, et pour répondre à la question des réfugiés allemands (et autrichiens, à partir du mois de mars 1938), une conférence internationale se réunit à Évian en juillet 1938, après que la Suisse d'abord pressentie se fut finalement dérobée[5]. Faute de trouver aux réfugiés juifs un lieu d'asile, la conférence assure qu'elle ne conteste pas à l'Allemagne son droit de nation souveraine vis-à-vis de ses nationaux.

Le 7 novembre 1938, le conseiller d'ambassade allemand Vom Rath est assassiné à Paris par un jeune Juif polonais. Le 9 novembre 1938, de Munich, et sur conseil de Goebbels, Hitler décide de laisser le « champ libre aux SA » lesquelles, rejointes par les SS et les Jeunesses hitlériennes, se ruent à l'assaut de la communauté juive. Entre le 9 novembre au soir et le 10 en fin d'après-midi, près d'une centaine de Juifs sont assassinés, vingt mille sont arrêtés, brutalisés et humiliés, des femmes sont violées (malgré l'interdit racial), des maisons et des magasins sont pillés, des synagogues sont incendiées. Pour réparer les dégâts, la communauté juive est condamnée à payer une amende d'un milliard de marks que le régime prélève sur les sept milliards d'avoirs bloqués depuis avril 1938. Le pogrom est condamné fermement par l'Europe occidentale et les États-Unis, qui n'en gardent pas moins leurs frontières fermées. Toutefois, aux yeux du gouvernement du Reich, la Nuit de Cristal est un échec. À l'antisémitisme d'émotion, le régime préfère l'antisémitisme de bureau. De fait, la « solution finale » sera, quatre ans plus tard, un processus bureaucratique de destruction situé aux antipodes de cette logique de pogrom.

Sitôt le début de la guerre (septembre 1939), pour les Juifs du Reich, le rationnement est planifié, la faim est organisée selon des modalités tatillonnes. Une même politique d'exclusion s'applique au logement et aux transports. En mars 1940, les cartes d'alimentation sont marquées de la lettre J (puis du mot *Jude* en mars 1942). En septembre 1941, le gouvernement impose le port de l'étoile jaune à tout Juif âgé de plus de six ans. En octobre 1941, toute émigration hors d'Europe est interdite aux Juifs : une autre logique est alors à l'œuvre.

Après sa victoire sur la Pologne, l'Allemagne contrôle plus de deux millions de Juifs polonais. Hans Frank, gouverneur de la Pologne occupée (*Gouvernement général*), ordonne en novembre 1939 aux Juifs polonais âgés de plus de douze ans le port d'un « brassard juif ». Les déplacements sont limités, le couvre-feu est imposé, les chemins de fer sont interdits aux Juifs.

Dès la fin de 1939, mais sans plan général visant à édifier une institution permanente, les Juifs expulsés des villages et des bourgs environnants sont rassemblés et entassés (de six à sept habitants par pièce) dans un quartier de la ville, bientôt clôturé de hauts murs, et soumis au couvre-feu de

19 heures à 7 heures. Il s'agit officiellement d'enrayer le typhus et d'éradiquer le marché noir juif. Officieusement, le ghetto doit faire jouer la « sélection naturelle » par la faim, l'épuisement et l'épidémie.

Lodz est le premier ghetto créé dans une grande ville (avril 1940), suivi par ceux de Varsovie (novembre 1940), de Cracovie (mars 1941), de Lublin (avril 1941) et de Lwow (décembre 1941). Fin 1941, presque tous les Juifs du Gouvernement général sont parqués dans des ghettos alors que, depuis six mois (22 juin 1941), les Allemands ont commencé une politique de meurtre de masse dans les zones envahies de l'Union soviétique.

III
La première phase du génocide

Responsable de la « question juive » au sein du RSHA (Office central de Sécurité du Reich), Adolf Eichmann étudie en 1940 le plan d'émigration de quatre millions de Juifs vers l'île française de Madagascar (une « réserve juive » sous contrôle allemand), un projet que la Pologne avait déjà évoqué en 1937. Mais les difficultés d'ordre logistique entraînent l'abandon officiel du projet malgache en février 1942.

En mars 1941, Hitler précise à son état-major que la guerre menée contre l'URSS sera une « guerre d'extermination » (*Vernichtungskrieg)*. Quatre commandos spéciaux (*Einsatzgruppen*) sont mis sur pied au cours du printemps 1941, rassemblant 3 000 volontaires, tous membres de la SS, et commandés par des officiers de haut grade. La mission qui leur est confiée doit rester secrète : assassiner les commissaires politiques du régime, et les *hommes* juifs adultes dans un territoire peuplé d'environ quatre millions de Juifs.

Les massacres à grande échelle commencent sur les arrières immédiats de la Wehrmacht dès la fin juin 1941. Mais à partir de la seconde moitié du mois d'août 1941, *toute* la population juive, femmes et enfants inclus, est désormais visée par la tuerie. Sur le territoire de l'URSS envahie, puis en Pologne occupée également en 1942, un même processus est partout à l'œuvre. Dans chaque village, dans chaque bourgade, dans chaque ville, la population juive qui n'a pu s'enfuir (on estime qu'un million et demi de Juifs ont pu échapper à l'avance allemande) est rassemblée par les SS auxquels des auxiliaires baltes et ukrainiens prêtent main forte. Après leur avoir fait creuser des fosses à l'écart de la localité et des regards, les Juifs sont amenés sur les lieux du massacre par petits contingents. Déshabillés et placés nus devant les fosses, ils sont fusillés par le feu roulant des *Einsatzgruppen*. Ce massacre se répète de semaine en semaine depuis l'été 1941 jusqu'à l'automne 1943. Emblématique de cette tuerie est la mise à mort, les 29 et 30 septembre 1941, de 33 771 Juifs de Kiev massacrés non loin de la ville, dans le ravin de Babi Yar.

Amenées sur place, brutalisées par les Ukrainiens, encadrées par les *Einsatzkommandos* allemands, des colonnes de Juifs sont forcées de se déshabiller et de remettre leurs objets de valeur. Une fois nus, raconte après-guerre l'un des chauffeurs allemands, Höfer, ils sont conduits dans un cirque de 150 mètres de longueur sur 30 de large et 15 de profondeur : « Tout allait très vite. Les cadavres étaient carrément empilés. Dès qu'un Juif était allongé, un homme de la police arrivait avec son pistolet-mitrailleur et lui tirait une balle dans la nuque. Les Juifs qui arrivaient au gouffre étaient si horrifiés à la vue de ce spectacle épouvantable qu'ils semblaient perdre toute volonté. (...) Quand je me suis approché de la fosse, (...) j'ai vu trois rangées de cadavres empilés les uns sur les autres sur une distance de 60 mètres (...). Il était quasiment impossible de réaliser à la vue de ces corps couverts de sang et tressaillant encore... »

Des tueries semblables ont lieu en Pologne [6] en 1942 et 1943.

De la fin juin 1941 à la fin de l'année 1942, les *Einsatzgruppen* auraient assassiné 1 300 000 Juifs. Mais les témoins sont nombreux, à commencer par l'armée régulière qui prête souvent main forte aux assassins. De surcroît, quoique tenus au secret, les tueurs parlent trop. Après avoir assisté à l'une de ces tueries aux environs du 15 août 1941, à Minsk, Himmler est convaincu qu'il faut rendre le processus plus rapide, plus discret, et moins démoralisant pour les tueurs. De là l'idée d'utiliser le camion à gaz qui avait déjà été expérimenté en Serbie.

C'est probablement au cours de l'été ou au début de l'automne de 1941 qu'Hitler a pris la décision, restée verbale à l'évidence, du génocide. Le 31 juillet 1941, Göring, ministre de l'Intérieur, adresse à Heydrich, chef du RSHA, la dépêche suivante : « (...) Je vous donne mission par la présente

de prendre toutes les mesures préparatoires néces-
saires, qu'il s'agisse de l'organisation, de la mise en
œuvre, des moyens matériels, pour obtenir une
solution totale de la question juive dans la zone
d'influence allemande en Europe. (...) ».

« Faire disparaître », comme dit Himmler, onze
millions de personnes, pose des problèmes techniques. Le génocide est planifié lors de la « conférence » secrète de Wannsee, tenue le 20 janvier 1942
dans un faubourg de Berlin. Organisée par Heydrich, elle réunit les principaux responsables du
génocide (quinze personnes au total), dont Adolf
Eichmann. Cette brève réunion discute des modalités de la mise à mort de masse du peuple juif en
Europe. Aucun organisme supplémentaire bureaucratique n'est mis sur pied, aucun budget spécial
n'est débloqué : l'administration ordinaire, à commencer par les chemins de fer allemands, prend en
main une affaire dans laquelle les communautés
juives rançonnées et pillées sont les premiers
bailleurs de fond de leur assassinat. Le protocole
final de Wannsee, signé Heydrich, stipule : « L'émigration a désormais cédé la place à une autre possibilité de solution : l'évacuation des Juifs vers l'Est,
solution adoptée avec l'accord du Führer. (...) La
solution finale du problème juif en Europe devra
être appliquée à environ onze millions de personnes. (...) Le résidu qui subsisterait en fin de
compte (...) devra être traité en conséquence (...). En
vue de la généralisation pratique de la solution
finale, l'Europe sera balayée d'ouest en est (...). »

Parallèlement, la mise en place des ghettos en Europe orientale dès l'automne 1939 avait pour première fonction de rassembler les captifs et de leur imposer des conditions de vie infra-humaines. Près de 500 000 personnes s'entassent ainsi à l'été 1941 dans le ghetto de Varsovie, dans la promiscuité, la misère et la faim. En 1941, la ration de pain y est de 700 grammes *par semaine*. On meurt d'inanition dans les rues. Début 1942, la ration de base tombe à 500 grammes. Lorsque le 23 juillet 1942, les Allemands commencent la déportation de près de 280 000 personnes vers le village de Treblinka, situé à 120 kilomètres au nord-est de Varsovie, pour les y assassiner, l'étranglement programmé avait déjà tué, en vingt mois, plus de 83 000 personnes.

IV
La machinerie du meurtre de masse

Déportations

En Europe occidentale, il faut passer au « peigne fin », comme le disent les Allemands, les populations juives qu'il s'agit d'abord de recenser. Fort d'un fichier devenu l'outil capital du crime d'État, les Allemands et leurs complices locaux[7] volent les biens des Juifs, restreignent leur liberté de mouvement, les marquent (l'étoile jaune est introduite en Europe occidentale en juin 1942), puis les arrêtent et les parquent (à Drancy en France, à Westerbork aux Pays-Bas pour ne citer que ces deux exemples). Ils les déportent enfin.

Un plan minutieux a pour but de voler les Juifs (« aryanisation ») et de rapatrier l'ensemble du butin vers l'Allemagne. Les biens spoliés sont d'abord mis sous séquestre, puis « aryanisés » (des administrateurs « aryens » prennent en main les « entreprises juives ») avant d'être « liquidés », c'est-à-dire acheminés vers le Reich. Les comptes bancaires sont bloqués, les appartements et les meubles sont confisqués. En Europe orientale, le pillage de communautés nombreuses, mais souvent très pauvres, passe davantage par l'exploitation du travail servile, en clair le travail forcé.

Les déportations de masse commencent en 1942. Après le passage par le camp de transit, le RSHA et le ministère des Transports allemand (où n'opèrent que des fonctionnaires civils) organisent des convois de déportés qui demeureront prioritaires (sur les convois militaires, en particulier) jusqu'à la fin de 1944. Entassés à cent, voire cent vingt, dans des wagons de marchandises prévus pour quarante hommes au maximum, dans un espace hermétiquement clos, quasiment sans air, sans eau et presque sans nourriture, gelés l'hiver, suffocants l'été dans des trains parfois immobilisés au soleil et où la température peut monter jusqu'à soixante degrés, le meurtre de masse commence bien avant l'arrivée en Pologne.

De l'Europe de l'Ouest (Belgique, Pays-Bas, France), du centre (du Reich d'où partent les premiers convois, de Tchécoslovaquie, de Yougoslavie, de Hongrie surtout), du Sud (de Grèce, en particulier), près de trois millions de Juifs sont convoyés vers ces centres de mise à mort au cours de transports qui durent de deux à douze jours. À l'arrivée, morts et mourants sont déjà nombreux.

Des fusillades de masse à la chambre à gaz
Avant le déclenchement de la Shoah proprement dite (été 1941), l'Allemagne a assassiné plus de 70 000 malades mentaux, mal conformes et han-

dicapés. C'est le « programme T4 » (nom de code pour Tiergartenstrasse n° 4, à Berlin, où siège l'état-major de l'opération). Stoppée en août 1941 à la suite, comme on a coutume de le dire, de la protestation de l'évêque de Münster, Mgr von Galen (en réalité, peut-être, parce que l'objectif a déjà été atteint pour l'essentiel), cette politique se poursuit dans les territoires occupés de l'Est (et plus discrètement même dans le Reich) sous le nom de code « 14F13 ». Au total, le « programme T4 » aurait fait de 100 000 à 120 000 victimes. Pratiquement (par la chambre à gaz) et intellectuellement (par la mise en œuvre d'une pensée exterminatrice), cette opération est la matrice du meurtre de masse des Juifs d'Europe.

Mais les « opérations mobiles de tuerie » (Hilberg) perpétrées par les *Einsatzgruppen* s'avèrent trop lentes, trop voyantes et trop éprouvantes pour les tueurs. De surcroît, elles seront impossibles à mener en Europe de l'Ouest. S'inspirant du véhicule « adapté » qui, en décembre 1940, a servi à assassiner des aliénés en Prusse orientale et, un an plus tard, des Serbes en Yougoslavie, les Allemands mettent sur pied à Chelmno, près de Lodz, au cours de l'automne 1941, un centre de mise à mort où opéreront des « camions à gaz ». Construits par des firmes allemandes (Diamond, Opel-Blitz et surtout Saurer), ces camions peuvent contenir jusqu'à soixante-dix victimes entassées, enfermées et asphyxiées par le monoxyde de carbone du moteur Diesel réintroduit dans la plate-forme.

Le 7 décembre 1941, les Juifs polonais sont les premières victimes des camions à gaz à Chelmno. Ils « criaient, pleuraient et tentaient de résister, raconte un Allemand lors d'un procès d'après-guerre (...). Enfermés dans une complète obscurité (...), pris d'une horrible angoisse provoquée par l'entassement et l'enfermement hermétique, les gens criaient et frappaient désespérément les parois du véhicule ». « Certains étaient pris de vomissements, se vidaient d'excréments et d'urine », mais « certains demeuraient conscients assez longtemps pour assister à l'agonie des autres ». Les victimes sont jetées dans une fosse qui a préalablement été préparée par un « commando juif du travail ». Au regard des assassins, le procédé est encore hésitant : début 1942, la chambre à gaz fixe va devenir l'ultime moyen du meurtre de masse mis au point par l'Allemagne.

C'est également en mars 1942 que commence l'« opération Reinhardt » *(Aktion Reinhardt)*, planifiée à Wannsee. Tel est le nom de code de l'assassinat de masse des Juifs polonais (plus de trois millions de personnes). Elle est confiée au général SS autrichien Odilo Globocknick dont l'adjoint est le commandant SS Christian Wirth, ancien responsable du « programme T4 ». « L'opération Reinhardt » met sur pied trois « camps d'extermination » où sont assassinés, par gazage, presque exclusivement des Juifs polonais : Belzec (mars 1942), Sobibor (avril 1942), tous les deux situés dans le district de Lublin, et Treblinka, situé dans le district de Varsovie (juillet 1942). Du printemps 1942 à l'automne 1943, en moins de dix-huit mois, un million et demi de personnes sont assassinées dans ces centres de mise à mort (dont près de la moitié à Treblinka).

Créé en 1940 sur un site d'accès facile parce que proche du nœud ferroviaire de Katowice, et situé près de la ville d'Oswiecim en Haute-Silésie polonaise, le camp d'Auschwitz est dirigé jusqu'en 1943 par Rudolf Höss. Auschwitz devient à partir de 1942 le principal centre de l'assassinat de masse et, à l'automne 1944, c'est le dernier lieu de mise à mort systématique du peuple juif à fonctionner encore. Ce « complexe concentrationnaire » compte en réalité trois camps principaux : Auschwitz I, le camp d'origine resté lieu concentrationnaire ; Auschwitz II (Birkenau) qui devient à partir de 1942 le lieu du génocide des Juifs ; enfin Auschwitz III (Monowitz), situé à quelques kilomètres de là, camp de travail forcé où sont installées de grandes entreprises allemandes et leur personnel civil.

Birkenau commence d'être construit fin 1941. S'inspirant de Treblinka où il juge l'action du monoxyde de carbone « peu efficace », Rudolf Höss décide d'utiliser l'acide cyanhydrique entrant dans la composition d'un puissant insecticide, le Zyklon B. Des entreprises allemandes construisent les quatre unités combinées (chambres à gaz et fours crématoires) qui leur ont été commandées par

la SS à l'été 1942. Auschwitz industrialise l'assassinat de masse : en quelques heures, les victimes, à
peine débarquées sur la rampe, sont « sélection-
nées » par des médecins allemands, souvent
anciens du « programme T4 ». Près des deux tiers
de chaque convoi sont assassinés dans les heures
qui suivent leur arrivée. Après l'asphyxie, un
« kommando juif » ouvre les portes, procède à l'ar-
rachage de l'or dentaire, tandis qu'un autre « kommando » est chargé d'incinérer les corps dans les
crématoires. Au cours du printemps 1944, avec la
déportation des Juifs hongrois, près de 12 000 personnes sont assassinées *chaque jour*.

Entre février 1942 et novembre 1944, on estime
que plus d'un million de Juifs européens ont été
tués à Auschwitz.

À côté de ce massacre organisé, les Juifs, les Tsiganes comme les Polonais sont soumis aux expériences médicales sur la « race », la gémellité, la
tuberculose et le typhus qui leur sont inoculés.
L'asservissement et la sélection périodique sont le
lot quotidien, en particulier pour les Juifs qui,
situés au bas de l'échelle des détenus, demeurent
vers la fin les seuls soumis aux « sélections » char-
gées d'assassiner les plus faibles. Enfermés nus
dans les baraques, les prisonniers attendent l'« ins-
pection » des médecins SS qui décident sur un
regard l'envoi à la chambre à gaz. Présentes à
Auschwitz III et dans les environs, les entreprises
allemandes (Krupp, Siemens, IG-Farben surtout)
achètent les détenus à la SS pour un prix allant de

4 à 6 marks par jour ; 35 000 détenus, par exemple, sont passés par la Buna d'IG-Farben à Auschwitz-Monowitz ; 25 000 y sont morts.

Du fait de l'avancée de l'Armée rouge, les Allemands abandonnent plusieurs lieux concentrationnaires à partir de novembre 1944. Auschwitz est évacué les 18 et 19 janvier 1945 ; 58 000 prisonniers (sur 67 000) quittent le camp par un temps glacial et entament vers l'ouest, à pied ou sur des plates-formes découvertes, sans nourriture ni eau, des marches d'épouvante. Ces « marches de la mort » ont raison d'une grande partie des survivants d'Auschwitz et des autres camps de l'Est. Sans y parvenir pleinement, les Allemands tentent de faire disparaître les traces du crime en détruisant à partir du 19 janvier 1945 un grand nombre d'installations du camp d'Auschwitz où l'Armée rouge pénètre finalement le 27 janvier.

Dissimuler

En 1941, et au cours de la première moitié de 1942, encore confiants dans la victoire, les Allemands enfouissent des centaines de milliers de cadavres dans des fosses communes. Mais la perspective de la victoire s'éloignant, et craignant la découverte des charniers, Himmler met sur pied en juin 1942 un commando spécial chargé de déterrer les corps, de les brûler, et de faire disparaître les traces (cendres, os concassés...). Le « commando 1005 » (c'est son nom de code) est dirigé par l'ancien chef de l'*Einsatzgruppe* C, Paul Blobel, responsable du massacre de Babi Yar. Dans un second temps, les fours crématoires, construits par l'entreprise Topf à Erfurt, prennent le relais des brasiers.

Cette volonté de dissimulation, qui est aussi une forme d'autoprotection psychologique, touche au premier chef le langage. L'assassinat y est toujours euphémisé : on parle de « traitement spécial » (gazage), d'« évacuation » ou de « réinstallation à l'Est » pour les grandes déportations vers la mort. À partir de 1943, on parlera d'« écluser » les populations.

Le génocide a fait corps avec la plus grande part de la société allemande et des sociétés complices : avec la Reichbahn qui déporte trois millions de Juifs, avec les firmes de camions Diamond, Opel-Blitz et Saurer, avec les constructeurs des chambres à gaz et des crématoires, avec les fabricants du gaz Zyklon B, produit par la Deguesch (filiale de l'entreprise Degussa appartenant au groupe IG-Farben), avec la Reichbank qui fond en nouveaux lingots l'or volé aux victimes, avec les banques qui clôturent les comptes, avec les millions de civils enfin qui profitent de cette gigantesque spoliation, et qui tous, à un degré ou à un autre, concourent finalement au crime de masse.

V
Résister ?

Il y eut quelques épisodes de révolte au cœur même de l'entreprise d'extermination. Dans le contexte de la fin de « l'opération Reinhardt », 600 détenus juifs de Treblinka se révoltent le 2 août 1943, suivis par ceux de Sobibor le 14 octobre 1943. À Auschwitz, les détenus juifs de la « corvée spéciale » du crématoire IV se révoltent les 6 et 7 octobre 1944. Le crématoire et la chambre à gaz sont détruits, mais la révolte échoue.

À rebours de toutes les autres situations des peuples occupés (mais non condamnés à mort), la résistance l'emporte ici lorsque l'espoir disparaît. Et quand l'information relative à la destruction du peuple juif n'est plus seulement une certitude, mais devient une *connaissance* intériorisée. Ce n'est qu'au plus fort des déportations vers Treblinka, fin juillet 1942, que l'Organisation juive de combat est mise sur pied dans le ghetto de Varsovie, au prix de mille difficultés et quasi totalement abandonnée par la Résistance polonaise. Quand le ghetto est liquidé en avril 1943, la Résistance juive livre un combat qu'elle sait militairement sans issue. Il s'agit seulement pour elle de « choisir sa mort ». Moins de 750 combattants tiennent tête trois semaines durant à un ennemi nombreux et surarmé qui transforme le ghetto en brasier, enfume les égouts et réduit les immeubles à un amoncellement de pierres ensevelissant vivants des milliers de clandestins cachés dans des abris souterrains.

À l'Est encore, de maigres formations combattantes juives parviennent parfois à se constituer. Mais sans soutien logistique, et fort peu armées, elles doivent combattre non seulement les Allemands et leurs auxiliaires lettons ou ukrainiens, mais aussi la résistance polonaise de droite qui les traque.

La « solution finale » impliquait discrétion et rapidité. Si l'essentiel peut être su en 1942 (à l'Est sans doute, à l'Ouest un peu plus tard), savoir est une chose, intérioriser ce savoir en est une autre. L'angoisse de mort sérialise et isole, elle induit une « théorie des dominos » du malheur où chacun pense que l'orage éclatera sur la communauté voisine. Par ailleurs, la terreur et la faim ont progressivement brisé les défenses physiques et psychiques. Enfin, la Première Guerre mondiale avait mis en garde les contemporains contre les « bobards de guerre ». Et si la « nouvelle » du grand massacre en relevait ?

En Europe occidentale, ce n'est pas tant la mentalité diasporique qui a cassé la résistance que l'effet de l'émancipation elle-même. Comment le citoyen dont la judéité n'est plus qu'une confession privée aurait-il pu se défendre face à la persécution menée par un État de droit contre ses propres citoyens? Car les communautés juives dispersées en Europe, et citoyennes de plein droit, ne formaient pas un peuple au sens national du terme. C'est pourquoi la persécution fut si facile à conduire, et la résistance si difficile à organiser. L'environnement humain, et les conditions géographiques locales enfin (montagnes, forêts, etc.), ont joué un rôle déterminant qui permet de mieux comprendre pourquoi il fut plus aisé de survivre à l'Ouest (mais plus en France qu'aux Pays Bas, par exemple, *cf. supra*) qu'à l'Est.

VI
Le silence des nations

Dès la fin de 1941, de nombreux appels au secours des communautés juives parviennent aux responsables du Congrès juif mondial en pays neutres, dans le Yishouv[8], comme aux responsables juifs américains.

Chez les Alliés, les informations relatives au génocide convergent dès la fin de 1941. Les Anglais, qui ont percé les codes allemands de communication, disposent des messages émis par les *Einsatzgruppen* au cours de l'été 1941. Pourtant, sauf rares exceptions, l'information est mise sous le boisseau. En août 1942, Gerhardt Riegner, représentant du Congrès juif mondial en Suisse, adresse à Londres et à Washington un télégramme qui corrobore ce que l'on sait déjà là-bas, en haut lieu. Lui-même a été informé, le mois précédent, par Édouard Schulte, un industriel allemand voyageant en Suisse : « Reçu nouvelle alarmante qu'au Quartier général du Führer discussion et examen d'un plan selon lequel après déportation et concentration à l'est tous les Juifs des pays occupés ou

contrôlés par l'Allemagne représentant trois et
demi à quatre millions de personnes doivent être
exterminées d'un coup pour résoudre définitive-
ment la question juive en Europe. Exécution prévue pour l'automne, méthodes à l'examen y
compris l'acide prussique. Transmettons information sous toutes réserves son exactitude ne pouvant
être confirmée. Informateur considéré comme
ayant rapports étroits avec les plus hautes autorités allemandes et comme communiquant nouvelles
en général fiables. »

À la fin de 1942, le courrier du gouvernement
polonais en exil, Jan Karski, qui s'était rendu à
deux reprises dans le ghetto de Varsovie, en rend
compte à Londres et à Washington. Sans suite. En
août 1943, un rapport polonais sur Auschwitz est
fourni au gouvernement américain. En juin 1944,
deux Juifs slovaques, Vrba et Wetzler, qui s'étaient
évadés d'Auschwitz deux mois plus tôt, fournis-
sent leur témoignage écrit aux responsables juifs
slovaques qui diffusent le document. Enfin, à partir
du 4 avril 1944, l'armée de l'air américaine prend
de nombreux clichés du camp d'Auschwitz. Mais
le gouvernement américain se refuse à toute action
concrète, en particulier, comme le lui suggèrent les
responsables juifs, le bombardement des voies de
chemin de fer qui mènent à Auschwitz, alors qu'au
même moment, entre mai et novembre 1944, un
demi-million de Juifs, dont 440 000 Juifs hongrois,
y sont assassinés. Les Britanniques, de leur côté,
repoussent à deux reprises des négociations de sau-

vetage : en mars 1943, à propos de 60 000 Juifs bulgares, et en juin 1944 quand il est question de plusieurs centaines de milliers de Juifs hongrois.

Excepté la mise en garde qu'ils adressent à l'Allemagne le 17 décembre 1942, les dirigeants anglo-saxons réagissent peu. Craignent-ils de donner prise à l'argumentaire allemand selon lequel la guerre des Alliés est une « guerre juive » ? Prennent-ils en compte le fond d'antisémitisme qui prévaut dans leurs opinions publiques ? Souhaitent-ils, comme c'est probable, laisser fermées les portes de la Palestine et des États-Unis ?

Les Soviétiques, qui sont les premiers témoins oculaires de la catastrophe juive, gardent quant à eux un silence plus épais encore. Ils ne le rompent qu'à deux reprises, et toujours en vue de s'assurer le soutien du judaïsme américain et des Alliés. Moscou mentionne toutes les nationalités victimes des massacres, mais omet systématiquement de préciser l'origine juive des victimes alors qu'en URSS les Juifs sont considérés comme une nationalité.

Le Comité international de la Croix-Rouge sait l'essentiel de la « solution finale » au printemps 1942, mais décide en octobre de la même année de s'en tenir à une « action discrète ». Sans résultat. Malgré les informations accablantes dont elle disposait, l'organisation de Genève fut peut-être incapable de prendre la dimension du désastre en cours. D'autres facteurs ont joué dans cette prudence, à commencer par le rôle économique capital

joué par la Suisse vis-à-vis de l'Allemagne hitlérienne. Or, par ses consuls comme par le témoignage d'hommes d'affaires allemands, la Suisse est
parfaitement informée dès la fin 1941. Ce qui ne
l'empêche pas de garder le silence et de fermer ses
frontières plus hermétiquement encore. Enfin, par
le biais de l'immense réseau de l'Église catholique,
le Vatican est probablement instruit, et du cœur
même du génocide (la Pologne), dès les premiers
massacres de 1941. Le Pape Pie XII garde toutefois
un silence qu'il ne rompt que lors du message de
Noël 1942, en glissant une allusion aux centaines
de milliers de victimes... « condamnées à la mort
ou à un lent dépérissement, (...) parfois seulement
en raison de leur nationalité ou de leur race ». Il
refusait, disait-il, de dénoncer des « atrocités parti-
culières », et il ne pouvait parler des nazis, ajoutait-
il, « sans citer en même temps les bolcheviques ».

VII
Le bilan

Les massacres se poursuivent jusqu'au dernier jour du IIIᵉ Reich. Le bilan est difficile à établir : les comptabilités allemandes ne sont pas exhaustives ; nombre d'archives ont été détruites, à commencer par la documentation du bureau d'Eichmann. En procédant par soustraction, comme le fait Raul Hilberg, on arrive à un bilan oscillant entre cinq et six millions de Juifs assassinés, dont deux tiers étaient originaires de Pologne et d'URSS. Soit plus de 50 % du judaïsme européen et près de 40 % du judaïsme mondial. Mais le génocide n'est pas seulement une succession de meurtres individuels, c'est aussi un ethnocide, la mise à mort d'une civilisation particulière.

En mai 1945, des centaines de milliers de Juifs errent à travers l'Europe. 400 000 Juifs polonais quittent l'URSS, et la moitié d'entre eux se retrouvent « chez eux ». Mais en juillet 1946, le pogrom de Kielce [9], en Pologne, entraîne le départ vers l'ouest de plus de 50 % d'entre eux : 250 000 personnes se retrouvent en Allemagne et en Autriche

dans des camps de « personnes déplacées » (D.P.).
Près de 150 000 d'entre elles vont gagner le futur
État d'Israël. Les autres se rendent en majorité aux
États-Unis [10].

Les procès

Entre 1942 et 1945, les juristes des pays alliés,
au premier rang desquels Raphaël Lemkin, définissent la notion de « crime contre l'humanité », à partir de laquelle est élaboré le texte du 8 août 1945,
signé par les États-Unis, le Royaume-Uni, la France
et l'URSS. C'est sur cette base que le 20 novembre
1945, en présence d'un tribunal militaire interallié,
s'ouvre le procès de Nuremberg destiné à juger les
principaux responsables nazis.

Présent au cours du procès, le génocide juif est
toutefois « dilué » dans la masse des crimes nazis.
Au cours des dix mois du premier procès de
Nuremberg, aucun des 21 accusés ne plaide coupable sur ce point. Le verdict est rendu le
1er octobre 1946 : onze condamnations à mort, trois
acquittements et des peines de détention variant de
dix ans à la perpétuité. Aucun des douze autres
procès menés entre 1946 et 1948 par les tribunaux
militaires interalliés ne concernera spécifiquement
le génocide.

Adolf Eichmann, chef de la section IV A 4b du
RSHA (bureau responsable de la « question juive »),
fut le premier des exécutants de la « solution
finale » en Europe. Aidé par l'organisation secrète
nazie Odessa, et par des ecclésiastiques, il s'em-

barque en 1950 pour l'Argentine. Kidnappé par des agents israéliens en mai 1960 à Buenos Aires où il vivait sous le nom de Ricardo Klement, puis expédié en Israël, son procès s'ouvre à Jérusalem le 11 avril 1961. Eichmann est défendu par deux avocats allemands de son choix (et payés par l'État d'Israël). Retransmis à la radio, le procès est suivi par le pays tout entier. C'est une formidable leçon politique et d'Histoire dont le ton est donné par le procureur Giddon Hausner dès les premiers jours : « Juges d'Israël, à l'heure où je me lève devant vous pour introduire l'acte d'accusation, je ne suis pas seul. À mes côtés, en ces heures, en cette heure, en ce lieu, se lèvent six millions d'accusateurs. »

Condamné à mort le 15 décembre 1961, Eichmann est exécuté le 31 mai 1962.

La guerre froide fut la chance des criminels nazis. Les États-Unis, les premiers, ont fermé les yeux sur les coupables et parfois même les ont aidés à reprendre pied (par exemple, les médecins expérimentateurs). Sur les 5 000 criminels de guerre recensés par les Alliés en 1945, seuls 185 sont jugés à partir de 1946. En 1955, lors de la première loi d'amnistie, il ne reste plus dans les prisons de la RFA que vingt condamnés pour participation à la destruction du judaïsme européen.

La clémence l'a emporté : les agents subalternes du crime ont été frappés davantage que le personnel de haut rang, et les exécutants de première ligne châtiés davantage que les assassins aux mains blanches tels les responsables des chemins de fer, les constructeurs des camps et des crématoires, des camions « spéciaux », les fournisseurs du Zyklon B.

La plupart des assassins sont restés impunis. Aidés par l'Église catholique, beaucoup ont fui vers l'Amérique du Sud. Certains ont été accueillis par des États arabes voisins de l'État d'Israël où ils entendaient poursuivre le génocide. D'autres ont continué à vivre en Allemagne et sous leur véritable identité même. Quant à ceux qui furent rattrapés par la justice, des responsables des *Einsatzgruppen* aux assassins de bureau du ghetto de Varsovie par exemple, les peines qui leur furent infligées furent rien moins que sévères. On vit fréquemment tel inculpé, reconnu coupable de la mort de 20 000 personnes, condamné à dix ans de détention… puis libéré pour bonne conduite, ou pour raison de santé. Ou tout simplement amnistié au bout de quatre ou cinq années.

Notes
de la Brève histoire de la destruction des Juifs d'Europe

1. Le mot a été forgé en Allemagne en 1879 et c'est en Allemagne encore, à Dresde, qu'a lieu en 1882 le premier congrès antisémite.

2. Fort du scientisme ambiant, le discours verse dans la description clinique : le Juif est « bacille », « souillure »... « Avec les trichines et les bacilles, on ne négocie pas, et ni trichines ni bacilles ne sont susceptibles d'être éduqués ; on les extermine aussi rapidement et aussi complètement que possible », écrit à la fin du XIXᵉ siècle l'idéologue allemand Paul de Lagarde.

3. *Cf.* Pierre-André Taguieff : *La Couleur et le Sang. Doctrines racistes à la française*, Mille et une nuits, 2002 (2ᵉ éd.).

4. Mais il décline à celles de novembre 1932 avec à peine plus de 33 % des voix. Ce recul de quatre points, en quelques mois seulement, est sans doute l'un des facteurs qui, paradoxalement, accélère l'arrivée d'Adolf Hitler à la chancellerie.

5. Dans cet ordre d'idées, la Suisse ferme ses frontières aux réfugiés juifs en mars 1939 après avoir fait apposer par l'Allemagne, en 1938, la mention *Juif* sur le passeport des candidats à l'exil.

6. *Cf.* Christopher Browning, *Des « hommes ordinaires ». Le 101ᵉ bataillon de police et la solution finale en Pologne*, Les Belles Lettres, 1994

7. Qui ne sont pas forcément des états alliés de l'Allemagne : qu'on pense au cas des Italiens et des Bulgares, alliés de l'Allemagne mais réticents à la persécution, et des Français, ennemis de l'Allemagne, et pourtant complices du crime par le biais du gouvernement de Vichy.

8. Communauté juive de Palestine avant la création de l'État d'Israël (1948).

9. À Kielce, début juillet 1946, suite à la brève disparition d'un enfant chrétien, la foule polonaise s'attaque aux Juifs de la ville. Au lendemain du massacre, on compte 42 morts et 35 blessés.

10. Mais il reste aussi 400 000 Juifs en Roumanie, 200 000 en Hongrie et Tchécoslovaquie, plus de 200 000 en France, 50 000 en Bulgarie et 42 000 en Italie.

Les principaux lieux
du génocide juif en Pologne

mer Baltique

• Riga

• Vilna

• Minsk

PRUSSE
ORIENTALE

Bialystok

WARTHEGAU
(annexé par l'Allemagne)
Treblinka

• Poznań   Chelmno   • Varsovie

URSS

ALLEMAGNE

Lodz

Sobibor

Lublin •

Maïdanek

Auschwitz-Birkenau

Belzec

• Cracovie

GOUVERNEMENT
GÉNÉRAL

Frontière au 21 juin 1941

Vienne •   SLOVAQUIE

HONGRIE

0   100 200 300 km   ■ Centre de mise à mort

Bilan du génocide (frontières de 1937)

Fr
32C
78

○ *1933*
● *1937*
●● *1941*

Légende

140 000 communauté juive d'origine

105 000 bilan des pertes

Sources :
– Benz (Wolfgang), *Dimension des Völkermords. Die Zahl des jüdischen Opfer des Nationalsozialismus*, Munich, Oldenbourg, 1991.
– *Encyclopedia Judaïca.*
– Hilberg (Raul), *La Destruction des Juifs d'Europe*, Fayard, 1988.

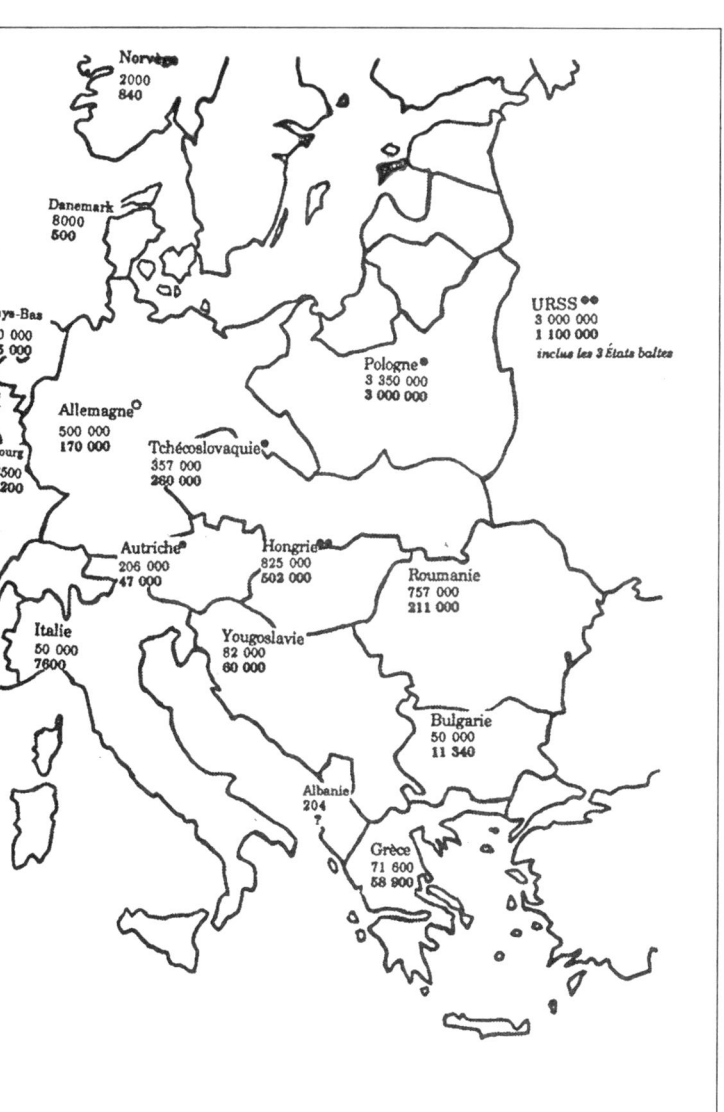

Norvège
2000
840

Danemark
8000
500

Pays-Bas
0 000
5 000

Allemagne○
500 000
170 000

ourg
3500
1200

Tchécoslovaquie●
357 000
260 000

Autriche●
206 000
47 000

Italie
50 000
7600

Hongrie●●
825 000
502 000

Yougoslavie
82 000
60 000

Pologne●
3 350 000
3 000 000

URSS ●●
3 000 000
1 100 000
inclus les 3 États baltes

Roumanie
757 000
211 000

Bulgarie
50 000
11 340

Albanie
204
?

Grèce
71 600
58 900

Repères bibliographiques

ADORNO (Theodor W.) et HORKHEIMER (Max), *La Dialectique de la raison*, Gallimard, 1974.

ALLEN (William S.), *Une petite ville nazie (1930-1935)*, Robert Laffont, 1967 ; réédition 10-18, 2003 (1ʳᵉ édition américaine, 1965).

AMBROSELLI (Claire), *L'Éthique médicale*, PUF, Que Sais-je ?, 1988.

AMÉRY (Jean), *Par-delà le crime et le châtiment. Essai pour surmonter l'insurmontable*, Actes Sud, 1995.

ANTELME (Robert), *L'Espèce humaine*, Gallimard, Tel, 1978.

ARENDT (Hannah) et JASPERS (Karl), *Correspondance 1926-1969*, Payot, 1995.

ARENDT (Hannah), *Auschwitz et Jérusalem*, Presses Pocket, 1993 ;
Eichmann à Jérusalem. Rapport sur la banalité du mal, Gallimard, 1966 ;
La Tradition cachée, 10-18, 1997 ;
Sur l'antisémitisme, Le Seuil, Points, 1984.

AUDOUIN-ROUZEAU (Stéphane) et BECKER (Annette), *1914-1918. Retrouver la guerre*, Gallimard, Bibliothèque des histoires, 2000.

BAUER (Yehuda), *Repenser l'Holocauste*, Autrement/Frontières, 2002 (1ʳᵉ édition américaine, 2001).

BAUMAN (Zygmunt), *Modernité et Holocauste*, La Fabrique, 2002 (1ʳᵉ édition anglaise, 1989).

BENSOUSSAN (Georges), *Histoire de la Shoah*, PUF, Que Sais-je?, 1996; 2ᵉ éd. 1997.

BORWICZ (Michel), *L'Insurrection du ghetto de Varsovie*, Julliard, Archives, 1966.

BRACHER (Karl-Dietrich), *Hitler et la Dictature allemande. Naissance, structures et conséquences du national-socialisme*, Complexe, 1995.

BROWNING (Christopher), *Des hommes ordinaires. Le 101ᵉ bataillon de réserve de la police allemande et la solution finale en Pologne*, Les Belles Lettres, 1994.

CHALAMOV (Varlam), *Récits de Kolyma*, La Découverte, 1986.

COHN (Norman), *Histoire d'un mythe. La « Conspiration » juive et les Protocoles des Sages de Sion*, Gallimard, 1967.

FRIEDLÄNDER (Saül), *L'Allemagne nazie et les Juifs. Les années de persécution* (tome I), Le Seuil, 1997.

GILBERT (Martin), *Atlas de la Shoah*, L'Aube, 1992.

GORNY (Yosef), *Entre Auschwitz et Jérusalem. Shoah, sionisme et identité juive*, In' Press, 2003.

HAFFNER (Sebastian), *Histoire d'un Allemand. Souvenirs 1914-1933*, Actes Sud, 2002 (1ʳᵉ édition allemande, 2000).

HALBWACHS (Maurice), *La Mémoire collective*, Albin Michel, 1997 (1ʳᵉ édition, PUF, 1950).

HATZFELD (Jean), *Dans le nu de la vie. Récits des marais rwandais*, Le Seuil, 2000.

HERLING (Gustav), *Un monde à part*, Gallimard, 1995.

HILBERG (Raul), *Exécuteurs, victimes, témoins*, Gallimard, 1994 ;
La Destruction des Juifs d'Europe, Folio-Histoire, deux volumes, 1991 ;
La Politique de la mémoire, Gallimard, 1996.

HORWITZ (Gordon), *Mauthausen, ville d'Autriche. 1938-1945*, Le Seuil, 1992.

HUSSON (Édouard), *Comprendre Hitler et la Shoah. Les historiens de la RFA et l'identité allemande depuis 1949*, PUF/Perspectives germaniques, 2000.

JANKÉLÉVITCH (Vladimir), *L'Imprescriptible*, Le Seuil, 1986.

JASPERS (Karl), *La Culpabilité allemande*, Minuit, 1948.

KERSHAW (Ian), *Qu'est-ce que le nazisme ?*, Gallimard, Folio-Histoire, 1992 ;
Hitler. Tome I : *1889-1936 : Hubris ;* tome II : *1936-1945 : Némésis* ; Flammarion, 2000.

KLEMPERER (Victor), *Journal.* Tome I : *Mes soldats de papier, 1933-1941* ; tome II : *Je veux témoigner jusqu'au bout, 1942-1945*, Le Seuil, 2000.

KLÜGER (Ruth), *Refus de témoigner. Une jeunesse*, Viviane Hamy, 1997.

KOESTLER (Arthur), *La Lie de la terre*, Presses-Pocket, 1987.

KOGON (Eugen), LANGBEIN (Hermann), RÜCKERL (Adalbert), *Les Chambres à gaz, secret d'État*, Le Seuil, 1987.

L'Allemagne nazie et le Génocide juif. Actes du colloque organisé par l'EHESS en 1982, Gallimard-Le Seuil, 1985.

LAQUEUR (Walter), *Le Terrifiant Secret*, Gallimard, 1981.

LEGENDRE (Pierre), *Sur la question dogmatique en Occident*, Fayard, 1999.

Le Livre noir. Textes et témoignages réunis par Ilya Ehrenbourg et Vassili Grossman, Solin-Actes Sud, 1995.

LEVI (Primo), *Le Devoir de mémoire*, Mille et une nuits, 1995 ;
Les Naufragés et les Rescapés. Quarante ans après Auschwitz, Gallimard, 1989.

MARRUS (Michaël R.), *L'Holocauste dans l'Histoire*, Champs-Flammarion, 1994.

NORA (Pierre), *Les Lieux de mémoire*, Gallimard 1984-1992, réédition Gallimard, Quarto, 3 volumes, 1997.

NOVICK (Peter), *L'Holocauste dans la vie américaine*, Gallimard, Bibliothèque des histoires, 2001.

POLIAKOV (Léon), *Auschwitz*, Gallimard-Julliard, Archives, 1964 ;
Bréviaire de la haine, Presses Pocket, 1994 (1re édition 1951) ;
La Causalité diabolique. Essai sur l'origine des persécutions, Calmann-Lévy, 1980.

REICH (Wilhem), *Psychologie de masse du fascisme*, Payot, 1972.

ROUSSEAU (Frédéric), *Le Procès des témoins de la*

Grande Guerre. L'Affaire Norton Cru, Le Seuil, 2003.

Rousso (Henry), *Le Syndrome de Vichy de 1944 à nos jours*, Le Seuil, Points, 1990.

Revue d'Histoire de la Shoah, *Des Voix sous la cendre. Manuscrits des Sonderkommandos d'Auschwitz-Birkenau*, n° 171, janvier-avril 2001.

Segev (Tom), *Le Septième Million. Les Israéliens et le Génocide*, Liana Levi, 1993.

Seidman (Hillel), *Du fond de l'abîme. Journal du ghetto de Varsovie*, Plon, Terre humaine, 1998 ; réédition Presses-Pocket, 2002.

Sereny (Gitta), *Au fond des ténèbres. De l'euthanasie à l'assassinat de masse : un examen de concience*, Denoël, 1975.

Sichrovsky (Peter), *Naître coupable, naître victime*, Le Seuil, Points, 1991.

Sofsky (Wolfgang), *L'Ère de l'épouvante. Folie meurtrière, terreur, guerre*, Gallimard, 2002.

Ternon (Yves), *L'État criminel. Les génocides au XXᵉ siècle*, Le Seuil, 1995.

Todorov (Tzvetan), *Face à l'extrême*, Le Seuil, 1992 ;
Mémoire du mal, tentation du bien. Enquête sur le siècle, Robert Laffont, 2000.

Wieviorka (Annette), *Déportation et génocide. Entre la mémoire et l'oubli*, Plon, 1992.

Achevé d'imprimer en avril 2006
*par **Bussière***
à Saint-Amand-Montrond (Cher)

Notre site internet : www.1001nuits.com
49-42-4834-5/03

ISBN 2-842-05736-8

Dépôt légal : avril 2006.
N° d'édition : 73466. – N° d'impression : 061582/1.

Imprimé en France